Au-delà du talent

Obtenez des résultats extraordinaires

John C. Maxwell

Originally published in English under the title: Beyond Talent: Become Someone Who Gets Extraordinary Results
Copyright © 2011 by John Maxwell
Published in Nashville, Tennessee, by Nelson Books, an imprint of Thomas Nelson. Nelson Books and Thomas Nelson are registered trademarks of HarperCollins Christian Publishing, Inc.
All rights reserved.

Publié en français sous le titre : Au-delà du talent: Obtenez des résultats extraordinaires
Copyright © 2019 par Les Éditions Inspiration *Publishings* (EIP)
www.editionsinspiration.com - www.eipboutique.com
Contact : info@editionsinspiration.com
Tous droits réservés.

Traduction : Aline Neuhauser, Éditions Inspiration Publishings
Révision : Guillaume Duvieusart, Éditions Inspiration Publishings
Composition : Julie Konopa, Éditions Inspiration Publishings
Couverture : Guillaume Duvieusart, Éditions Inspiration Publishings

Dépôt légal – Bibliothèque nationale du Québec, 2019.
Dépôt légal – Bibliothèque nationale du Canada, 2019.

Catalogage avant publication de Bibliothèque et Archives nationales du Québec et Bibliothèque et Archives Canada

Maxwell, John C., 1947-
        [Beyond Talent. Français]
        Au-delà du talent / John C. Maxwell.

        Traduction de : Beyond Talent
        Comprend des références bibliographiques.

        ISBN 978-2-924825-12-9
        Canadiana 20190027630

Vedettes-matière: RVM: Aptitudes. | RVM: Succès.
Classification: LCC BF431 M3914 2019 | CDD 650.1—dc23

Imprimé au Canada

Table des matières

On l'appelait « la garantie ». À l'époque, beaucoup pensaient qu'il ne s'agissait que de paroles en l'air, qui montraient la confiance en lui de celui qui les avait prononcées. Et pourtant, ses profondes convictions ont fait de lui une légende vivante et de ses coéquipiers des champions. Que peuvent-elles faire pour vous ?

Pourquoi a-t-on décerné à un simple coiffeur une prestigieuse récompense ? Pourquoi lui a-t-on attribué un titre honorifique ? Indice : cela n'a aucun rapport avec son métier de coiffeur, mais c'est dû à son ardent désir de changer le monde.

3. Les initiatives stimulent votre talent

Nul ne peut optimiser son talent au sein des tracasseries administratives, en particulier après une catastrophe naturelle, n'est-ce pas ? Si vous le pensez, vous allez être surpris. Grâce à son initiative, en effet, son entreprise a fait ce qui semblait impossible en seulement soixante-six jours.

4. La concentration oriente votre talent

Que se passe-t-il quand on met deux chasseurs déconcentrés et inexpérimentés dans l'un des plus prolifiques terrains de chasse du monde ? Cela donne une histoire désopilante! Apprenez l'art de concentrer vos efforts pour obtenir de bien meilleurs résultats que ces piètres chasseurs.

5. La préparation positionne votre talent

Comment se préparer à partir en expédition dans une région encore inexplorée aux obstacles inconnus ? Comment rassembler tout ce qui vous sera nécessaire pendant plus d'un an ? Telle a été la mission de cet aventurier exceptionnel. Et il a brillamment réussi ! Ce chapitre vous aidera à être prêt à tous les défis qui se présenteront à vous.

6. La pratique aiguise votre talent

Nul n'aurait accordé la moindre chance de succès à Charles. Même sa famille s'attendait à le voir échouer. Mais loin de se laisser décourager, le jeune homme s'est entraîné. Il n'a pas tardé à devenir le numéro un mondial dans sa profession. On a dit qu'il était le premier à avoir rendu son nom légendaire. Vous pouvez apprendre, vous aussi, son secret !.

7. La persévérance soutient votre talent

Comment réagissez-vous quand le rêve que vous entretenez depuis dix ans part en fumée ? Tel était le dilemme de Vonetta. Elle voulait capituler, mais c'était impossible. Elle s'est mise à avoir un nouveau rêve, et sa persévérance l'a hissée au plus haut niveau. Et vous jusqu'où peut-elle vous entraîner ?

8. Le courage éprouve votre talent

Son courage était légendaire. Churchill s'est dressé seul contre les nazis et a poussé sa nation à en faire autant pendant la Seconde Guerre mondiale. Son histoire et la façon dont il a développé son courage dans sa jeunesse vous stimuleront.

Remerciements

Merci à Charlie Wetzel, mon rédacteur,

Stephanie Wetzel, qui a corrigé et édité le manuscrit,

Linda Eggers, mon assistante.

Quand le talent seul suffit-il ?

Le talent est souvent surestimé et méconnu. Le poète et auteur dramatique français Édouard Pailleron a affirmé : « Ayez du succès et il y aura toujours des imbéciles pour prétendre que vous avez du talent. » Quand les gens font des exploits, on attribue souvent leurs performances au fait qu'ils ont du talent, mais c'est une façon fausse et inexacte de considérer le succès. Si le talent seul suffit, pourquoi connaissons-vous tous des gens très doués qui ne réussissent guère dans la vie ?

Beaucoup de chefs d'entreprise américains sont obsédés par le talent. Certains estiment qu'il peut résoudre tous les problèmes. L'écrivain Malcolm Gladwell note que de nombreuses entreprises et consultants s'ingénient avant tout à sélectionner des personnes douées. Il déclare : « Cette obsession du talent est la nouvelle orthodoxie du management américain. » Certaines entreprises engagent des dizaines de jeunes diplômés issus des meilleures universités, leur assurent une promotion rapide et leur versent un gros salaire sans jamais évaluer réellement leurs performances. Le premier exemple qu'il cite est celui d'Enron. Son insistance sur le talent était légendaire. Par exemple, Lynda Clemmons, qui a lancé le département des dérivés climatiques, est passée de trader à associée, puis à directrice de sa propre entreprise en seulement sept ans ! Gladwell demande : « Comment évaluer les performances de quelqu'un dans un système où nul ne reste à un poste assez longtemps pour permettre une telle évaluation ? »[1]

Le talent ne suffit jamais. Peter Drucker, le père du management moderne, a constaté : « Il semble y avoir peu de rapport entre l'efficacité d'un homme et son intelligence, son imagination ou ses connaissances... L'intelligence, l'imagination et la connaissance sont des ressources essentielles, mais seule l'efficacité permet d'obtenir de bons résultats. Par elles-mêmes, elles ne peuvent que limiter les performances. » Si le talent suffisait, les personnes les plus efficaces et influentes seraient systématiquement celles qui sont les plus douées, mais ce n'est pas souvent le cas. Prenez en compte ces données :

- Plus de 50% des PDG des cinquante entreprises qui réalisent les plus gros chiffres d'affaires avaient une moyenne de C ou de C – au lycée.

- 65% de tous les sénateurs des USA étaient dans la moitié inférieure de leur classe.

- 75% des présidents des USA étaient des élèves médiocres.

- Plus de 50% des entrepreneurs millionnaires n'ont jamais terminé leurs études secondaires ![2]

C'est clair : le talent ne fait pas tout !

Le principe du saut en hauteur
Il ne s'agit nullement d'être opposé au talent. Je crois qu'il est important d'être doué. Comment pourrait-il en être autrement ? Tous les leaders à succès réalisent à quel point c'est essentiel. Le célèbre entraîneur de football Lou Holtz m'a fait remarquer un jour : « John, j'ai entraîné des équipes avec des bons joueurs et d'autres avec des mauvais joueurs. Je suis un meilleur entraîneur quand j'ai de bons joueurs ! » Plus une équipe sportive, commerciale ou bénévole possède de talents, plus elle a de potentiel – et plus son leader peut faire des étincelles.

La plupart des leaders comprennent les dynamiques de l'appropriation, du partage des responsabilités, de la répartition des tâches, du comité de gouvernance et de la délégation. Souvent, les leaders accomplissent de grandes tâches en répartissant le travail entre plusieurs personnes et en coordonnant les efforts collectifs. Des prouesses hors du commun, comme la construction

---

1   Malcolm Gladwell, "The Talent Myth," *New Yorker*, 22 juillet 2002, http://www.gladwell.com/ 2002/2002_07_22_a_talent.htm.

2   Robert J. Kriegel et Louis Patler, *If It Ain't Broke . . . Break It!* (New York: Warner Books, 1991), p.11.

des pyramides ou de la grande muraille de Chine, ont été accomplies de cette façon. Toutefois, certaines entreprises ne gagnent rien à l'ajout de personnes supplémentaires. La loi de Brooks affirme qu'« ajouter des ressources humaines à un projet en retard ne fait qu'accentuer ce retard ». Plus n'est pas forcément mieux, et certaines missions sont accomplies plus efficacement par une seule personne.

Nous pouvons tirer profit de l'illustration du saut en hauteur pour montrer l'importance du talent : remporter ce genre d'épreuve nécessite qu'un athlète parvienne à sauter très haut, et pas que plusieurs personnes fassent des petits sauts. Cet exemple semble évident, mais souvent, ne nous imaginons-nous pas que nous pourrions accomplir davantage en mettant plus de personnes à l'œuvre ? Ce n'est pas toujours la bonne solution. En fait, de nombreuses tâches exigent qu'on soit compétent, et pas qu'on soit nombreux. De même que le saut en hauteur, elles nécessitent un seul individu au talent remarquable, et non beaucoup de personnes médiocrement doués.

Remettre le talent dans son contexte
Comme je l'ai dit, je n'ai nullement l'intention de minimiser l'importance du talent : ce dernier est un don de Dieu qui doit être apprécié à sa juste valeur. Quand nous observons des gens particulièrement doués...

1. Nous devons reconnaître leurs capacités
En lisant des livres sur le leadership de Jack Welch, je suis stupéfait de sa profonde sagesse mêlée de bon sens. Il n'est pas surprenant qu'il ait été capable de devenir directeur en chef et d'occuper un poste déterminant au sein d'une grande société américaine. C'est un leader né !

Chaque fois que j'en ai l'occasion, je me rends aux concerts de Sarah Brightman. Je trouve sa voix supérieure à celle des autres artistes. Souvent, je ferme les yeux pour l'écouter chanter, émerveillé par le talent exceptionnel de cette diva. Sarah Brightman est vraiment une chanteuse hors pair.

Le football professionnel d'Atlanta a fait un bond en avant lorsque Michael Vick est venu dans cette ville. Ses capacités exceptionnelles de footballeur rendent chaque match des Falcon palpitant. Ses remarquables talents lui ont gagné le cœur de nombreux supporters. Michael Vicks est un athlète né.

Le talent peut permettre aux gens d'accomplir des exploits hors du commun, et nous devons savoir apprécier leurs dons et leurs performances.

2. Nous devons admettre la contribution qu'ils apportent à la société
Quand nous observons des personnes remarquablement douées, notons aussi l'impact qu'elles produisent. De nos jours, dans quel état serait l'Amérique si elle n'avait pas été dirigée par des leaders de talent ? J'ai lu la biographie de plusieurs hommes remarquables qui ont fait de l'Amérique ce qu'elle est

aujourd'hui. Cet ouvrage m'a rappelé le grand talent des pères fondateurs de l'Amérique :

- **Thomas Jefferson**, troisième président de la nation et premier rédacteur de la Déclaration d'Indépendance, a été un novateur : c'est lui qui a inventé la première charrue moderne, qui a été président de la Société Philosophique Américaine, qui a envoyé Lewis et Clark effectuer la première expédition scientifique du pays, qui a restructuré la ville de Washington, de telle sorte que le président de la Maison Blanche n'ait qu'à lever les yeux pour voir le Congrès sur la colline du Capitole, et qui a offert les 6500 volumes de sa bibliothèque personnelle afin de servir de base à la Bibliothèque du Congrès des USA.

- **Thomas Paine** a écrit *Common Sense* (Sens commun), le premier best-seller de la nation, vendu à cinq cent mille exemplaires dans un pays qui comptait, à l'époque, trois millions d'habitants.

- **James Madison**, quatrième président du pays, a contribué à élaborer la Constitution des États-Unis. Il a dirigé les cinquante-cinq hommes qui ont mis au point ce document révolutionnaire. Il était encore plus ingénieux que Jefferson.

- **Henri Clay**, orateur, homme d'état et juriste, a été l'un des mentors d'Abraham Lincoln et a empêché les états du sud de faire sécession en 1850. Beaucoup d'historiens estiment que ce délai de dix ans a donné à l'Union le temps d'établir sa base industrielle, ce qui a contribué à l'essor des États-Unis.

Oui, le cours de l'histoire du monde a bel et bien été changé par des hommes et des femmes de talent qui ont optimisé leurs capacités.

3. Nous devons distinguer ce qu'ils peuvent accomplir de ce qu'ils sont

Il y a des années, l'auteur Fred Smith m'a fait part d'une réflexion très pertinente: « Le don est généralement plus grand que la personne qui l'exerce. » Il voulait dire par là que le talent de certains individus est plus grand que tous ses autres attributs personnels, comme son caractère et son engagement. En conséquence, ils n'arrivent pas toujours à optimiser leur talent. En effet, les personnes particulièrement douées sont toujours tentées de se reposer sur leurs capacités naturelles, ou bien elles veulent que les autres reconnaissent leurs aptitudes, mais qu'ils oublient leurs points faibles.

N'avez-vous pas déjà connu des gens qui auraient dû parvenir au sommet, mais qui n'y sont pas arrivés ? Ils avaient tout le talent nécessaire, mais ils ont échoué. Le philosophe Ralph Waldo Emerson doit avoir connu des individus de ce genre, car il a déclaré : « Le talent en soi est illusoire et prédispose à la prétention. Il faut qu'un individu doué se consacre avec joie à la cause de l'humanité pour acquérir le titre de bienfaiteur. »

Alors, le talent suffit-il ? Oui, mais seulement au départ. Le romancier Charles Wilson a dit : « Quelle que soit la taille de la bouteille, la crème remonte toujours à la surface. » Le talent se remarque. Il vous distingue des autres. Au départ, il vous sépare du commun des mortels. Il vous donne une longueur d'avance sur les autres. C'est pourquoi les dons naturels sont l'un des plus grands bienfaits de la vie. Mais les avantages qu'ils vous procurent sont éphémères. Le compositeur de chansons Irwing Berlin l'avait bien compris, car il a déclaré : « Ce qui est le plus difficile, quand on a du succès, c'est de persévérer. Le talent n'est qu'un point de départ. On doit l'entretenir sans cesse. »

> *«Ce qui est le plus difficile, quand on a du succès, c'est de persévérer. Le talent n'est qu'un point de départ. On doit l'entretenir sans cesse.»*
> *Irving Berlin*

Une quantité de gens doués qui ont commencé avec un avantage sur les autres ont perdu leur avance parce qu'ils se sont appuyés sur leur talent au lieu de l'entretenir sans cesse. Ils sont partis du principe que leur don suffirait à les maintenir en tête. Ils n'ont pas compris qu'en fait, s'ils se contentaient de rester sur leurs acquis, les autres les dépasseraient rapidement. En fait, le talent est plus répandu qu'ils se l'imaginent. L'auteur d'illustres best-sellers Stephen King prétend que « le talent est plus commun que le sel de table. Ce qui sépare l'individu doué de celui qui réussit, c'est une grosse somme de travail. » Sans aucun doute, les dons naturels ne suffisent pas pour parvenir au sommet.

Avez-vous ce qu'il faut ?
Alors, que faut-il pour réussir ? Où cela nous mène-t-il, vous et moi ? Tout le monde peut-il accéder au succès, et en quoi le talent y contribue-t-il ? Voici ce que je crois :

1. Tout le monde a du talent
Les gens ont tous la même valeur, mais pas les mêmes dons. Certaines personnes semblent bénéficier d'une multitude de talents. La plupart d'entre nous n'en ont que quelques-uns. Mais sachez une chose : nous avons tous la capacité de briller dans un domaine ou un autre.

Dans leur ouvrage *Now, Discover Your Strengths* (Et maintenant, découvrez vos points forts), Marcus Buckingham et Donald O. Clifton affirment que nous pouvons tous faire une chose mieux que dix mille autres individus. Et ils fondent leur théorie sur de solides recherches. Ils nomment cette chose la zone de force, et ils encouragent leurs lecteurs à la trouver et à en tirer parti au maximum. Peu importe à quel point vous avez conscience de vos capacités, ce que vous pensez de vous-même ou quelles performances vous avez déjà accomplies. Vous avez du talent, et vous pouvez développer votre don particulier.

2. Développez le talent que vous possédez, et non celui que vous désirez avoir

Si je vous demande qui aura le plus de succès : la personne qui compte sur son seul talent ou celle qui identifie son don particulier et qui le développe, la réponse sera évidente. Alors, je vais vous poser une autre question : pourquoi beaucoup de gens passent-ils la plupart de leur temps à tenter de renforcer leurs points faibles ?

Lors de mes conférences, j'apprends aux gens qu'ils doivent cesser de s'ingénier à améliorer leurs points faibles pour se concentrer sur leurs points forts. (Je parle évidemment des capacités et non des mauvaises attitudes ou des défauts, qui *doivent* être corrigés.) J'ai remarqué que les gens ne peuvent améliorer leurs aptitudes que de 2 points sur une échelle de 1 à 10. Par exemple, si votre talent naturel dans un certain domaine est de 4, vous ne parviendrez qu'à 6, même en faisant beaucoup d'efforts. Autrement dit, vous passerez d'une note légèrement en dessous de la moyenne à une note légèrement au-dessus. Mais si, dans un certain domaine, vous en êtes à 7 au départ, vous avez le potentiel d'atteindre la note de 9, voire même de 10, si c'est là votre point fort et que vous travaillez très dur ! Ainsi, vous ne serez plus seulement le premier sur 10 000 dans votre spécialité, mais le premier sur 100 000 ! Mais cela ne se produira que si vous faites le maximum pour optimiser votre talent.

3. Nous pouvons tous faire des choix qui optimiseront notre talent

La question qui se pose est donc : Qu'est-ce qui provoque l'efficacité qui, selon Peter Drucker, est nécessaire pour que le talent donne des résultats ? En fait, tout dépend de nos choix. Les choix essentiels que vous allez faire – outre le talent naturel que vous possédez – vous distingueront de ceux qui n'ont que du talent. Jennings Bryan (orateur, procureur et leader politique) a observé : « La destinée n'est pas une affaire de chance, mais une question de choix ; nous ne devons pas attendre passivement qu'elle se réalise, mais agir dans ce but. »

> *Les choix essentiels que vous allez faire*
> *– outre le talent naturel que vous possédez –*
> *vous distingueront de ceux qui n'ont que du talent.*

J'ai découvert treize choix essentiels qui peuvent optimiser le talent de tous ceux qui les font.

1. Les convictions rehaussent votre talent.

2. La passion dynamise votre talent.

3. Les initiatives stimulent votre talent.

4. La concentration oriente votre talent.

5. La préparation positionne votre talent.

6. La pratique aiguise votre talent.

7. La persévérance soutient votre talent.

8. Le courage éprouve votre talent.

9. La volonté d'apprendre amplifie votre talent.

10. La force de caractère protège votre talent.

11. Vos relations influent sur votre talent.

12. Votre sens de vos responsabilités renforce votre talent.

13. Le travail en équipe multiplie votre talent.

Faites ces choix, et vous pourrez aller au-delà de votre talent. Si vous avez du talent, vous vous fondez dans la masse. Par contre si vous allez au-delà, vous ferez des exploits !

Vous pouvez y arriver !
Je suis convaincu que les idées de ce livre peuvent vous aider. *Au-delà du talent* m'a été inspiré par ce qui m'est arrivé en 2004. L'entraîneur Jim Tressel m'a demandé de parler à l'équipe de football de l'Ohio le week-end où elle allait affronter celle du Michigan. Pour moi, il ne s'agissait pas d'une allocution comme une autre, mais d'un rêve qui se réalisait ! En effet, j'ai grandi dans l'Ohio, et je suis fan de son équipe de football (les *Buckeyes*) depuis toujours.

L'entraîneur Tressel avait lu mon ouvrage *Today Matters* (Aujourd'hui est important). Comme ses joueurs étaient très jeunes et qu'il voulait leur apprendre à se concentrer sur la saison de football 2004, il a étudié ce livre avec eux pendant l'année. L'entraîneur voulait que je m'adresse aux joueurs avant le dernier et le plus important des matchs de la saison. Cette expérience a été inoubliable. J'ai parlé aux *Buckeyes* le vendredi soir, puis je les ai accompagnés au stade le samedi et je les ai accompagnés dans leur vestiaire. J'y ai vu une horloge qui comptait à rebours l'heure du match contre l'équipe du Michigan et sur laquelle il était marqué « Aujourd'hui est important ».

Pouvais-je espérer davantage ? Oui ! L'entraîneur Tressel s'est tourné vers moi pendant que nous étions encore dans le vestiaire, et il m'a déclaré : « John, nous allons escorter l'équipe ensemble sur le terrain de football. »

Devant cent mille fans en délire, nous avons couru jusqu'au terrain. Jamais je n'oublierai cet instant. Pouvais-je espérer davantage ? Oui ! Je suis resté sur le banc de touche avec l'équipe pendant tout le match. Et la cerise sur le gâteau, c'est que l'équipe de l'Ohio a gagné le match !

Quel rapport cela a-t-il avec *Au-delà du talent* ? Avant ma visite, l'entraîneur Tressel m'avait envoyé des informations sur l'équipe de football de l'Ohio pour m'aider à me préparer, entre autres « Le manuel du gagnant », qui contient un article intitulé « Les choses qui ne nécessitent pas de talent ». Il insistait sur le fait que des caractéristiques comme la ponctualité, l'effort, la patience et l'abnégation étaient essentielles pour la bonne marche de l'équipe de football, et qu'aucune d'entre elles ne nécessitait de talent. L'entraîneur Tressel m'a expliqué que lui-même et ses coéquipiers s'ingéniaient à faire comprendre à leurs joueurs les plus doués que le talent ne suffit pas.

J'ai beaucoup aimé cet article, et je me suis dit que si j'écrivais un livre à ce sujet, cela aiderait de nombreuses personnes. En effet, les gens qui ne se donnent pas la peine de faire de bons choix pour stimuler et optimiser leur talent ne sont pas au maximum de leurs capacités. Leur talent leur donne une longueur d'avance sur les autres, mais leurs mauvais choix les pénalisent. Leurs amis, leur famille, leurs entraîneurs et leurs patrons voient leurs dons, mais se demandent pourquoi, trop souvent, ils ne sont pas à la hauteur. Leurs talents leur ouvrent des portes, mais leurs mauvais choix les referment. Le talent est inné, mais le succès doit se gagner.

Inversement, les gens qui vont au-delà du talent parviennent, dans toute la mesure du possible, à atteindre leur plein potentiel. Souvent, ils accomplissent de véritables exploits. Leur talent leur donne des opportunités, et leurs choix judicieux leur permettent de remporter de grands succès.

La vie est une question de choix, et chacun de vos choix détermine ce que vous êtes. Quel métier choisirez-vous ? Qui allez-vous épouser ? Où vivrez-vous ? Quel niveau d'instruction atteindrez-vous ? Et surtout, le choix essentiel : *que deviendrez-vous ?* La vie ne consiste pas à piocher les bonnes cartes dans un jeu. Au départ, vous avez un acquis indépendant de votre volonté. Le *talent* est un don de Dieu. La vie consiste à jouer le mieux possible avec les cartes qui vous ont été attribuées au départ. Et cela dépend de vos choix !

Talent + bons choix = personne qui va au-delà du talent

Exercices d'application

Les personnes qui vont au-delà du talent sont celles qui maximisent leurs dons, qui atteignent leur potentiel et qui accomplissent leur destinée.

J'ai lu à mes petits-enfants un livre du Dr. Seuss intitulé *Oh, The Places You'll Go !* (Oh, les endroits où tu iras !) J'y ai trouvé une merveilleuse vérité :

« Tu as un cerveau dans la tête
Et des pieds dans tes chaussures.
Tu peux donc emprunter
La direction de ton choix. »

Je le crois de tout mon cœur. Je prie pour qu'*Au-delà du talent* vous aide à aller dans la bonne direction et à faire des choix judicieux qui vous permettront d'aller au-delà de vos dons naturels, de bâtir sur le fondement de vos capacités et d'optimiser votre potentiel.

1

Les convictions rehaussent votre talent

Pour beaucoup, le premier et le plus grand obstacle au succès, c'est l'opinion qu'ils ont d'eux-mêmes. Une fois qu'ils ont découvert dans quel domaine ils sont particulièrement doués, ce n'est pas l'absence de talent qui les freine, mais le manque de confiance en eux. En quelque sorte, ils se fixent eux-mêmes des limites. Leur absence de conviction risque de faire stagner leur don. Par contre, quand les gens croient en eux, cela les remplit d'énergie, leur permet d'accéder aux ressources qui sont à leur disposition et les fait gravir rapidement les échelons du succès. Votre potentiel représente ce que vous pouvez devenir. La conviction vous aide à voir plus loin et à progresser pour parvenir à vos fins.

Pas seulement un grand talent

C'est devenu une expression légendaire qui a marqué l'histoire sportive américaine. Les gens l'ont appelée « la garantie ». À l'époque, cela semblait juste être le défi d'un athlète de renom dont l'équipe avait très peu de chances de remporter le match décisif. Cela s'est passé le 9 janvier 1969, trois jours avant le *Super Bowl*, finale du championnat de football américain. Juste sept simples mots prononcés par Joe Namath, le quart-arrière des Jets : « Les Jets gagneront samedi. Je le garantis. »

Aujourd'hui, ce genre de vantardise ne semble pas particulièrement exceptionnel. En effet, depuis la carrière de Mohamed Ali, cette sorte de proclamation est devenue monnaie courante. Mais jadis, les joueurs de la *Ligue de football américain* (AFL) n'avaient pas l'habitude de se vanter ainsi. L'AFL, qui existait depuis quatre-vingts ans, était considérée comme inférieure, et lors des deux championnats précédents, ses équipes avaient été battues à plates coutures. La plupart des experts étaient convaincus qu'il faudrait des années avant que l'une de leurs équipes soit au niveau de celles de la *Ligue de football national* (NFL). Les *Colts* de la NFL étaient persuadés de gagner ce troisième championnat en remportant une victoire écrasante sur leurs adversaires.

La « garantie » de Namath semblait choquante, mais il ne s'agissait ni de paroles en l'air, ni de la manifestation d'un ego démesuré. Namath n'hésitait pas à porter le chapeau dans les interviews lorsque les Jets perdaient, mais il faisait toujours preuve d'une grande confiance en lui. Il croyait en lui, en son équipe et en leur capacité à gagner les matchs. Cette grande confiance en lui remontait à son enfance.

Les premiers signes

Joe Namath a toujours été doué en athlétisme. Du reste, il vient d'une famille d'athlètes. Ses premiers entraîneurs ont été les membres de sa famille. Son père, John, a consacré beaucoup de temps à lui apprendre à jouer au baseball et à bien réagir dans tous les cas de figure. Ses frères aussi l'ont formé. Son frère Bobby a commencé à lui apprendre à jouer en quart-arrière dès que Joe a eu six ans, et son frère Franck n'hésitait pas à le frapper s'il ne jouait pas correctement lors des entraînements familiaux.

En grandissant, Joe est resté petit et fluet pour son âge, si bien que certains le sous-estimaient. À l'école primaire, une bande d'enfants venus d'un quartier encore plus sensible que le sien a mis au défi son ami Linwood Alford de jouer au basket à deux contre deux. Lorsque Lindwood et Joe se sont présentés, Lindwood se souvient qu'« ils ont tous éclaté de rire en s'exclamant : Qui est cet avorton ? C'est avec ça que tu comptes gagner ? » Joe semblait facile à battre, mais en fait, c'était loin d'être le cas. « Si on le faisait tomber par terre, il se relevait aussitôt, a fait remarquer Alford. Joe était tout sauf une mauviette ! »[3] Joe et Lindwood ont battu les autres enfants et gagné leur respect.

Joe était intrépide. Lindwood et lui avaient coutume d'aller sur un pont de chemin de fer proche de chez eux, et de s'agripper en dessous du pont pendant que la locomotive et les wagons passaient au-dessus de leur tête. Mais au début, cette témérité n'est pas apparue dans le domaine athlétique. La conviction qui a rehaussé son talent s'est produite quand Joe Namath a eu huit ans. Il est rentré chez lui avec son premier uniforme de l'équipe de baseball de la Petite Ligue des *Elk*. La biographie de Namath nous rapporte le dialogue qui a eu lieu entre le petit Joe et John, son père :

« C'est super, mon fils. Ça te va comme un gant ! »

Joe était le plus petit membre de son équipe, et aussi le plus jeune. Il avait un an de moins que les autres. « Mais tu sais, papa, les autres sont très doués, et ils sont aussi plus grands que moi… Je n'ai aucune chance ! »

« Dans ce cas, a rétorqué son père, ôte tout de suite cet uniforme, rapporte-le à ton entraîneur et dis-lui que tu ne peux pas faire partie de l'équipe, parce que les autres sont bien meilleurs que toi. »

Joe a regardé son père d'un air triste et indigné. « Oh non, papa, je ne peux pas faire ça ! »

« Si tu ne peux pas y arriver, à quoi bon garder cet uniforme ? »

« Mais, papa, ils sont si doués ! »

« Tu l'es aussi. Tu joues bien. Tu sais lancer la balle. Tu sais aussi la recevoir. »

3   Mark Kriegel, *Namath: A Biography* (New York: Viking), p.15.

John a demandé à son fils de choisir soit de rendre son uniforme, soit de s'entraîner avec l'équipe. Après l'entraînement, s'il ne se sentait pas meilleur que ses coéquipiers, il devrait déclarer forfait.

Joe promit de faire un essai.

Et il s'avéra être le meilleur joueur de l'équipe des Elk.[4]

La conviction que John Namath a essayé d'inculquer à son fils n'était pas utopique. John avait coutume de résumer la carrière de son fils en racontant un match qui représentait parfaitement ses capacités. Ce jour-là, John est arrivé en retard et a demandé le score à quelqu'un qui assistait à tous les matchs. Il n'y avait pas de retrait, les équipes étaient ex-aequo et les buts étaient remplis. « Mais ne vous en faites pas, a ajouté l'homme. Le petit Namath va lancer la balle ! » Joe a fait rapidement sortir trois joueurs de l'équipe adverse, y compris le meilleur d'entre eux (qui avait deux ans de plus que lui et qui, par la suite, a joué au football dans l'équipe de Pittsburgh). Puis Joe a pris la batte, frappé la balle et remporté la victoire.[5]

Des performances incessantes

Dès lors, Namath n'a pas cessé d'accomplir des prouesses. Quand il s'est joint à l'équipe de basket du lycée, il était rapide, il savait tirer et surtout, contrairement à la plupart de ses adversaires et de ses coéquipiers, il parvenait à marquer. En tant que footballeur, il a permis à son équipe, les *Beaver Falls*, de remporter le championnat interscolaire de la Ligue athlétique. Un jour, avant un match, Joe s'est fait mal à la cheville. Mais avec assurance, ce quart-arrière plein de confiance a assuré à son entraîneur consterné : « Ne vous inquiétez pas, Monsieur, nous n'aurons pas besoin de dégager le ballon ! »[6]

Dès sa sortie du lycée, Namath a été très recherché, et certains se sont mis à le considérer comme le meilleur quart-arrière du pays. Il s'est finalement inscrit à l'université de l'Alabama, où il est vite devenu une vraie star, et où il a conduit les *Crimson Tide* jusqu'au championnat national.

Il est ensuite passé professionnel et une fois de plus, il est devenu le meilleur quart-arrière de sa catégorie. On affirme que les *New York Giants* de la FNL désiraient à tout prix l'embaucher, mais ce sont les *New York Jets* de l'AFL qui ont remporté la palme. Namath a signé avec eux un contrat aux avantages considérables. Jamais on n'avait vu son pareil dans toute l'histoire du football professionnel et de tous les autres sports.

---

4   Ibid., p.13-14.
5   Ibid., p.14.
6   Ibid., p.47.

Pendant trois ans, Namath a joué avec passion, battu tous les records, subi des opérations du genou et dirigé son équipe, y compris pendant les périodes sombres, sans jamais perdre sa confiance en lui. Il savait pouvoir bien jouer et faire gagner son équipe. Pendant la saison de 1968 – sa quatrième – il a fini par inverser la tendance et à amener son équipe à la victoire contre celle de la NFL. Il croyait en lui et en sa capacité de vaincre, et il a inculqué cette assurance à ses coéquipiers. Ce que la plupart des gens ne savaient pas, c'est que Namath avait regardé des heures de films sur les *Colts*, comme il le faisait pour tous ses adversaires. « Le cyclope ne ment jamais », disait souvent Namath en faisant allusion au projecteur qu'il avait toujours à portée de main dans son appartement.[7] Il a expliqué à ses coéquipiers ce qu'il avait vu. Ils pouvaient gagner le match. Et c'est ce qu'ils ont fait ! Les Jets ont battu les *Colts* à plate couture. La plupart des gens considèrent cet épisode comme la plus grande surprise de l'histoire du Super Bowl.

Que serait-il arrivé à Joe Namath si son père ne l'avait pas incité à croire en lui et à ses capacités à l'âge de huit ans ? Il aurait peut-être suivi la trace de ses frères, des athlètes de talent qui ont fini, à la fin de leurs études secondaires ou universitaires, par aller travailler à l'usine ou à l'atelier mécanique local. À moins qu'il n'ait mal tourné ? Nul ne le saura jamais. En tout cas, une chose est sûre : il n'aurait pas accédé au Panthéon du football de Canton, dans l'Ohio. En effet, il ne faut pas seulement du talent pour cela : il faut aussi des convictions.

Ayez des convictions, cela en vaut la peine !
J'ignore quel est votre talent, mais je sais une chose : sans convictions, vous ne l'optimiserez pas au maximum. Le talent seul ne suffit jamais. Si vous voulez parvenir au meilleur niveau, vous devez croire que c'est possible. Il faut donc...

1. Croire en votre potentiel
Votre potentiel, c'est ce que vous pouvez devenir. L'inventeur Thomas Edison a observé : « Si nous faisions tout ce que nous sommes capables d'accomplir, nous nous surprendrions beaucoup nous-mêmes. »

Trop souvent, nous voyons ce qui est, et pas ce qui pourrait être. Quand Joe était enfant, les gens ont vu un petit garçon fluet. Quand il était lycéen, ils ont vu un adolescent qui traînait avec des jeunes gens mal famés et qui négligeait son travail scolaire. Quand il est passé professionnel, ils ont vu un homme qui avait des problèmes de genoux. Mais lui-même s'est considéré comme un champion. Si vous parveniez à discerner votre vrai potentiel, vous ne vous reconnaîtriez pas vous-même.

Quand ma fille, Elizabeth, était au lycée, elle a fait prendre d'elle une « photo glamour » pour me l'offrir. Cela faisait fureur à l'époque : les femmes allaient

7   Ibid., p.234.

dans des studios-photos en se maquillant beaucoup pour avoir l'air de stars de cinéma. La première fois que j'ai vu la photo, je me suis dit : « Ce n'est pas son apparence quotidienne, mais c'est bel et bien Elizabeth. » C'est aussi ce qui se passe quand vous voyez votre potentiel et que vous y croyez. Si vous parveniez à discerner celui ou celle que vous pouvez être, vous vous sentiriez mieux que jamais. C'est pourquoi je vais m'efforcer de vous dévoiler une photo de vous qui montre votre potentiel.

L'homme d'état indien Mohandas Gandhi a déclaré : « Distinguer la différence entre ce que nous faisons et ce que nous sommes capables de faire suffirait à résoudre la plupart des problèmes mondiaux. » En tout cas, cela suffirait à résoudre la plupart de nos problèmes *individuels*. Nous devons commencer par croire en notre potentiel pour faire ce dont nous sommes capables.

Trop de personnes n'atteignent pas leur plein potentiel. L'écrivain John Powel estime que l'individu moyen n'atteint que 10% de son potentiel, ne voit que 10% de la beauté qui l'entoure, n'entend que 10% de sa musique et de sa poésie, ne sent que 10% de son parfum et ne goûte que 10% de la douceur de vivre. De même, la plupart des gens ne voient et ne réalisent pas leur potentiel.

Le coach exécutif Joel Garfinkle rapporte une histoire écrite par l'écrivain Mark Twain dans laquelle un homme meurt et rencontre Saint Pierre devant les portes de perle du paradis. Il réalise aussitôt que Saint Pierre est remarquablement sage et clairvoyant. Il lui demande donc : « Saint Pierre, je m'intéresse à l'histoire depuis très longtemps. Dis-moi quel a été le plus grand général de tous les temps ? »

Saint Pierre lui répond du tac au tac : « Oh, c'est une question très simple. C'est cet homme, là-bas. »

« Tu dois te tromper, dit l'homme, très perplexe. Je connaissais cet homme sur la terre. C'était un simple ouvrier. »

« Tout à fait, mon ami, confirme Saint Pierre. Il aurait été le plus grand général de tous les temps si seulement il avait été général ! »[8]

> *« La vie ressemble à un vélo à dix vitesses.*
> *La plupart d'entre nous ne nous servons jamais*
> *de certaines de ses vitesses. »*
> *Charles Schulz*

8   Avec autorisation. Copyright 2004–5, Joel Garfinkle. Tous droits réservés. Dream Job Coaching, http://www.dreamjobcoaching.com/articles/court-martial.html.

Le dessinateur Charles Schulz a observé : « La vie ressemble à un vélo à dix vitesses. La plupart d'entre nous ne nous servons jamais de certaines de ses vitesses. » Pourquoi ne le faisons-nous pas ? Pourtant, nous faisons tous des efforts au cours de notre existence. Alors, où est le problème ? La plupart du temps, il s'agit des limitations que nous nous imposons nous-mêmes. Elles nous limitent autant que les autres. La vie est assez difficile telle qu'elle est. Nous la rendons encore plus ardue lorsque nous nous imposons des limitations *supplémentaires*. L'industriel Charles Schwab a observé : « Quand un homme pose des limites à ce qu'il va faire, il pose aussi des limites à ce qu'il peut faire. »

Dans *If It Ain't Broke . . . Break It!* (Si personne ne l'a encore fait... Vas-y !) Robert J. Kriegel et Louis Patler écrivent :

« Nous ne savons pas quelles sont les limites humaines. Aucun test, aucun chronomètre, aucune ligne d'arrivée ne peut évaluer le potentiel humain. Quand quelqu'un poursuit son rêve, il va bien au-delà de ce qui semblait être ses limites. Le potentiel qui est en nous est illimité et largement inexploré... Quand on pense à ses limites, on se les inflige. »[9]

> « *Quand un homme pose des limites à ce qu'il va faire,*
> *il pose aussi des limites à ce qu'il peut faire.* »
> *Charles Schwab*

Souvent, nous mettons trop l'accent sur les défis et obstacles physiques, et nous accordons trop peu d'importance aux barrières psychologiques et émotionnelles. Sharon Wood, la première femme américaine à gravir le mont Everest, a beaucoup appris à ce sujet après avoir accompli cet exploit : « J'ai découvert qu'il ne s'agissait pas de force physique, mais de force psychologique. C'est à moi qu'il incombait de pulvériser les barrières de mes limitations personnelles et de puiser dans mon potentiel, ce potentiel dont on prétend que nous n'utilisons presque jamais 90%. »

En 2001, j'ai été invité à Mobile, en Alabama, afin de m'adresser à six cents entraîneurs et recruteurs de la NFL lors du *Senior Bowl*. Il s'agit du match de football disputé par deux équipes d'étudiants de dernière année qui ont été invités à participer parce qu'ils étaient persuadés d'avoir le potentiel d'intégrer la NFL. Le matin, je leur ai parlé des *17 lois infaillibles du travail en équipe*, qui venaient juste d'être publié. Et l'après-midi, j'ai assisté à une séance d'entraînement au cours de laquelle les joueurs ont été testés sur leur vitesse de course, leurs réflexes, leur niveau en saut en hauteur, etc.

9   Kriegel et Patler, If It Ain't Broke . . . Break It!, p.44.l.html.

L'un des entraîneurs, Dick Vermeil, a bavardé avec moi pendant que j'observais le spectacle. À un certain moment, il m'a dit : « Vous savez, nous pouvons évaluer beaucoup de leurs capacités, mais il est impossible de mesurer leur courage. Cela, seul chaque joueur peut le déterminer. »

C'est à vous de déterminer quel est votre potentiel. Peu importe ce que les autres en pensent, voire même ce que vous avez cru de vous-même à une certaine période de votre existence. Tout dépend de ce qui est en vous et de ce que vous pouvez mettre en action.

On raconte qu'un jeune fermier du Colorado aimait partir en excursion et gravir les rochers. Un jour, en se promenant dans la montagne, il a trouvé un nid d'aigle avec un œuf dedans. Il a pris l'œuf et en rentrant chez lui, il l'a glissé parmi ceux qu'une poule était en train de couver.

Comme l'aiglon est né parmi les poussins, il pensait en être un également. Sa « mère » lui a appris à se conduire comme tel, et à gratter le sol dans la cour avec ses « frères et sœurs ». Il ne savait rien faire d'autre, et lorsque parfois, il sentait d'étranges pulsions intérieures, il ne savait pas comment réagir, si bien qu'il les ignorait ou les refoulait. Après tout, il était un poussin. Il devait donc se comporter en tant que tel.

Et puis un jour, un aigle a volé au-dessus de la ferme, et depuis la cour, l'aiglon a levé les yeux et l'a vu. En un instant, il a réalisé qu'il voulait être comme lui. Il souhaitait voler à haute altitude, se percher au sommet des montagnes et contempler le panorama à perte de vue. Alors il a étendu ses ailes, qui étaient bien plus grandes et robustes que celles de ses frères et sœurs. Soudain, il a compris qu'il était un aigle ! Bien qu'il n'ait jamais volé jusque-là, il en possédait l'instinct et les capacités. Il a déployé de nouveau ses ailes, et il s'est mis à voler, d'abord maladroitement, puis avec de plus en plus de force et de maîtrise. En s'élevant et en planant dans le ciel, il a eu la conviction d'avoir enfin trouvé sa vraie personnalité.

Phillips Brooks, qui a écrit le cantique « Petite ville de Bethléem », a observé : « Quand vous découvrez que vous n'avez qu'à moitié vécu, votre autre moitié vous hante jusqu'à ce que vous la développiez. » Non seulement c'est la réalité, mais j'ajouterai ceci : ne pas atteindre votre potentiel est une vraie tragédie. Pour y parvenir, vous devez d'abord y croire, puis décider de vivre au-dessus de la masse.

2. Croyez en vous

Croire que vous possédez un remarquable potentiel est une chose, avoir suffisamment confiance en vous pour envisager de l'atteindre en est une autre. Quand il s'agit de croire en eux-mêmes, certains deviennent agnostiques ! Ce n'est pas seulement dommage ; cela les empêche aussi de devenir ce qu'ils pourraient être. Le psychologue et philosophe William James a insisté sur le fait qu' « il n'y a qu'une seule cause à l'échec humain : le manque de con en soi. »

> *Quand il s'agit de croire en eux-mêmes,*
> *certains deviennent agnostiques !*

Les gens qui croient en eux-mêmes obtiennent de meilleurs postes et de meilleurs résultats que les autres. Martin Seligman, professeur de psychologie à l'université de Pennsylvanie, a fait des recherches dans une importante compagnie d'assurances-vie et a découvert que les vendeurs qui s'attendaient à réussir vendaient 37% d'assurances-vie de plus que les autres.[10] L'impact de la confiance en soi commence de bonne heure. Certains chercheurs affirment qu'en ce qui concerne les résultats scolaires, la confiance en soi influe davantage sur les performances que le quotient intellectuel.

L'avocat et expert en marketing Kerry Randall a remarqué : « Les gens qui ont du succès croient en eux, contrairement aux autres. » C'est particulièrement évident dans le domaine sportif. De nombreux entraîneurs m'ont affirmé que la confiance en soi est particulièrement importante dans les sports d'équipe avec un ballon. Aux moments décisifs, certains joueurs veulent intercepter le ballon alors que d'autres ont tendance à rester en retrait. Ceux qui s'emparent du ballon ont confiance en eux, tout comme Namath, qui a lancé le ballon à la dernière seconde pendant un match de basket au cours duquel il manquait un point à son équipe pour gagner. Alors que le meilleur marqueur de son équipe hurlait : « Passe-moi le ballon ! », Namath a gardé son sang-froid et marqué le panier de la victoire au moment même où le buzzer sonnait.[11]

Les personnes confiantes vivent selon le credo qui, dit-on, était accroché au mur du bureau du joueur de golf Arnold Palmer :

« Si tu pars perdant, tu le seras.
Si tu n'oses pas essayer, tu ne feras rien.
Si tu as envie de gagner, mais que tu t'en crois incapable,
Il est presque certain que tu perdras...
Les batailles de la vie ne sont pas toujours remportées
Par l'homme le plus fort ou le plus rapide,
Mais tôt ou tard, celui qui gagne
Est celui qui s'en croit capable. »[12]

10   Martin Seligman, *Learned Optimism: How to Change Your Mind and Your Life* (New York: Pocket Books, 1998), p.99.

11   Kriegel, *Namath*, op.57.

12   From Walter D. Wintle, "The Man Who Thinks He Can," *Poems That Live Forever*, comp. Hazel Felleman (New York: Doubleday, 1965), p.310.

...t dans la mesure où vous croirez en vous que vous atteindrez
...l.

...votre mission

...d'autre pour rehausser votre talent ? Croire en ce que vous faites. Même s... ...nombreux obstacles se dressent contre l'accomplissement de vos désirs, votre confiance en vous va vous aider. William James a affirmé : « Ce qui vous assurera de mener à bien une entreprise risquée, c'est la foi, dès le départ, que vous pouvez l'accomplir. » En quoi ce genre d'assurance vous aide-t-elle ?

Croire en votre mission vous fortifie. Avoir confiance en ce que vous faites vous donne la force de le mener à bien. L'architecte Frank Lloyd Wright a observé : « Les choses qui se produisent sont celles dont vous êtes fermement convaincu ; votre confiance contribue pour beaucoup à leur aboutissement. » Les gens confiants évaluent généralement leur tâche avant de l'entreprendre et savent s'ils peuvent la réaliser. C'est pour cela que la conviction a une grande puissance.

Croire en votre mission vous encourage. Une femme qui veut gagner rencontrera de l'opposition. Un homme qui cherche à accomplir une mission sera critiqué. Qu'est-ce qui leur permettra de tenir bon dans un environnement si négatif ? La foi en leur mission.

L'auteur dramatique Neil Simon conseille : « N'écoutez pas ceux qui disent : « Ce n'est pas ainsi qu'on doit procéder. » C'est peut-être vrai, mais faites-le quand même. N'écoutez pas non plus ceux qui disent : « C'est trop risqué. » S'il avait tenu compte des mises en garde, Michel Ange aurait peint le sol de la chapelle Sixtine, et son œuvre serait certainement effacée aujourd'hui. » Simon sait de quoi il parle : il a remporté dix-sept *Tony Awards*, cinq *Drama Desk Awards* et deux prix Pulitzer.

Manifestement, il croit en ce qu'il fait.

Croire en votre mission vous fera voir plus grand. Plus vous croirez en votre potentiel, en vous-même et en votre mission, plus vous serez en mesure d'accomplir de grandes choses. Si vous continuez à y croire, vous ferez un jour ce que vous considériez comme impossible.

L'acteur Christopher Reeve avait cette perspective, et cela l'a mené loin. Il a dit un jour à son auditoire :

« L'Amérique a une tradition que beaucoup de nations lui envient : celle d'accomplir l'impossible. Cela fait partie de notre caractère national. C'est ce qui nous a fait aller d'une côte à l'autre. C'est ce qui nous a valu d'être à la tête de l'économie mondiale. C'est ce qui nous a conduits jusqu'à la lune. Quand j'étais en réadaptation, sur le mur de ma chambre, il y avait une photo d'une navette spatiale qui décollait, signée de tous les astronautes qui étaient à la NASA à l'époque. En haut de la photo, il était écrit : « Nous avons compris que rien n'est impossible. » Cela devrait être notre devise... C'est une chose que nous devons réaliser à l'échelon national. Tant de nos rêves paraissent d'abord impossibles, puis improbables, et ensuite, quand nous nous y mettons tous, ils se réalisent. Si nous pouvons conquérir l'espace, nous pouvons aussi conquérir notre espace intérieur, la frontière du cerveau, du système nerveux et de toutes les afflictions physiques qui détruisent tant de vies et nous privent d'un si grand potentiel. »[13]

Croyez-vous en votre mission ? Êtes-vous convaincu de pouvoir accomplir de grandes tâches ? Vous attendez-vous à atteindre vos objectifs ? Ce sont des ingrédients indispensables pour optimiser vos dons.

J'aimerais ajouter encore un mot à ce sujet. Vous devez toujours tenir compte des autres en accomplissant votre mission. En effet, seule une vie vécue pour les autres a de la valeur. Quand vous accomplissez votre mission, les autres disent-ils...

« Ma vie est meilleure grâce à lui », ou
« Ma vie est pire à cause de lui » ?

Si vous optez pour la seconde réponse, votre mission ne vaut pas la peine d'être accomplie.

L'un de mes souvenirs les plus chers est un simple presse-papier en cristal. Il n'est pas spécialement artistique et n'a pas une grande valeur commerciale, mais il est précieux pour moi à cause de ce qui y est gravé et de la personne qui me l'a offert. Il est noté :

« John,
Pasteur, mentor, ami,
Merci d'avoir cru en moi,
Affectueusement,
Dan »

C'est un cadeau de Dan Reiland, qui a fait équipe avec moi pendant vingt ans en tant qu'assistant et qui est devenu vice-président de l'une de mes compagnies. Dan est un véritable partenaire pour moi, « une âme-sœur ». La mission que nous avons accomplie ensemble nous a rendus meilleurs tous les deux. C'est le genre de personne avec qui il fait bon travailler et avec laquelle on obtient d'excellents résultats.

13   26 août 1996: Christopher Reeve speaks at the Democratic National Convention," Floor Speeches, PBS, http://www.pbs.org/newshour/convention96/floor_speeches/reeve.html, accédé le 2 août 2006.

Exercices d'application

Comment devient-on une personne qui va au-delà du talent ? En enclenchant une série de démarches logiques qui commencent par la conviction pour s'achever par une action positive :

La conviction détermine les espoirs
Si vous voulez optimiser votre talent, ne commencez pas par vous concentrer sur lui, mais plutôt par faire appel à votre force de persuasion intérieure. En effet, vos convictions déterminent tout ce que vous faites. Pour réussir, il ne suffit pas de travailler plus dur ou plus intelligemment. Il faut aussi penser de façon positive, autrement dit avoir de l'assurance. Si vous vous attendez à échouer, c'est ce qui arrivera. Si vous vous attendez à réussir, c'est aussi ce qui arrivera. Vous deviendrez extérieurement ce que vous êtes à l'intérieur.

> *Vous deviendrez extérieurement ce que vous êtes à l'intérieur.*

Les performances personnelles commencent par un changement de convictions. Pourquoi ? Parce que celles-ci déterminent vos espoirs, qui déterminent eux-mêmes vos actes.

Une conviction est une façon de penser selon laquelle la confiance devient une conviction qu'on acquiert. À long terme, cette dernière est plus que la simple idée d'une personne : c'est un objectif auquel cette dernière croit fermement. Benjamin Franklin a observé : « Bénis soient ceux qui n'attendent rien, car ils ne seront jamais déçus. » Si vous voulez accomplir quelque chose dans la vie, sachez que vous connaîtrez des déceptions, mais que vous devez viser le succès. Cela signifie-t-il que ce dernier sera toujours au rendez-vous ? Non. Vous essuierez des échecs. Vous commettrez des erreurs. Mais si vous vous attendez à réussir, vous optimiserez votre talent et vous persévérerez dans votre entreprise. Et comme Joe Namath, vous finirez par réussir.

L'avocat Kerry Randall a déclaré : « Contrairement à l'opinion publique, la vie ne s'améliore pas par hasard, mais en effectuant des changements. Et ceux-ci commencent toujours par l'intérieur ; c'est le changement des mentalités qui améliore l'existence. » Les progrès proviennent des changements, mais ceux-ci nécessitent la confiance. C'est pourquoi vous devez vous efforcer avant tout d'avoir davantage confiance en vous. Il vous faut croire en votre potentiel, en vous-même, en votre mission et en vos collaborateurs. Le président Franklin

Delano Roosevelt a déclaré : « La seule limite à nos performances de demain, ce sont nos doutes d'aujourd'hui. » Ne laissez pas vos doutes étouffer vos espoirs !

Harvey McKay raconte l'histoire d'un professeur qui était face à une classe de trente étudiants en biologie moléculaire. Avant de leur faire passer leur dernier examen, il leur a déclaré : « J'ai eu le privilège d'être votre professeur au cours de ce semestre, et je sais à quel point vous avez travaillé dur pour préparer cet examen. Je sais aussi que la plupart d'entre vous se rendront en faculté de médecine ou en école d'ingénieur cet automne. J'ai parfaitement conscience du fait que vous vous ingéniez à améliorer votre moyenne, et comme je suis persuadé que vous connaissez bien votre programme, je suis prêt à mettre d'office un B à tous ceux qui souhaitent ne pas passer le dernier examen. »

Les étudiants se sont sentis très soulagés. Beaucoup se sont levés d'un bond pour remercier leur professeur de leur accorder un tel privilège.

« Y a-t-il d'autres candidats ? a-t-il insisté. C'est votre dernière chance ! »

Un autre étudiant a rejoint les premiers.

Le professeur a alors distribué à ceux qui étaient restés assis l'énoncé du dernier examen, qui ne comprenait que deux phrases : « Félicitations, vous allez recevoir un A. Continuez à croire en vous ! »[14] C'est ainsi que ce professeur a récompensé les étudiants qui avaient travaillé dur et qui croyaient en eux-mêmes.

Les espoirs déterminent les actes

Fred Smith Sr., l'un de mes mentors, auteur de *Leading with Integrity* (Diriger avec intégrité), m'a rapporté la remarque d'un linguiste appartenant à l'équipe des traducteurs Wycliffe de la Bible : dans vingt des langues les plus primitives de la terre, on emploie le même mot pour désigner les *convictions* et les *actions*. C'est seulement quand les gens deviennent plus « sophistiqués » qu'ils distinguent le sens de ces deux mots. Cette remarque est très parlante, parce que la plupart des gens séparent les convictions des actions. Comment faire pour les réunir à nouveau ? Grâce à nos espoirs !

> *Nous ne pouvons pas vivre indépendamment des espoirs*
> *que nous fondons sur nous-mêmes.*

Nous ne pouvons pas vivre indépendamment des espoirs que nous fondons sur nous-mêmes. C'est impossible ! Un jour, j'ai entendu l'histoire (j'ignore si elle

---

14   Harvey Mackay, "Be a Believer to be an Achiever," Pioneer Thinking, http://www. pioneer thinking.com/achieve.html, accédé le 2 août 2006.

est authentique ou pas) d'un pionnier de l'aviation qui a construit un avion un an avant que les frères Wright n'accomplissent leur premier vol historique. Mais l'avion est resté dans la grange de cet inventeur, parce qu'il a eu peur de l'essayer, soit parce que personne n'avait encore volé en avion jusque-là, soit parce qu'il avait peur de s'écraser au sol. On prétend qu'une fois qu'il a appris l'exploit d'Orville et de Wilbur Wright, cet homme a essayé son appareil. Auparavant, il ne croyait pas suffisamment en lui pour en prendre le risque.

Il y a deux catégories de personnes dans ce monde : celles qui sont prêts à passer à l'action et celles qui ont peur de se tromper. Les frères Wright appartenaient à la première catégorie, tandis que l'inventeur timoré faisait partie de la seconde. Si vous êtes comme les frères Wright, vous voulez croire en vous-même et vous êtes prêt à prendre des risques. Et si vous appartenez à la deuxième catégorie ? J'ai une bonne nouvelle pour vous : vous pouvez changer !

> *Il y a deux catégories de personnes dans ce monde :*
> *celles qui sont prêts à passer à l'action et*
> *celles qui ont peur de se tromper.*

Dans son livre *Tough Times Never Last, but Tough People Do!* (Les temps difficiles passeront, mais les gens tenaces persisteront !), Robert Schuller raconte l'histoire de Sir Edmund Hillary, le premier homme à atteindre le sommet du mont Everest avec le tibétain Tenzing Norgay. Avant de réussir à gravir l'Everest, Hillary avait fait partie d'une autre expédition, dans laquelle non seulement l'équipe n'était pas parvenue à atteindre le sommet, mais avait aussi perdu l'un de ses membres. Lors d'une réception organisée à Londres pour les membres de l'expédition, Hillary s'est levé pour s'adresser à l'auditoire. Derrière l'estrade, on avait affiché une gigantesque photo de l'Everest. Hillary s'est retourné pour faire face à la représentation de la montagne et s'est exclamé : « Mont Everest, tu nous as tenu en échec, mais je reviendrai, et je te vaincrai, *parce que toi, tu ne peux pas grandir, contrairement à moi.* »[15]

J'ignore à quel problème vous faites face. Il se peut qu'il soit plus grand de jour en jour, ou encore qu'il soit colossal depuis le début, comme le mont Everest. Mais en tout cas, je sais une chose : la seule façon d'être assez aguerri pour relever efficacement les défis, c'est de s'attendre à devoir les affronter. On ne triomphe pas de ses problèmes en les minimisant, mais en grandissant soi-même !

15   Robert H. Schuller, Tough Times Never Last, But Tough People Do! (New York: Bantam, 1984), p.204, italiques ajoutées.

Les actions déterminent les résultats

Les résultats proviennent des actions. Cela semble évident dans le domaine physique. La troisième loi de Sir Isaac Newton affirme que pour chaque action, on constate une réaction opposée d'égale ampleur. Toutefois, les hommes n'appliquent généralement pas cette loi dans leur vie. Ils se contentent d'espérer avoir de bons résultats. Mais l'espoir n'a rien à voir avec la stratégie : si vous voulez obtenir de bons résultats, vous devez agir en conséquence. Si vous désirez être efficace, vous devez être plein d'espoir. Et pour cela, il faut commencer par avoir des convictions. Tout commence par-là ! L'acteur américain Paul Harvey a remarqué : « Si vous ne le vivez pas, c'est que vous n'y croyez pas. » Tout est une question de foi !

Les gens qui vont en Suisse pour faire du tourisme aiment généralement effectuer des randonnées en montagne. Oh, ce ne sont pas des champions qui escaladent les plus hauts sommets ! Simplement, ils font des excursions. À l'aube, ils partent en groupe d'un « camp de base » afin d'atteindre un sommet montagneux en milieu d'après-midi.

> *Si vous ne le vivez pas, c'est que vous n'y croyez pas.*

J'ai parlé à un guide de ses expériences avec ces groupes, et il m'a décrit un phénomène intéressant. Il m'a expliqué que la plupart du temps, le groupe fait halte à mi-chemin dans un refuge. Les grimpeurs déjeunent, reprennent leur souffle et se préparent à affronter la dernière étape de cette difficile ascension. À ce moment-là, il y a toujours des participants qui optent pour la chaleur et le confort du refuge et qui décident de ne pas grimper jusqu'au sommet. Tandis que le reste du groupe repart, ils restent au refuge et bavardent gaiement. Mais au crépuscule, beaucoup d'entre eux se dirigent vers la fenêtre tournée vers les montagnes et attendent silencieusement le retour des grimpeurs. Pour quelle raison ? Parce qu'ils prennent conscience d'avoir manqué une occasion unique. La plupart d'entre eux savent qu'ils ne reviendront jamais dans ce pays. Ils n'auront plus l'occasion de gravir ces montagnes. Et ils n'ont pas su en profiter pleinement.

C'est ce qui arrive lorsque les gens ne tirent pas le maximum de leur talent, quand ils ne croient pas en eux et en leur potentiel, quand ils n'agissent pas selon leurs convictions et n'essaient pas de tirer le meilleur parti possible des occasions qui se présentent à eux.

Ne permettez pas que cela vous arrive ! Vivez la vie que vous êtes appelé à vivre. Essayez de vous voir tel que vous pouvez être, puis faites tout ce qui est en votre pouvoir pour croire que vous pouvez parvenir au but. C'est la première étape essentielle pour devenir une personne qui va au-delà de son talent.

Exercices d'application

À la fin de chaque chapitre de ce livre, vous trouverez des exercices d'application comme ceux qui figurent ci-dessous pour vous aider à mettre en pratique les idées contenues dans ce chapitre. *Apprendre* une idée ne suffira jamais à vous faire progresser. Vous devez *mettre les idées en pratique* pour tirer le maximum de votre talent et devenir une personne qui va au-delà de son talent. Je vous encourage à tenir un « journal de croissance » et à vous en servir pour répondre aux questions et noter vos observations tout en faisant vos exercices. Cela vous aidera à rester concentré et à évaluer vos progrès.

1. Rédigez une courte description de vous-même tel que vous êtes aujourd'hui.

2. Quels sont vos cinq plus grands talents ? Si vous n'y avez pas encore réfléchi, vous devrez peut-être faire quelques travaux pour répondre à cette question. Au besoin, achetez un livre tel que Now, Discover Your Strengths (Et maintenant, découvrez vos points forts) de Marcus Buckingham et Donald O. Clifton, et remplissez le questionnaire de découverte des talents, ou encore, faites les exercices proposés dans What Color Is Your Parachute? (De quelle couleur est votre parachute ?), de Richard Nelson Bolles. De plus, réfléchissez à vos performances les plus importantes et gratifiantes, et interrogez vos collègues, votre famille et vos proches amis pour qu'ils vous donnent leur avis en ce qui concerne vos talents. Quand vous aurez terminé votre recherche, faites la liste de vos points forts.

3. Faites la liste des trois activités qui vous passionnent le plus.

4. Selon vous, quelles opportunités peuvent se présenter à vous ? Elles peuvent avoir un rapport avec l'endroit où vous vivez, avec celui où vous travaillez, aux personnes que vous côtoyez, ou encore à ce qui se passe dans votre activité professionnelle ou dans les domaines qui vous intéressent. Énumérez le plus de points possibles.

5. Prenez le temps de réfléchir à ce qui se profile quand on associe ces talents, ces centres d'intérêt et ces opportunités. Qu'en concluriez-vous s'il s'agissait de quelqu'un d'autre que vous, de quelqu'un qui n'aurait que peu d'obstacles ou de limites, de quelqu'un qui serait au bon endroit au bon moment ? Faites de grands rêves. N'écartez aucune idée sous prétexte qu'elle est excessive. Pensez à ce que quelqu'un dans cette situation pourrait faire, à ce qu'il pourrait devenir. Quelle serait sa mission ? Notez vos conclusions en une phrase ou en une courte description.

6. Ce que vous venez d'écrire décrit ce que vous pourriez devenir. C'est une image de votre potentiel. En quoi cela corrsepond-t-il à la description que vous avez faite dans le premier point ? Croyez en votre potentiel, en vous-même, en votre mission et en vos coéquipiers. Comment cela peut-il embraser le feu de vos convictions et augmenter votre espérance de devenir cette personne ? Fixez-vous un plan d'action pour y parvenir. Au besoin, demandez à d'autres de vous aider.

2

La passion dynamise votre talent

Qu'est-ce qui propulse les gens au sommet ? Qu'est-ce qui les pousse à prendre des risques, à parcourir le mille supplémentaire et à faire l'impossible pour atteindre leurs objectifs ? Ce n'est pas le talent, mais la passion. Elle est plus importante que les projets, car elle nous enflamme, nous dynamise. Jamais je n'ai rencontré de personne passionnée qui manquait d'énergie. Tant que la passion est là, les gens ne s'arrêtent pas aux échecs, au nombre de leurs chutes, aux opposants, aux gens qui leur disent qu'ils ne réussiront jamais. Ils continuent leur progression et tirent le maximum de leurs dons. Ce sont des êtres qui vont au-delà du talent et qui ne s'arrêtent pas tant qu'ils n'ont pas réussi.

En quête d'une direction
Que faisait un jeune homme comme Rueben Martinez dans un lieu tel que Miami, dans l'Arizona ? Miami est une petite ville minière de deux mille habitants située au sud-est de l'Arizona. Elle a peu changé depuis sa fondation en 1907. Pendant la jeunesse de Rueben, dans les années quarante et cinquante, la plupart des gens travaillaient dans l'industrie minière du cuivre, et ils le font toujours actuellement. Les parents du jeune Rueben, des immigrants mexicains, travaillaient eux aussi à la mine.

Il n'y avait pas grand-chose à faire à Miami, mais Rueben avait l'esprit curieux, et il assouvissait sa soif de connaissance dans les livres – ce qui n'est pas évident quand on a des parents qui ne lisent presque pas et qu'on vit dans une ville si petite qu'elle ne dispose même pas d'une bibliothèque municipale.

« Ma mère voulait toujours que je pose mes livres pour travailler au jardin, se souvenait Rueben. Aussi, je me cachais dans les toilettes extérieures pour lire, sachant que personne ne viendrait me déranger à cet endroit. »[16]

Dans son enfance, il était si avide de lecture qu'il est devenu très ingénieux. « Chaque matin, à sept heures moins le quart, a-t-il raconté, le livreur de journaux lançait le journal du jour chez le voisin. Comme je l'entendais tomber contre la cloison mitoyenne, je me levais, je sortais par la porte arrière, je m'adossais au

---

16 Ana Figueroa, "Rueben Martinez: Barber and Book Lover," *AARP Segunda Juventud*, avril/mai 2005, http://www.aarpsegundajuventud.org/english/nosotros/2005-AM/05AM_ bookshop. html.

mur du voisin et je lisais minutieusement le journal du matin. Ensuite, je le repliais et je le remettais à sa place le plus discrètement possible. »[17]

Rueben a fini par se faire prendre sur le fait, mais son voisin a fait preuve de compréhension et l'a encouragé à continuer à lire. Rueben a aussi été soutenu et aidé par deux de ses professeurs. Ils ont encouragé sa passion pour la lecture et lui ont prêté des livres.

Une nouvelle direction

À dix-sept ans, Rueben est parti à Los Angeles pour gagner sa vie. Dès qu'il a aperçu l'océan Pacifique, il a compris qu'il ne retournerait plus jamais vivre dans l'Arizona. Il a exercé tous les emplois qu'il a pu trouver : commis d'épicerie, conducteur de grue, ouvrier d'usine. Il a même travaillé dans une aciérie. Enfin, un jour, il a été attiré par une offre d'emploi de coiffeur dans une université. « Quand je voyais les blouses blanches comme neige que portaient les coiffeurs, a-t-il raconté, elles étaient si différentes de la crasse du monde de la mine ! Je voulais être propre ! »[18]

Dans les années soixante-dix, Rueben Martinez a ouvert son propre salon de coiffure et s'est mis à son compte. Son existence s'améliorait, mais il ne perdait pas pour autant sa passion pour la lecture, une passion qu'il souhaitait transmettre aux autres, surtout aux jeunes des communautés hispanique et latine. Selon une enquête officielle, le niveau de lecture parmi les Hispaniques était deux fois moins élevé que chez les blancs non-hispaniques.[19] Martinez voulait changer cela.

Il a commencé par prêter des livres issus de sa collection de deux cents volumes aux personnes qui venaient se faire couper les cheveux. Cela allait des chefs-d'œuvre en espagnol, comme *Cent ans de solitude* de Gabriel Garcia Marquez ou *Don quichotte* de Cervantes, à des ouvrages américains d'Hemingway ou de Silverstein traduits en espagnol ou encore à une autobiographie dédicacée de l'acteur Anthony Quinn. Mais souvent, ses clients oubliaient de lui rendre ses ouvrages, ce qui décevait Martinez et amenuisait son stock de livres. Sa solution ? Se mettre à vendre des livres ! En 1993, Martinez a mis des livres en vente pour la première fois. Il a commencé par proposer deux titres, mais comme son initiative a été couronnée de succès, il s'est mis à proposer davantage de titres. Il est devenu un promoteur acharné de la lecture. Il a incité les parents à faire lire leurs enfants, les jeunes à se plonger dans la lecture, et même à inviter des auteurs célèbres, comme Isabel Allende, à venir dans son salon de coiffure.

---

17   "Life and Times" (retranscription), KCET News, 11 novembre 2004, http://www.kcet.org/lifeandtimes/archives/20041109.php.

18   Marco R. della Cava, "Barber Grooms Love of Books," USA Today, 10 October 2004, http://www.usatoday.com/life/books/news/2004-10-10-barber-genius-grant_x.htm.

19   Ibid.

Martinez se souvient de la réaction d'Isabel Allende à son arrivée. « C'est là ? » a-t-elle demandé. « En effet », a répondu Martinez, qui n'avait que deux étagères de livres. Mais il avait des tableaux, un fauteuil de coiffeur... et ils ont passé de bons moments ensemble. Et surtout, ils ont eu une multitude de curieux, qui sont venus voir un auteur se déplacer dans la ville de Santa Ana. Oui, il y a eu une foule d'environ trois mille personnes.[20]

Quelques années plus tard, le salon de coiffure pourvu de livres est devenu une librairie où trônait juste un fauteuil de coiffeur symbolique. Martinez a appelé sa boutique la *Librairie des livres et des tableaux Martinez*. « Nous avons commencé avec deux livres, a-t-il raconté, puis avec dix, et ensuite vingt-cinq. Peu à peu, nous avons vendu plus de 2 millions de livres. C'est ce qui se passe quand on ose rêver. »[21] Aujourd'hui, le magasin compte plus de dix-sept mille titres et il est devenu l'une des plus grandes librairies de livres en langue espagnole du pays. Martinez a ouvert un second magasin en 2001, puis un troisième réservé aux enfants. Il dit aux parents : « Voulez-vous que votre enfant soit en tête ou en queue de peloton, chers parents ? Vous devez encourager votre enfant à lire et lui lire des histoires... Si vous le faites, il sera à la tête de sa classe... et il deviendra quelqu'un d'exceptionnel dans le monde. C'est l'effet que produit la lecture. »[22]

L'impulsion
Le talent de Rueben Martinez pour promouvoir la littérature a pris son essor quand il a laissé sa passion jaillir. Il a ensuite entrepris de lancer une émission littéraire sur Univision. Il a fondé le Festival du livre latino avec l'acteur Edward James Olmos. Et il s'est mis à faire des conférences dans les écoles et dans d'autres lieux pour promouvoir la lecture. Il conseillait à ses auditeurs de lire vingt minutes par jour pour atteindre un million de mots par an. L'une de ses citations favorites est que les livres peuvent transporter les gens dans le monde entier, et qu'une carte de bibliothèque vous conduira plus loin que le permis de conduire.

« J'ai commencé à lire très, très jeune, a dit Martinez, et je lis toujours. Je lis beaucoup chaque jour. J'attends impatiemment de le faire. Je raffole des livres. »[23]

Les gens commencent à reconnaître le talent de Martinez. En 2004, il a remporté une distinction pour « avoir amené le grand public à apprécier la littérature et avoir préservé l'héritage littéraire latino. » Il est devenu « l'Avocat de l'année des petites entreprises des USA » en 2004. Il a reçu un doctorat honoraire

---

20   Interview de Rueben Martinez par Brancaccio, NOW, 28 janvier 2005, http://www.pbs.org/now/printable/transcriptNOW104_full_print.html.
21   Figueroa, "Rueben Martinez: Barber and Book Lover."
22   Http://www.humanmedia.org/program_martinez.php3.
23   "Life and Times," KCET News.

en lettres humaines en 2005 et il a été désigné comme l'un des vingt-six entre-preneurs les plus fascinants. Carlos Azula a observé que « Rueben ne vend pas seulement des livres ; il vend de la lecture. »[24]

Et Martinez ne veut pas s'arrêter là. À soixante-cinq ans, il n'a pas l'intention de se reposer sur ses lauriers. Son activité le remplit d'énergie.

« J'ai gagné plus d'argent en coupant les cheveux qu'en vendant des livres, a fait remarquer Martinez à l'âge de soixante-quatre ans. Mais ce que je fais actuellement remplit ma vie de joie. »[25] Martinez envisage de lancer une chaîne de vingt-cinq librairies bilingues dans le pays.

« Si j'avais continué à travailler en usine, a-t-il déclaré, j'aurais une retraite confortable actuellement, mais j'ai choisi de me mettre à mon compte comme coiffeur. Et maintenant que j'ai mes librairies, je vais travailler pendant le reste de ma vie. Mes enfants me prennent pour un fou ! »[26] Oh non, il n'est pas fou... Juste passionné !

Votre passion peut décupler vos forces

La passion peut dynamiser tous les aspects de la vie des gens – y compris leur talent. Avez-vous déjà rencontré une personne passionnée qui manque d'énergie pour faire ce qui compte le plus à ses yeux ? J'en doute. Une personne passionnée au talent limité surpassera toujours une personne nonchalante, même si cette dernière est bourrée de talent. Pourquoi ? Parce que les gens passionnés agissent avec un enthousiasme débordant et poursuivent leur route coûte que coûte ! Le talent joint à la passion nous fait déborder d'énergie !

Les auteurs Robert Kriegel et Louis Patler citent une étude menée auprès de 1500 personnes pendant une vingtaine d'années qui démontre que la passion fait une différence significative dans la carrière d'une personne :

Au début de l'étude, le groupe était divisé en deux : les membres du groupe A, composé de 83% des participants, se sont lancés dans une carrière choisie pour gagner de l'argent en vue de faire ce qu'ils voudraient par la suite, tandis que les membres du groupe B (les 17% restants), ont choisi leur métier pour la raison inverse : ils allaient faire ce dont ils avaient envie immédiatement, et ne se soucieraient de l'argent qu'ensuite.

24   Della Cava, "Barber Grooms Love of Books."
25   Tara Burghart, "MacArthur 'Genius Grants' Awarded," Seattle Times, 28 septembre 2004, http://seattletimes.nwsource.com/html/nationworld/2002048058_genius28.html.
26   Figueroa, "Rueben Martinez: Barber and Book Lover."

L'enquête a abouti à des révélations surprenantes :

- Au bout de vingt ans, 101 des 1500 participants étaient devenus millionnaires.

- Parmi les millionnaires, tous sauf un – 100 sur 101 – appartenaient au groupe B, ceux qui avaient choisi de faire ce qu'ils aimaient ![27]

Le vieux dicton est vrai : « Trouvez une chose que vous aimez tellement que vous êtes prêt à la faire gratuitement, et si vous apprenez à bien la faire, un jour, des gens seront heureux de vous payer pour la faire. » Dans ce cas, les paroles de la devise que le docteur Charles Mayo a affichées sur le mur de son bureau sont vraies : « Rien n'est aussi passionnant que le travail. »

Le pouvoir de la passion
Pour dynamiser votre talent, rien ne vaut la passion. Regardez ce que celle-ci peut faire pour vous :

1. La passion est la première étape de l'accomplissement
Aimer ce que vous faites est la clé qui ouvre la porte de l'accomplissement. Quand vous n'aimez pas votre activité, cela se voit, quels que soient vos efforts pour le cacher. Vous pouvez devenir comme un petit garçon nommé Eddie dont la grand-mère raffolait de l'opéra. Elle avait une carte d'abonnement, et quand Eddie a eu huit ans, elle a décidé de l'emmener avec elle assister à un opéra de Wagner, en Allemagne, en guise de cadeau d'anniversaire. Le lendemain, à la demande de sa mère, l'enfant écrit un mot de remerciement en ces termes : « Chère grand-mère, merci pour mon cadeau d'anniversaire. C'est ce dont je rêvais depuis toujours, mais pas beaucoup. Affectueusement, Eddie. »

Il est difficile de réussir quand on n'en éprouve pas le désir. C'est pourquoi la passion est si importante. On raconte qu'un jour, un jeune homme arrogant et présomptueux est venu trouver le philosophe Socrate et lui a demandé avec un sourire en coin : « Ô grand Socrate, je viens vers vous pour avoir de la sagesse. »

Discernant instantanément la vanité de son interlocuteur, Socrate a conduit le jeune homme dans la mer. Il avait de l'eau jusqu'à la taille. Puis il a dit : « Répète-moi ce que tu veux. »

« De la sagesse », a répondu le jeune homme en souriant.

Socrate l'a pris par les épaules et l'a poussé dans l'eau. Il l'a maintenu sous l'eau pendant trente secondes. « Et maintenant, que veux-tu ? »

« De la sagesse, ô grand Socrate ! » a haleté le jeune homme.

27 Kriegel and Patler, If It Ain't Broke . . . Break It!, p.259.

Le philosophe l'a de nouveau poussé sous l'eau. Quand il l'a relevé, il lui a de nouveau demandé : « Que veux-tu ? »

« De la sagesse, ô grand et... », a-t-il bafouillé avant que Socrate ne le replonge dans l'eau, cette fois un peu plus longtemps.

« Que veux-tu ? » a insisté le vieil homme en le relevant une nouvelle fois. Le jeune homme toussait et suffoquait.

« De l'air ! a-t-il crié. J'ai besoin d'air ! »

« Quand tu souhaiteras acquérir la sagesse aussi intensément que tu veux de l'air, tu l'obtiendras », a tranché le vieil homme en retournant sur le rivage.

La seule façon de parvenir à quelque chose de vraiment important, c'est de le vouloir passionnément. Tel est l'effet que produit la passion.

2. La passion augmente la volonté
En tant qu'expert en motivation, l'un de mes rôles consiste à aider les gens à atteindre leur potentiel. Pendant des années, j'ai essayé maladroitement d'inciter mes auditeurs à être passionnés. Je leur racontais ce qui me rendait tel, ce qui me poussait à avancer et à faire de mon mieux. Mais je voyais bien que cela ne produisait pas les résultats escomptés : les gens ne réagissaient pas. Je ne pouvais pas attiser la passion des autres en parlant de la mienne.

J'ai donc décidé de changer de méthode. Au lieu de parler de ma passion, j'ai aidé les autres à découvrir la leur. Dans ce but, j'ai posé trois questions :

Que chantez-vous ?
Qu'est-ce qui vous fait pleurer ?
À quoi rêvez-vous ?

Les deux premières questions parlent de ce qui vous touche profondément aujourd'hui. La troisième correspond à ce qui vous épanouira demain. Les réponses à ces questions peuvent souvent aider les gens à découvrir leur vraie passion.

Tout le monde se passionne pour une chose, mais tous ne prennent pas le temps de déterminer laquelle, et c'est bien dommage. En effet, la passion dynamise la volonté. Elle transforme les « je dois » en « je veux ». Ce que nous accomplissons dans la vie est moins basé sur ce que nous voulons que sur l'intensité de notre désir. Le secret de la volonté, c'est le désir. Les gens qui souhaitent intensément quelque chose trouvent la volonté nécessaire pour l'obtenir.

> *Le secret de la volonté, c'est le désir.*

On ne peut aider les autres à devenir des vainqueurs que dans la mesure où ils souhaitent gagner. Les champions le deviennent grâce à leur force intérieure, et non grâce aux éléments extérieurs.

3. La passion produit de l'énergie
Quand on est passionné, on déborde d'énergie. On n'a pas à se forcer à être persévérant ; on l'est naturellement. On savoure autant le voyage que de la perspective d'atteindre la destination. Sans passion, par contre, le chemin du succès est long et ardu.

Pendant des années, ma femme Margaret m'a surnommé le lapin Duracell à cause des publicités dans lesquelles ce célèbre lapin rose pourvu de piles se démène inlassablement. Je suppose qu'elle a une bonne raison pour cela. Je déborde d'énergie. Il y a toujours des choses que j'espère faire, des gens que je veux rencontrer et des buts que je souhaite atteindre... et cela parce que je suis passionné ! Nous disons souvent que les gens ont beaucoup ou peu d'énergie en fonction de leur manière d'agir, mais je suis parvenu à la conclusion qu'il serait plus juste de jauger leur degré de *passion*.

Lors d'une conférence, pendant un temps de questions-réponses, quelqu'un m'a demandé : « Quel est le secret de votre passion ? » Il ne m'a fallu que quelques instants pour pouvoir répondre à la question :

1. Je suis doué dans mon domaine (zone de force).

2. Ce que j'accomplis est efficace (résultats).

3. Quand je fais ce pour quoi j'ai été créé, je me sens plus vivant que jamais (objectif).

Je crois que c'est ce que ressentent tous les gens passionnés. Le pionnier de l'aviation Charles Lindbergh a observé : « Faire ce dont vous rêvez vous donne une poussée d'adrénaline. Vous avez presque l'impression de pouvoir voler sans avion. »

Certaines personnes se plaignent d'être épuisées. En réalité, elles n'étaient peut-être pas captivées par ce qu'elles faisaient au départ. L'écrivain et éditeur Norman Cousins a observé : « La mort n'est pas le pire drame de la vie. Le plus grand, c'est ce qui meurt en nous pendant notre existence. » Sans passion, une partie de nous se sclérose. Si nous n'y prenons pas garde, nous pouvons finir comme cet individu sur la tombe duquel il était gravé : « Mort à 30 ans, enterré à 60. » Ne soyez pas comme lui, mais plutôt comme Rueben Martinez, qui est toujours plein d'énergie à plus de soixante ans. Les gens disent souvent qu'il agit comme s'il avait la moitié de son âge. Qu'est-ce qui lui donne une telle énergie ? C'est sa passion !

> «La mort n'est pas le pire drame de la vie. Le plus grand, c'est ce qui meurt en nous pendant notre existence.»
> Norman Cousins

4. La passion est la base de l'excellence

La passion peut vous faire passer de « médiocre » à « excellent ». Je puis vous l'affirmer par expérience. Au lycée, je n'étais pas très bon élève. Mes priorités étaient d'abord le basket, ensuite les copains et enfin, très loin derrière, mes études. Pourquoi ? Parce que ce qui me passionnait vraiment, c'était de jouer au basket et de passer du temps avec mes amis. Je n'étudiais que pour faire plaisir à mes parents. Cela ne m'intéressait guère.

Mais tout a changé quand je suis allé à l'université. Pour la première fois, j'ai étudié des sujets qui me passionnaient : ils étaient intéressants et s'appliquaient à ma future carrière. En même temps que ma passion, mes notes ont monté. Au lycée, j'étais parfois dans le collimateur du principal, alors qu'à l'université, j'étais en tête de classe. Ma passion m'incitait à viser l'excellence.

Le leader des droits civils Martin Luther King Jr. affirmait : « Tant qu'un homme n'a pas découvert une cause pour laquelle il est prêt à mourir, il ne vit pas vraiment. » Quand nous trouvons notre objectif, nous découvrons la passion. Et cela dynamise notre talent afin que nous parvenions à l'excellence.

5. La passion est la clé du succès

Les gens sont ainsi faits que lorsqu'une cause embrase leur âme, rien ne leur est impossible. C'est peut-être pour cela que le poète-philosophe Ralph Waldo Emerson a écrit : « Tous les grands mouvements qui ont marqué l'histoire du monde sont dus à un débordement d'enthousiasme. »

> «Tous les grands mouvements qui ont marqué l'histoire du monde sont dus à un débordement d'enthousiasme.»
> Ralph Waldo Emerson

On a demandé à deux cents dirigeants ce qui, à leur avis, permet de réussir. La première qualité qu'ils ont citée n'était pas le talent, mais l'enthousiasme. 80% d'entre eux ont conclu qu'il faut avoir un feu intérieur pour parvenir au succès.

Les gens les plus doués ne sont pas toujours ceux qui gagnent. Sinon, comment expliquer le succès olympique de l'équipe de hockey des USA en 1980, dépeinte dans le film *Miracle*, ou encore les carrières prodigieuses du basketteur Larry Bird ou du footballeur Joe Montana ? L'un des coéquipiers de Montana a écrit : « On ne peut mesurer la taille de son cœur ni avec un mètre ruban, ni avec un chronomètre. » Il faut plus que du talent pour parvenir au succès : il faut de la passion.

6. La passion est contagieuse

L'auteure et publiciste Eleanor Doan a observé : « Vous ne pouvez allumer un feu dans le cœur des autres que s'il brûle dans le vôtre. » Je crois que c'est vrai. L'un de mes sujets favoris est la communication. Je l'ai étudiée et enseignée pendant des années, et j'ai toujours aimé voir des experts en communication à l'œuvre. Je crois que les gens sont instruits par la raison, mais qu'ils sont inspirés par la passion.

Même un bref survol des leaders et des hommes d'affaire efficaces au cours de l'Histoire permet de constater qu'ils ont transmis aux autres leur passion. L'un de mes préférés est Winston Churchill. Vers 1930, Churchill n'était qu'un homme politique britannique parmi beaucoup d'autres, mais quand Hitler a pris le pouvoir, Churchill s'est insurgé contre les nazis, qu'il a dénoncés énergique- ment avant tous les autres. Il se passionnait pour la protection de la liberté et de la démocratie. Lorsqu'Hitler a déclaré la guerre et cherché à conquérir l'Eu- rope et à écraser l'Angleterre, Churchill a transmis sa passion pour la résistance au peuple britannique, et même aux États-Unis. Sans cet homme, le destin du monde libre aurait peut-être été beaucoup plus dramatique.

Talent + *passion* = personne qui va au-delà du talent

Exercices d'application

Si vous ne possédez pas l'énergie dont vous rêvez, vous avez besoin d'attiser votre passion. Voici comment je vous suggère de procéder :

1. Organisez votre existence en fonction de votre passion
Les gens qui ont une passion, mais pas le sens des priorités ressemblent à des individus qui se retrouvent tout seuls dans une cabane en rondins perdue au fond des bois par une nuit d'hiver glaciale et enneigée, et qui allument quelques petites bougies qu'ils disposent aux quatre coins de la pièce. Ils n'ont pas assez de lumière pour bien voir et pas assez d'énergie pour avoir chaud. Au mieux, ils peuvent juste rendre la pièce un peu moins sinistre. Par contre, les gens qui ont le sens des priorités sans passion ressemblent à des individus qui empilent du bois dans la cheminée de cette même cabane, mais n'allument jamais le feu. Enfin, les gens qui sont passionnés et qui ont le sens des priorités sont comme des personnes qui empilent du bois, allument le feu et savourent sa lumière et sa chaleur.

Au début des années soixante-dix, j'ai compris que j'optimiserais mon talent et mon potentiel si ma passion correspondait à mes priorités. En effet, je consacrais trop de temps à effectuer des tâches pour lesquelles je ne possédais ni talent ni passion. Il fallait que je procède à des changements, que je fasse correspondre ce que je savais devoir faire avec ce que j'accomplissais. Et cela a fait une différence considérable dans ma vie. Oh, cela n'a pas éliminé tous les obstacles ni résolu tous les problèmes, mais cela m'a permis d'y faire face avec beaucoup plus d'énergie et d'enthousiasme. Pendant plus de trente ans, j'ai tout fait pour accorder la priorité à mes passions, en gardant à l'esprit cette citation du journaliste Tim Redmond, que j'ai affichée bien en vue chez moi pendant un an pour rester concentré sur mon objectif : « Beaucoup de choses attirent mes regards, mais seules quelques-unes touchent mon cœur, et ce sont ces dernières auxquelles je veux me consacrer en priorité. »

> *« Beaucoup de choses attirent mes regards,*
> *mais seules quelques-unes touchent mon cœur,*
> *et ce sont ces dernières auxquelles je veux me consacrer en priorité. »*
> *Tim Redmond*

Faire passer nos passions en priorité peut s'avérer risqué. La plupart du temps, cela exige d'effectuer des modifications radicales dans notre travail et notre vie privée. Mais on ne peut pas être une personne qui va au-delà de son talent sans courir de risques. Le président d'une agence de publicité Richard Edler a affirmé ceci :

Vivre sans risques expose généralement aux regrets plus tard. Nous possédons tous des talents et des rêves. Parfois, les deux coïncident, mais la plupart du temps, nous ne réalisons ni les uns, ni les autres à notre insu. Par la suite, même si nous avons du succès, nous regrettons amèrement l'époque où nous aurions dû suivre nos rêves et nos talents et réaliser leur valeur. Ne vous laissez pas persuader que la concrétisation de vos rêves et de vos talents manque de prudence. Ils ne sont pas là pour vous inciter à la prudence, mais pour remplir votre existence de joie et d'épanouissement.[28]

Si vos priorités ne correspondent pas à votre passion, envisagez de procéder à des changements dans votre vie. Courrez-vous des risques ? Probablement. Que préférez-vous : la souffrance des risques ou celle des regrets ?

2. Protégez votre passion
Si vous avez déjà fait un feu, vous savez que celui-ci a naturellement tendance à s'éteindre. Si vous voulez qu'il continue à bien brûler, vous devez l'entretenir et le protéger. Vos proches ne soutiendront pas tous votre passion. En réalité, il y a deux catégories de personnes : celles qui *entretiennent le feu* et qui sont prêtes à tout pour maintenir votre flamme, et les *pompiers*, qui s'ingénient à jeter de l'eau froide sur le feu de la passion qui brûle en vous.

Comment distinguer les unes des autres ? En les écoutant parler. Les pompiers disent, entre autres :

• « Cela ne rentre pas dans le budget. »

• « Ce n'est pas pratique. »

• « On a déjà essayé et ça n'a jamais abouti. »

• « Nous n'avons jamais fait ça avant. »

• « Oui, mais… »

• « Le patron n'acceptera jamais. »

• «Pourquoi essayer de réparer ce qui n'est pas cassé ? »

• « Ce n'est pas ce que nous avons l'habitude de faire. »

---

28   Richard Edler, If I Knew Then What I Know Now: CEOs and Other Smart Executives Share Wisdom They Wish They'd Been Told 25 Years Ago (New York: Berkley 1995), p.185.

- « Ça ne marchera jamais. »

- « Mais qui fera le travail supplémentaire ? »

- « Tu n'es pas assez _____ [intelligent, doué, jeune, âgé, etc.]. »

- « Tu as les yeux plus grands que le ventre. »

- « Pour qui te prends-tu ? »

Si vous avez déjà entendu vos proches prononcer une ou plusieurs de ces phrases, peut-être serait-il bon de les tenir quelque peu à distance. Ces pompiers se concentrent uniquement sur les points négatifs. Ils ne voient que les inconvénients. Ils doutent, détestent le changement, empêchent les gens d'atteindre leur potentiel en essayant d'éteindre le feu de leur passion. Restez loin d'eux. Passez plutôt du temps avec les gens qui vous voient non seulement tel que vous êtes, mais tel que vous pouvez devenir, qui vous incitent à réaliser vos rêves et qui favorisent votre passion. J'essaie de déjeuner avec des personnes de ce genre une ou deux fois par mois. Elles me stimulent et me donnent l'énergie nécessaire pour faire ce que je sais être le mieux pour moi.

3. Faites tout votre possible pour réaliser votre passion
Rudy Ruetting, dont la vie a été retracée dans le film *Rudy*, a observé : « Si vous croyez vraiment, vraiment en vos rêves, vous les réaliserez. Mais pour cela, vous devez être passionné et vous engager à fond. Si vous êtes passionné et engagé, vous n'avez pas besoin d'un plan complexe. Votre plan dans la vie, c'est votre rêve. »

Que souhaitez-vous accomplir dans votre vie ? Sur quoi concentrerez-vous votre énergie : votre survie, votre succès ou votre destinée ? Nous vivons en un temps et dans un lieu où beaucoup ne se consacrent qu'à survivre. Et la vie ne se limite pas au succès. Nous devons faire de plus grands rêves, adopter la perspective du dramaturge George Bernard Shaw, qui a écrit :

« Je suis convaincu que ma vie appartient à la communauté, et tant que je vivrai, je considérerai comme un privilège de la servir de mon mieux, car plus je travaille, mieux je vis. Je jouis de la vie telle qu'elle est. Pour moi, elle n'est pas une brève chandelle, mais une sorte de splendide torche que je tiens pendant un moment, et que je veux faire briller le plus possible avant de la transmettre aux futures générations. »

Shaw était passionné par la vie et par son travail. Votre passion a le potentiel de vous remplir d'énergie bien au-delà des limites de votre talent. À la fin, on se souviendra de vous pour votre passion. C'est elle qui dynamisera votre talent. C'est elle qui vous rendra capable de laisser votre empreinte.

Exercices d'application

1. Pour mieux saisir ce qui vous passionne, répondez à ces questions :

Que chantez-vous ?
Qu'est-ce qui vous fait pleurer ?
À quoi rêvez-vous ?

2. Faites la liste de vos proches qui essaient d'éteindre votre passion. Si vous pouvez cesser de côtoyer certains d'entre eux, prévoyez de prendre vos distances. Si vous êtes obligé de passer du temps avec certains autres, élaborez une stratégie pour minimiser l'impact négatif qu'ils peuvent produire sur vous. Si vous êtes marié et que votre conjoint figure sur votreliste, cherchez de l'aide auprès d'un professionnel afin de remédier aux dégâts et de reconstruire votre relation.

3. Quels sont ceux (passés et présents) qui vous ont encouragé à réaliser votre passion ? Au cours des prochaines semaines, efforcez-vous de passer du temps avec certains d'entre eux. Écrivez un mot de remerciement à quelqu'un qui vous a encouragé dans le passé afin de le remercier de vous avoir aidé à réussir.

4. Consacrez quelques instants à identifier les priorités de votre vie. Voyez large (travail, famille, loisirs, santé, etc.). Ensuite, essayez de les classer par ordre d'importance.

5. Comparez ce que vous avez écrit à propos de vos passions et de votre talent au chapitre 1 avec la liste de priorités que vous venez d'établir. En quoi coïncident-elles ? Quels changements pourriez-vous effectuer pour qu'elles correspondent davantage l'une à l'autre ? Quel prix risquez-vous de payer si vous négligez de procéder à des changements ?

6. De votre côté, qui pouvez-vous encourager ? Où et quand votre passion est-elle contagieuse ? Comment pouvez-vous ajouter de la valeur aux autres en les aidant à aviver leur feu ?

3

Les initiatives stimulent votre talent

l est évident que pour avancer, il faut commencer par faire un premier pas. Les personnes qui vont au-delà du talent n'attendent pas que tout soit parfait pour progresser. Elles n'attendent pas non plus que tous les problèmes soient résolus, que tous les obstacles soient balayés et que toutes leurs appréhensions se dissipent. Elles prennent des initiatives. Elles connaissent le secret des leaders : il faut battre le fer tant qu'il est chaud. Dès qu'elles font le premier pas et vont de l'avant, les choses deviennent un peu plus faciles. Si l'impulsion est suffisante, beaucoup de problèmes se résolvent d'eux-mêmes et le talent peut pleinement s'épanouir. Mais pour cela, il faut commencer par se jeter à l'eau.

Un désastre
Le 17 janvier 1994 à 4 heures 30 du matin, un tremblement de terre d'une magnitude de 6,7 a frappé la région de Los Angeles. Il était considéré comme modéré (par exemple, le tremblement de terre de San Francisco, en 1906, a été dix fois plus puissant), mais il a néanmoins fait de gros dégâts. Plus de 50 personnes ont péri et 9000 ont été gravement blessées.[29] Plus de 22 000 sont restées sans abri, et 7000 édifices ont été jugés inhabitables, tandis que 22 000 autres ont été fortement endommagés. Le tremblement de terre a provoqué la fermeture de 9 hôpitaux, dévasté plusieurs autoroutes et fait écrouler 9 ponts.

Ce désastre, appelé le séisme de Northridge, a eu lieu en dessous de la vallée de San Fernando et a fait 44 milliards de dollars de dégâts. Certains experts estiment que les habitants de cette région ont eu de la chance que le tremblement de terre ait eu lieu très tôt le matin un jour férié. Et pourtant, jamais un séisme n'a fait de ravages aussi coûteux dans toute l'histoire des États-Unis.

Mettre un terme aux embouteillages
Los Angeles est la grande ville au trafic le plus encombré des États-Unis, et les effets du séisme de Northridge n'ont fait qu'empirer la situation. L'autoroute Santa Monica, au cœur de Los Angeles, au trafic le plus intense du monde, et emprunté chaque jour par 341 000 véhicules, est devenu un secteur très problématique. Selon les estimations, chaque jour où cette autoroute est restée fermée a coûté à la Californie 1 million de dollars (pertes de salaires, coût de l'essence excédentaire et baisse de l'activité commerciale).[30]

---

29 "Northridge Earthquake," Wikipedia, http://en.wikipedia.org/wiki/1994_Northridge_ Earthquake.
30 "Lessons for Post-Katrina Reconstruction: A High-Road vs. Low-Road Recovery," 6 October 2005, Economic Policy Institute Briefing Paper #166, 2, http://www.epi.org/content. cfm/bp166.

En Californie, en pareil cas, les études écologiques et les formalités administratives prennent de dix-huit à vingt-quatre mois, et la réalisation d'un projet d'une telle ampleur prend ensuite plus de six mois. Comme la fermeture de l'autoroute San Monica coûtait à elle seule un million de dollars par jour, cela signifiait qu'elle entraînerait un déficit de plus de 900 millions de dollars !

Le gouverneur Pete Wilson savait qu'il devait faire en sorte de résoudre ce dilemme. Il a donc élaboré un plan qui permettrait une reconstruction rapide. Il rapporte : « J'ai promulgué un décret qui suspendait toutes les formalités administratives que l'État exige habituellement... Mon but était de rouvrir dans les six mois. Chaque contrat contenait une incitation à accomplir des performances : si le travail prenait du retard, on devrait nous verser des pénalités, alors que s'il était terminé avant la date prévue, nous verserions un bonus. »[31]

La démolition et la reconstruction ont commencé juste six heures après le tremblement de terre. Et le lundi 31 janvier, quinze jours après le tremblement de terre, l'agence responsable de la construction des autoroutes a invité cinq constructeurs à établir un devis pour entreprendre la reconstruction de l'autoroute Santa Monica. Dans la nuit, des plans préliminaires leur ont été remis. Mais les devis devraient être présentés le vendredi 4 février à 10 heures, quatre jours après ! Le soir, on signerait le contrat qui aurait été sélectionné, et la construction commencerait le samedi 5 février. Il y avait deux clauses importantes : premièrement, la construction devrait être effectuée en 140 jours. Deuxièmement, l'enjeu financier du respect des délais était considérable : si le constructeur qui emportait le marché prenait du retard, il devrait verser une pénalité de 200 000 dollars par jour. À l'inverse, il lui serait attribué 200 000 dollars par jour s'il terminait avant la date prévue.

Une démarche audacieuse

L'une des entreprises en concurrence, C. C. Myers, avait déjà mené à bien plusieurs projets de ce genre. Elle a emporté le marché à 14,7 millions de dollars et promis de le mener à terme en 140 jours.[32] Toutefois, en privé, l'équipe dirigeante s'est promis de le terminer en 100 jours. Si tout allait bien, elle pourrait donc empocher 8 millions de dollars supplémentaires.

Mais évidemment, tout n'a pas marché comme sur des roulettes. C. C. Myers prévoyait de faire tourner alternativement deux équipes douze heures par jour, de façon à ce que le travail se poursuive vingt-quatre heures sur vingt-quatre. Mais les ouvriers se sont vite épuisés à la tâche. La solution ? Embaucher davantage de main d'œuvre. En général, il faut 65 charpentiers pour effectuer une tâche d'une telle ampleur. Les dirigeants ont embauché 228. Au lieu des quinze

31   Ibid.
32   "Past Projects: Santa Monica I-10 Freeway," C. C. Myers, Inc.,
      http://www.ccmyers.com/ completedprojects.cfm?ID=8.

ouvriers métallurgistes habituels, ils en ont employé 134. Ils ont multiplié les initiatives pour accélérer la bonne marche du projet : par exemple, ils ont utilisé un coûteux béton à prise rapide au lieu de celui dont ils se servaient d'ordinaire. Et quand l'entreprise a appris qu'il faudrait trois semaines à la compagnie de chemins de fer pour acheminer les poutres en acier nécessaires à la poursuite du travail, C. C. Myers a affrété ses propres trains pour ramener le matériel de l'Arkansas et du Texas à Los Angeles.[33]

L'esprit d'initiative de C. C. Myers a été payant. Non seulement l'entreprise a tenu le délai de 140 jours et même son objectif interne de 100 jours, mais les équipes ont terminé le travail en seulement 66 jours – avec 74 jours d'avance. L'entreprise a donc gagné 14,5 millions de dollars de bonus, soit près du double du contrat de départ.

L'entreprise de C. C. Myers avait du savoir-faire, de l'expérience et un solide palmarès à son actif, mais les dirigeants ne se sont pas reposés sur leurs lauriers. Pourquoi ? Parce qu'ils savaient que le talent ne fait pas tout. Ils devaient donc aller au-delà du talent ! Pour mener à terme le projet de reconstruction de l'autoroute de Santa Monica, il fallait qu'ils fassent preuve d'initiative lors de la signature du contrat, de la gestion des ouvriers et de la résolution des détails qui posaient problème. Leur esprit d'initiative leur a permis de remporter un grand succès, et l'entreprise ne s'est pas arrêtée là. À la suite du séisme de Northridge, Myers a entrepris de chercher des innovations avec les ingénieurs de l'Université du Sud de la Californie pour renforcer les autoroutes déjà en place afin qu'elles supportent mieux les dégâts provoqués par d'éventuels futurs tremblements de terre.

Qu'est-ce que l'esprit d'initiative ?
Si vous voulez optimiser votre potentiel, vous devez faire preuve d'esprit d'initiative, comme le gouverneur Pete Wilson et les dirigeants de C. C. Myers. Voici comment procéder :

1. Où que vous alliez, vous devez commencer par prendre des initiatives
Un touriste s'est arrêté pour se reposer dans un village de montagne. Il s'est assis sur un banc à côté d'un vieil homme, en face de la seule boutique du village. « Bonjour, mon ami ! s'est-il écrié. Pouvez-vous me dire en quoi ce village est remarquable ? »

« Heu... a répondu le vieil homme après un moment d'hésitation, à partir d'ici, vous pouvez aller dans n'importe quel endroit du monde ! »

On peut en dire autant de n'importe quel lieu ! L'endroit où vous arrivez dans la vie est moins déterminé par *le lieu dont vous partez* que par *votre volonté de vous*

---

33   "Lessons for Post-Katrina Reconstruction," p.4.

mettre en route. Si vous êtes prêt à partir et à faire preuve d'initiative, qui peut dire jusqu'où vous irez ?

> *L'endroit où vous arrivez dans la vie est moins déterminé par le lieu dont vous partez que par votre volonté de vous mettre en route.*

Voici l'histoire de Les Brown. Son frère Wes et lui ont été adoptés à l'âge de six semaines et ont grandi à Liberty City, dans un quartier pauvre de Miami, en Floride. Dans son enfance, Les a éprouvé des difficultés scolaires, et la plupart de ses instituteurs en ont conclu qu'il aurait peu de chance de réussir dans la vie. Mais grâce aux encouragements de l'un de ses professeurs du lycée, qui lui a dit : « Tu n'es pas obligé de croire à l'opinion que les autres ont de toi », Les est parvenu à décrocher son diplôme de fin d'études, puis un poste d'animateur radio. À force d'acharnement, il en est devenu le producteur. Il est aussi devenu un membre actif de sa communauté, il a endossé de plus en plus de responsabilités, et pour finir, il a été élu trois fois de suite à l'Assemblée législative. Il s'est alors mis à parler en public et a été nommé l'un des cinq meilleurs orateurs du monde en 1992. Il a aussi écrit des livres, produit sa propre émission télévisée et dirigé une entreprise. Chaque fois qu'il prend la parole en public, on lui verse 25 000 dollars.

Au début de sa vie, la plupart des gens n'auraient pas parié un centime sur son succès. Rares étaient ceux qui pensaient qu'il avait du talent. Mais il a poursuivi sa route, à la stupéfaction de ses détracteurs. Les gens qui ont du succès prennent des initiatives – et persévèrent.[34]

2. Prendre des initiatives ferme la porte de la peur

L'auteur Katherine Paterson a dit : « Avoir peur est une chose. Laisser la peur vous prendre par la queue et vous secouer dans tous les sens en est une autre. » Nous avons tous nos hantises. Allons-nous les maîtriser ou les laisser nous envahir ?

En 1995, mon ami Dan Reiland et sa femme Patti sont allés sauter en parachute avec quelques amis. Ils ont attendu cet évènement avec une excitation mêlée d'appréhension. Au centre de parachutisme de la Californie du Sud, ils n'ont reçu que quelques minutes de formation pour se préparer à sauter en tandem. Dan a expliqué qu'ils se sentaient assez confiants jusqu'au moment où un type est entré dans la pièce pour leur proposer de souscrire une assurance-vie.

---

34   "Les Brown," http://www.lesbrown.com/about_les.htm, accédé le 2 août 2006.

Lorsque l'avion a atteint plus de trois mille mètres d'altitude, ils sont devenus nerveux. Puis on a ouvert la porte coulissante située à l'arrière de l'appareil et leur peur a atteint son point maximum. Regrettant de ne pas porter de tenue de plongée en caoutchouc, ils se sont approchés de la porte, chacun harnaché à un instructeur, et ils ont sauté dans le vide.

Pendant quelques secondes, ils se sont dirigés vers le sol à une vitesse de près de 200 kilomètres/heure. Puis, après une chute libre de deux mille mètres, ils ont tiré sur le câble de déclenchement. Quand leur parachute s'est ouvert, après une brusque secousse, ils sont passés de 200 à 30 kilomètres/heure. Dan a raconté : « Mes sous-vêtements ont pris des formes qu'ils n'avaient jamais eues auparavant ! »

Dan me fait rire chaque fois qu'il me raconte cette histoire, mais j'ai été très surpris d'apprendre qu'à l'instant même où ils ont quitté l'avion, toute leur appréhension a disparu.

L'auteur et pasteur Norman Vincent Peale a affirmé : « L'action n'a pas son pareil pour nous rasséréner et nous remplir d'assurance. L'inaction n'est pas seulement le résultat de la peur, mais aussi sa cause. Peut-être votre action sera-t-elle couronnée de succès ; peut-être devrez-vous la faire suivre d'autres démarches ou ajustements. Mais quoi qu'il en soit, n'importe quelle action vaut mieux que l'inertie. » Si vous voulez cesser de trembler, allez de l'avant.

3. Les initiatives ouvrent la porte aux occasions favorables

Benjamin Franklin, l'un des pères fondateurs de notre nation, nous a prévenus : « Pour réussir, sautez aussi vite sur les occasions que sur les conclusions. » Les gens qui prennent des initiatives et qui travaillent d'arrache-pied peuvent soit réussir, soit échouer, mais quoi qu'il en soit, ceux qui ne prennent aucune initiative sont voués à l'échec. Je suis prêt à parier que vous avez...

une décision à prendre,
un problème à résoudre,
une possibilité à examiner,
un projet à lancer,
un objectif à atteindre,
une occasion à saisir,
un rêve à accomplir.

Personne ne peut attendre que tout soit parfait pour agir et s'attendre à avoir du succès. Mieux vaut agir quand vous êtes sûr à 80% de réussir que d'attendre d'avoir une certitude absolue, car à ce moment-là, les occasions favorables vous seront sans doute passé sous le nez.

4. Les initiatives aplanissent les difficultés de la vie

Le psychiatre M. Scott Peck a émis cette célèbre formule : « La vie est dure. » Mais ce n'est pas là le principal problème des gens. C'est leur réaction face aux difficultés qui l'est. Trop de personnes attendent passivement que les occasions se présentent d'elles-mêmes à elles. En pareil cas, elles courent au-devant des déceptions, car la vie est rarement telle que nous rêverions qu'elle soit. Pour avoir une chance d'obtenir ce que nous souhaitons, nous devons y travailler.

> **«Rien n'est aussi démotivant que la remise à plus tard de l'achèvement d'une tâche.»**
> **William James**

Le philosophe et auteur William James a dit : « Rien n'est aussi démotivant que la remise à plus tard de l'achèvement d'une tâche. » Plus nous laissons traîner les choses, plus elles semblent insurmontables. Les tâches ardues ne sont souvent que l'accumulation de simples activités qui auraient dû être accomplies la veille, la semaine précédente ou le mois dernier. La seule façon de venir à bout d'un travail difficile, c'est de s'y atteler. Et cela exige que nous en prenions l'initiative.

5. Ce sont souvent les initiatives qui font la différence entre le succès et l'échec

Un jour, en Europe, l'employé d'un duc et d'une duchesse a été convoqué par sa patronne.

« James, a demandé la duchesse, depuis combien de temps êtes-vous chez nous ? »

« Depuis une trentaine d'années, Votre Grâce », a-t-il répondu.

« Si mes souvenirs sont exacts, vous avez été embauché pour vous occuper du chien ? »

« En effet, Votre Grâce. »

« Mais, James, ce chien est mort il y a vingt-sept ans ! »

« C'est exact, Votre Grâce. Que voulez-vous que je fasse, maintenant ? »

Comme James, trop de personnes attendent que quelqu'un d'autre leur dicte la prochaine tâche qu'ils doivent accomplir. Presque tout le monde a de bonnes pensées, de bonnes idées et de bonnes intentions, mais beaucoup d'entre nous ne passent jamais à l'action. Pour cela, il faudrait faire preuve d'initiative.

La plupart des gens sont convaincus qu'il est bon d'avoir l'esprit d'initiative, mais sous-estiment sa valeur. La meilleure illustration du pouvoir des initiatives est peut-être l'histoire du brevet du téléphone. En 1876, deux hommes se sont ingéniés à modifier et à améliorer le télégraphe, qui était en vigueur à cette époque. Tous deux cherchaient avec acharnement à transmettre des sons par câble, et tous deux rêvaient de transmettre la voix humaine grâce à l'électricité. Fait notoire, ces deux hommes – Alexander Graham Bell et Elisha Gray – sont allés déposer leur brevet le même jour, le 14 février 1876. Bell était la cinquième personne à déposer un brevet ce jour-là. De son côté, Gray a envoyé son avocat, qui est arrivé plus d'une heure après Bell, muni d'un formulaire de demande d'obtention de brevet. Ces quelques minutes ont coûté une fortune à Gray. Le tribunal a tranché en faveur de Bell, bien que Gray ait soutenu avoir eu cette idée le premier.

Sans esprit d'initiative, le talent n'atteint pas son plein potentiel, tel une chenille qui ne sortirait jamais de son cocon. Il ne se transforme jamais ; il est condamné à ramper perpétuellement sur le sol, bien qu'il ait le potentiel de voler.

Les gens qui manquent d'esprit d'initiative
Dans ce domaine, on distingue quatre catégories de personnes :

1. Celles qui font ce qu'il faut sans qu'on le leur demande,

2. Celles qui font ce qu'il faut quand on le leur demande,

3. Celles qui font ce qu'il faut quand on le leur demande plusieurs fois,

4. Celles qui, quoi qu'il arrive, ne font jamais ce qu'il faut.

Quiconque veut devenir une personne qui va au-delà de son talent doit appartenir à la première catégorie. Pourquoi tout le monde ne réagit-il pas ainsi ? Pour plusieurs raisons :

1. Les gens qui manquent d'esprit d'initiative ne réalisent pas les conséquences de l'inaction
Le roi Salomon, de l'Israël antique, est considéré comme la personne la plus sage qui ait jamais vécue. Chaque fois que je lis les Proverbes, dont il est considéré comme l'auteur, j'apprends quelque chose. Récemment, j'ai eu le privilège de lire ses conseils dans la version *Parole de Vie* :

« Regarde la fourmi, paresseux ! Vois comment elle se conduit, et tu deviendras un sage. La fourmi n'a pas de chef, ni de surveillant, ni de patron. Pendant la bonne saison, elle amasse de la nourriture. Au moment de la récolte, elle fait des réserves. Et toi, paresseux, tu vas rester couché jusqu'à quand ? Quand vas-tu te lever ? Tu dors un peu, tu rêves un peu, tu restes un peu couché en te croisant les bras. Pendant ce temps, la pauvreté arrive comme un voleur, et la misère vient comme un bandit. »[35]

Josiah Stamp a observé : « Il est facile d'esquiver nos responsabilités, mais nous ne pourrons jamais éviter les conséquences que cela provoque. » C'est exact. Tout ce que nous ferons – ou négligerons de faire – finira par être lourd de conséquences. Ceux qui ne prennent jamais d'initiatives finissent souvent comme l'homme décrit par le dramaturge anglais James Albery :

« Il dormait sous la lune
Et somnolait sous le soleil.
Il a vécu en dilettante
Et il est mort sans avoir jamais rien fait. »[36]
Ne laissez pas cela vous arriver !

2. Les gens qui ne prennent aucune initiative attendent que les autres les motivent

On raconte que dans une petite ville, un homme avait la réputation d'être un excellent pêcheur. Tous les matins, il allait sur un lac à bord de son petit bateau, et peu de temps après, il rentrait chez lui la barque pleine de poissons.

Un beau jour, un étranger est arrivé dans cette ville et a demandé s'il pouvait accompagner cet homme la prochaine fois qu'il irait à la pêche. Le pêcheur a répondu : « Oui, bien sûr ! Rejoignez-moi sur le quai demain à cinq heures. »

Le lendemain matin, les deux hommes sont allés sur le lac et le pêcheur s'est rendu dans une crique déserte. En cours de route, l'étranger a remarqué que le pêcheur n'avait ni canne à pêche, ni autre équipement – mis à part un coffre à pêche rouillé et un filet écope.

Le pêcheur a arrêté son moteur, ouvert son coffre et sorti un bâton de dynamite. Il a allumé la mèche à l'aide d'une allumette, puis jeté le bâton de dynamite dans l'eau. Il y a eu une explosion assourdissante. Ensuite, il a pris son filet et commencé à ramasser les poissons.

L'étranger lui a lancé un regard désapprobateur, a mis la main dans sa poche et en a sorti un badge portant l'inscription « Agent des pêches ».

« Vous êtes en état d'arrestation », a-t-il déclaré.

Mais le pêcheur ne s'est pas du tout laissé impressionner. Il a simplement sorti un autre bâton de dynamite de son coffre et a déclenché le détonateur. Puis il

---

35 Proverbes 6.6-11, version Parole de Vie.
36 http://littlecalamity.tripod.com/Quotes/L.html, accédé le 2 août 2006.

l'a tendu à l'agent des pêches en déclarant : « Et alors ? Vous allez simplement rester assis là, ou vous allez vous mettre à pêcher avec moi ? »

Les gens qui ont du succès n'ont pas besoin d'un bâton de dynamite allumé pour les motiver. Leur motivation est déjà en eux. Si nous attendons que les autres nous motivent, que va-t-il se passer le jour où nous n'aurons plus ni entraîneur, ni patron, ni personne d'autre pour nous pousser à agir ? Nous avons besoin d'un meilleur plan que celui-là !

L'homme d'affaires Tom Golisano a observé : « Je crois qu'on ne motive pas les gens. On embauche juste des personnes motivées, et ensuite, on doit faire en sorte de ne pas les démotiver. » Si vous voulez progresser, vous devez allumer votre propre feu.

3. Les gens qui n'ont pas d'esprit d'initiative attendent le moment parfait pour agir

Le timing est important, sans aucun doute. La loi du moment opportun, dans mon livre *Les 21 lois irréfutables du leadership*, affirme que « le moment opportun pour diriger est aussi important que l'action à entreprendre et l'endroit où aller ». Mais il est vrai également que toutes les entreprises valables, dans la vie, impliquent certains risques. J'aime beaucoup ce proverbe chinois : « Celui qui tergiverse trop longtemps avant de faire un pas finira par passer sa vie une jambe en l'air. » La tragédie de beaucoup de gens, ce n'est pas que leur vie se termine trop tôt, mais c'est plutôt qu'ils attendent trop longtemps avant de commencer à vivre.

> « Celui qui tergiverse trop longtemps
> avant de faire un pas
> finira par passer sa vie une jambe en l'air. »
> Proverbe chinois

4. Les gens qui manquent d'esprit d'initiative préfèrent le passé au futur

L'une des raisons pour lesquelles certaines personnes ont tant de difficulté à se mettre à l'œuvre est qu'elles fixent leur attention sur le passé et non sur le présent. Le musicien de jazz Jimmy Lyons a fait remarquer : « Demain est le seul jour qui plaise au paresseux. » Mais cette attitude ne nous attire que des ennuis, parce que la seule journée sur laquelle nous avons quelque pouvoir, c'est aujourd'hui.

Edgar Guest a écrit un poème qui dépeint le destin de ceux qui ont ce genre de problème. Il s'intitule à juste titre « Demain » :

« Il serait tout ce que peut être un homme
Demain.

Nul ne serait plus gentil ou plus brave que lui
Demain.

Il connaissait un ami triste et fatigué
Qui avait bien besoin d'encouragement.
Il l'appellerait et il verrait ce qu'il pourrait faire pour lui
Demain.

Chaque matin, il empilait les lettres auxquelles il répondrait
Demain.

Il pensait à tous ceux auxquels il ferait plaisir
Demain.

Quel dommage qu'il soit si occupé aujourd'hui
Et qu'il n'ait pas une minute à perdre !
Mais il se promettait d'accorder plus de temps aux autres
Demain.

Oui, cet homme serait un excellent travailleur
Demain.

Le monde reconnaîtrait sa valeur
Demain.

Mais il est mort, et personne n'en a plus entendu parler,
Et tout ce qu'il a laissé à la fin de sa vie,
C'est une montagne de choses qu'il avait l'intention de faire
Demain. »[37]

Remettre les choses au lendemain peut être très tentant, mais c'est illusoire. J'ai entendu parler d'un homme qui est allé dans un magasin de meubles à Santa Fe, dans le Nouveau-Mexique, et qui a vu une vieille pancarte défraîchie clouée sur le mur sur laquelle il était écrit : « Demain, nous offrirons tout ce qui est dans ce magasin. » Pendant quelques instants, le client a été enchanté, puis il a réalisé que cette pancarte dirait la même chose le lendemain, remettant indéfiniment au jour suivant cette offre alléchante. Ce *lendemain* si prometteur ne viendrait jamais !

Le prêtre et auteur Baltasar Gracian a dit : « L'homme sage accomplit sur le champ ce que l'insensé fait à la dernière minute. » Tout ce qui en vaut la peine doit être fait immédiatement. Les gens qui ne se mettent jamais à l'œuvre ont des difficultés sans fin.

37   Edgar A. Guest, "To-morrow," A Heap O' Livin' (Chicago: Reilly and Lee, 1916).

Talent + *initiative* = personne qui va au-delà du talent

Comment mettre cette formule en application

À vrai dire, nous avons tous tendance à remettre certaines choses à plus tard. Si une activité est déplaisante, inintéressante ou complexe, nous la laissons traîner. Même certaines tâches que nous *aimons* peuvent nous donner du fil à retordre. Goethe a observé : « Mettre nos idées en application est ce qu'il y a de plus difficile au monde. » Et pourtant, pour atteindre notre potentiel et devenir des personnes qui vont au-delà de leur talent, nous devons faire preuve d'esprit d'initiative. Voici quelques suggestions qui vous aideront dans ce domaine :

1. Assumez la responsabilité de votre vie
Le philosophe grec Socrate a déclaré : « Pour faire bouger le monde, nous devons commencer par bouger nous-mêmes. » Montrez-moi des gens qui négligent d'assumer la responsabilité de leur vie et je vous démontrerai qu'ils manquent d'esprit d'initiative. La responsabilité et l'esprit d'initiative sont inséparables. »

> *«Pour faire bouger le monde,*
> *nous devons commencer par bouger nous-mêmes.»*
> *Socrate*

Nous connaissons tous des échecs et des obstacles. De temps à autre, nous avons tous l'impression de jouer de malchance. Mais quoi qu'il en soit, nous devons faire preuve d'esprit d'initiative. Dick Butler a remarqué : « La vie n'est pas juste. C'est ainsi. Cessez de vous plaindre et de gémir, et prenez-la à bras-le-corps. Dans les affaires, je vois trop de gens qui s'attendent à ce que la petite souris des finances vienne pendant la nuit subtiliser leur vilaine dent morte sous leur oreiller pour la remplacer par des profits juteux à la fin de l'année fiscale. » Un dicton affirme que les grandes âmes sont volontaires, alors que les petites âmes n'ont que des souhaits. Ne nous contentons pas de vouloir réussir : prenons nos responsabilités et agissons !

2. Demandez-vous pour quelles raisons vous ne prenez pas d'initiatives
Le philosophe chinois Mencius a déclaré : « Si vos actes ne sont pas couronnés de succès, cherchez la raison en vous-même. Si vous êtes épanoui, le monde entier vous tendra les bras. » Si vous manquez d'esprit d'initiative, la seule façon de changer est de commencer par identifier l'origine du problème. Pensez aux raisons pour lesquelles certaines personnes décrites dans ce chapitre ont manqué d'esprit d'initiative. Ne réalisez-vous pas les conséquences de votre carence dans ce domaine ? Attendez-vous que les autres vous poussent au lieu de vous efforcer de vous motiver vous-même ? Attendez-vous que tout soit

parfait avant d'agir ? Fantasmez-vous sur le lendemain au lieu de vous concentrer sur ce que vous pouvez faire aujourd'hui ? Y a-t-il un autre problème qui vous empêche de passer à l'acte ?

L'essentiel est de bien faire la distinction entre les raisons légitimes et les excuses. Une excuse attribue le blâme à quelqu'un ou à quelque chose d'extérieur à vous-même. Les excuses sont comme des panneaux de déviation sur la voie du progrès. Elles nous font dévier de notre trajectoire. Sachez qu'il est plus facile de passer de l'échec au succès que des excuses au succès. Éliminez les excuses. Une fois que vous l'aurez fait, vous pourrez tourner votre attention vers les raisons – et sur le moyen de les vaincre.

3. Concentrez-vous sur les avantages de mener à bien une tâche
Il est extrêmement difficile d'avoir du succès si vous remettez toujours les choses à plus tard. La procrastination est l'engrais qui fait pousser les difficultés. Si vous mettez trop de temps à vous décider quand une occasion se présente, vous n'arriverez pas à la saisir. Dans le chapitre précédent, j'ai écrit qu'il était important de faire coïncider vos priorités avec vos passions. Pour devenir efficace dans le domaine où vous êtes doué et assumer pleinement vos responsabilités, vous ne devez pas perdre votre temps à accomplir des activités dérisoires ou superflues. Si vous remettez une tâche à plus tard, je suis prêt à parier qu'elle n'est pas nécessaire. (Et dans ce cas, ne vous contentez pas de la remettre à plus tard ; éliminez-la !) Pour sortir du lot, concentrez-vous sur les avantages que vous tirerez de l'accomplissement de votre tâche : un bénéfice financier ? Un moyen de faire ensuite autre chose qui vous plaira davantage ? Une étape de votre progression ? Le moyen d'accéder à un échelon supérieur ? À moins que ce soit une façon de tourner définitivement une page de votre passé ? Si vous cherchez une bonne raison, vous la trouverez certainement. Et une fois que ce sera fait, allez de l'avant et passez résolument à l'action.

L'amiral américain William Halsey a fait remarquer : « Tous les problèmes paraissent moindres si vous ne les esquivez pas, mais que vous les affrontez en face. Si vous effleurez un chardon, il vous piquera ; mais si vous le saisissez fermement, ses épines se briseront. »

4. Faites part de votre objectif à un ami qui vous aidera
Nul ne parvient seul au succès. Comme la loi de l'importance l'affirme dans mon livre *Les 17 lois infaillibles du travail en équipe*, « un est un trop petit nombre pour parvenir à la grandeur ». Lindbergh n'a pas survolé l'Atlantique sans aide, Einstein n'a pas développé la théorie de la relativité tout seul, Christophe Colomb n'a pas découvert le Nouveau Monde sans collaborateurs. Tous ont eu besoin des autres.

Ma première partenaire dans la vie a été ma femme Margaret. Elle a contribué à tout ce que j'ai accompli d'important. Elle est la première à apprendre à quel moment j'identifie un but à atteindre, la première aussi à me soutenir en cours de route. Évidemment, beaucoup d'autres personnes m'ont stimulé et encouragé, en particulier mes parents et mon frère Larry.

Ces dernières années, John Hull, le président d'EQUIP, m'a beaucoup soutenu. Quand j'ai établi l'objectif d'EQUIP – former un million de leaders dans le monde entier – la tâche semblait colossale. Malgré mon ardent désir de réaliser cette vision, je me demandais parfois si ce serait vraiment possible. John ne m'a pas seulement encouragé : il s'est approprié la vision et a conçu un plan pour l'accomplir. Au moment où vous lisez cet ouvrage, nous avons dépassé notre objectif de former un million de leaders et actuellement, nous envisageons d'en former un million de plus. L'une des raisons pour lesquelles j'aime et admire John, c'est son esprit d'initiative.

La valeur de la contribution que les autres peuvent apporter à la réalisation de vos projets est incalculable. Exposez vos buts et vos rêves aux personnes qui s'intéressent réellement à vous et qui vont vous inciter à les accomplir. Cela peut impliquer certains risques, parce que le fait de leur confier vos espoirs et vos ambitions vous rendra vulnérable, mais le jeu en vaut la chandelle.

5. Subdivisez les grandes tâches en plus petites
Une fois que vous avez ôté les barrières internes qui vous empêchent de prendre des initiatives et que vous vous êtes assuré l'aide des autres, vous êtes prêt à passer à l'action. Mais bien des fois, l'ampleur des tâches à accomplir pétrifie les gens, ce qui pose problème, parce que cela les empêche de prendre des initiatives.

Voici comment je vous suggère de procéder pour répartir une tâche gigantesque en entités moins impressionnantes :

Fractionnez la tâche en diverses catégories. La plupart des grands objectifs sont complexes et peuvent être fractionnés en diverses étapes. Commencez par discerner quelles capacités sont nécessaires pour accomplir de petites tâches.

Établissez les priorités par ordre d'importance. Quand on néglige de classer ce qu'on doit faire en fonction de son importance, l'urgent prend naturellement le pas sur l'essentiel. Quand c'est le cas, on perd l'esprit d'initiative, et au lieu d'activer son talent, on laisse passer de précieuses occasions de le mettre en application.

Classez les diverses étapes à franchir. Fractionner la tâche par catégories vous aide à comprendre *comment* faire pour l'accomplir. Établir les priorités par ordre d'importance vous permet de discerner *pourquoi* vous devez accomplir chaque partie du travail. Classer votre tâche étape par étape vous indique *à quel moment* chacune doit être franchie. L'essentiel, ici, est d'établir un planning, de vous fixer des dates limite et de vous y tenir. Le plus grand mensonge que nous nous racontons à nous-même, quand il s'agit de passer à l'action, est :

« Je le ferai plus tard. »

Assignez les diverses besognes en fonction des capacités. Quand on fractionne la tâche globale en plus petites par catégories, on commence à comprendre de quel genre de personnes on a besoin pour mener à bien le travail. À ce stade, vous devrez résoudre la question : *« Qui ? »*. En tant que leader, je peux vous dire que pour accomplir de grandes choses, l'essentiel est de déterminer qui va faire partie de l'équipe. Assignez des missions aux personnes les plus compétentes. Donnez-leur de l'autorité et des responsabilités, et le travail sera fait. Par contre, n'attribuez pas certaines missions à une personne précise, ou donnez-la à une personne médiocre, et vous aurez des problèmes.

Travaillez en équipe. Même si vous fractionnez un travail, élaborez un plan stratégique et recrutez des personnes très douées, il vous faut un autre élément pour réussir. Tout le monde doit être capable de travailler en collaboration. Le travail en équipe est le ciment qui relie tous les autres éléments entre eux.

6. Fixez un moment précis aux tâches que vous avez tendance à remettre à plus tard
L'écrivain Dawson Trotman, qui a fondé les Navigateurs, a observé : « C'est quand on se met à l'œuvre qu'on perd le plus de temps. » Vous l'avez déjà constaté ? Quand on écrit une lettre, le plus dur est la première ligne. Quand on doit donner un coup de téléphone désagréable, le plus dur est de prendre le combiné et de composer le numéro. Quand on apprend le piano, le plus dur est d'aller s'asseoir devant son clavier.

> *«C'est quand on se met à l'œuvre qu'on perd le plus de temps.»*
> *Dawson Trotman*

C'est au moment de se mettre à l'ouvrage que beaucoup de gens s'arrêtent. Mais comment résoudre ce dilemme ? En essayant d'assigner un moment précis à ce que vous n'aimez pas faire. Si, par exemple, votre travail vous contraint à avoir des relations avec des personnes difficiles, mais que vous avez tendance à l'éviter, fixez-vous un moment précis pour cela, par exemple chaque jour de quatorze à quinze heures. Faites comme si c'était pour vous un rendez-vous incontournable, et à quinze heures, arrêtez-vous jusqu'au lendemain.

7. Souvenez-vous que la préparation exige aussi de l'action
L'une des questions qu'on me pose le plus souvent concerne l'écriture. Les jeunes auteurs me demandent souvent comment j'ai commencé et me parlent de mon premier livre, *Think on These Things* (Pensez à ces choses). C'est un petit livre qui comprend de nombreux chapitres de trois pages, mais il m'a fallu près d'un an pour l'écrire. Je me souviens avoir passé de nombreuses nuits à griffonner quelques phrases dans un carnet... en fait, je faisais beaucoup d'efforts

pour arriver à un piètre résultat.

« Je veux vendre beaucoup de livres et influencer une quantité de personnes, comme vous », me déclarent ces jeunes leaders.

« C'est super ! Et qu'avez-vous écrit jusqu'à présent ? »

« Rien », me répondent-ils généralement.

« OK. Dans ce cas, à quel ouvrage travaillez-vous ? » En leur posant cette question, j'espère leur prodiguer quelques encouragements.

« Heu... À rien de précis, mais j'ai beaucoup d'idées », me répondent-ils, en me précisant qu'ils espèrent avoir plus de temps le mois ou l'année d'après, une fois qu'ils auront terminé leurs études. Quand j'entends ce genre de réponse, je sais que cela n'arrivera jamais. Les écrivains écrivent. Les compositeurs composent. Les dirigeants dirigent. Pour devenir tel que vous le souhaitez, vous devez passer à l'action. L'auteur Louis L'Amour, qui a écrit plus de 100 livres vendus à plus de 230 millions d'exemplaires, a donné ce conseil : « Commencez à écrire, peu importe sur quoi. L'eau ne coule pas tant qu'on n'a pas tourné le robinet. »

> *«Commencez à écrire, peu importe sur quoi.*
> *L'eau ne coule pas tant qu'on n'a pas tourné le robinet.»*
> *Louis L'Amour*

Le désir ne suffit pas. Les bonnes intentions non plus. Le talent ne fait pas tout. Le succès nécessite d'avoir l'esprit d'initiative. Michael E. Angier, fondateur de SuccessNet, a affirmé : « Les idées ne valent rien. Les bonnes intentions n'ont aucun pouvoir. Les plans sont inutiles... s'ils ne sont pas suivis d'actions. Lancez-vous maintenant ! »

Exercices d'application

1. Prenez le temps de dresser la liste de toutes les raisons pour lesquelles vous ne faites pas preuve de plus d'esprit d'initiative. Prenez le temps de noter tout ce qui vous passe par la tête. Une fois votre liste établie, notez à côté de chaque point soit un E (excuse), soit un R (raison)..

Ensuite, faites trois listes à partir de la première. La première doit être intitulée « Plus d'excuses ». Écrivez une résolution à côté de l'excuse correspondante. Par exemple, si l'une de vos excuses est « Je n'ai pas assez d'argent », notez « Je ne me plaindrai plus de ne pas avoir assez d'argent. » Affichez la liste à un endroit où vous pouvez la voir tous les jours.

La seconde liste sera extraite de ce qu'il reste de votre liste originale. Nous l'intitulerons « Faits de la vie ». Elle contiendra tout ce sur quoi vous n'avez aucun contrôle, tout ce que vous ne pouvez pas changer : par exemple, les actions des autres, votre âge ou vos finances. Ce sont des faits que vous devez simplement accepter.

Ce qui reste de votre liste de raisons s'intitulera « Ma responsabilité ». Comme ces choses sont de votre ressort, vous devez les résoudre. Mettez-les sur votre liste de choses à faire et allez-y.

2. Qu'est-ce qui vous incite à remettre les choses à plus tard ?

- Ne réalisez-vous pas les conséquences de votre manque d'esprit d'initiative ? N'avez-vous pas le sens de vos responsabilités ?

- Attendez-vous que les autres vous motivent au lieu de le faire vous-même ?

- Attendez-vous que tout soit parfait avant d'agir ?

- Fantasmez-vous sur le lendemain au lieu de vous concentrer sur ce que vous pouvez accomplir aujourd'hui ?

- Vous ingéniez-vous à tout faire tout seul ?

Identifiez une action précise qui peut vous empêcher de vous laisser aller à votre tendance à la procrastination, notez un instant spécial sur votre calendrier pour l'entreprendre. Au besoin, demandez à quelqu'un de vous aider à tenir bon.

3. Pensez à une chose que vous désirez vivement accomplir, mais qui vous effraie. Comme Dan Reiland l'a fait en sautant de l'avion, que pouvez-vous faire pour passer à l'acte, ce qui vous permettra de surmonter vos appréhensions ?

4. Que négligez-vous de faire aujourd'hui, empêchant ainsi votre talent de s'épanouir ? Est-ce une décision à prendre ? Un problème à résoudre ? Une possibilité à examiner ? Un projet à lancer ? Un but à atteindre ? Une occasion à saisir ? Un rêve à réaliser ? Trouvez de quoi il s'agit et déterminez de le vaincre en vous servant des étapes décrites dans ce chapitre :

- Divisez la tâche en diverses catégories.

- Établissez les priorités par ordre d'importance.

- Classez les diverses étapes à franchir.

- Assignez les besognes à chacun en fonction de ses capacités.

- Travaillez en équipe.

4

La concentration oriente votre talent

Regardez des petits enfants qui jouent. Qu'observez-vous ? Ils passent rapidement d'un jouet à un autre, d'une activité à une autre. Ils dépensent énormément d'énergie, mais ne font pas grand-chose, et c'est normal : ils explorent leur univers et font des découvertes instructives.

La concentration n'est pas innée, et pourtant, elle est essentielle pour tirer le maximum de son talent. Avoir du talent sans se concentrer, c'est comme être une pieuvre sur des patins à roulette. On peut être sûr qu'elle s'agitera dans tous les sens, mais nul ne sait dans quelle direction ! Le talent bien orienté, par contre, peut vous mener loin.

En 2004, je suis allé à Buenos Aires, en Argentine, pour former au leadership un groupe d'environ sept mille personnes. Chaque fois que je me rends pour la première fois dans une région du monde, j'effectue des recherches pour savoir ce qu'elle a d'unique. Je souhaite toujours en visiter les sites exceptionnels ou faire des expériences impraticables dans le reste du monde. Or, j'ai appris que l'Argentine était le numéro un mondial de la chasse aux pigeons.

À une centaine de kilomètres au nord de Buenos Aires, il y a des millions de pigeons. Tous ceux qui aiment la chasse s'y rendent pour faire une expérience mémorable.

Chasseur en herbe
Bien que j'aie déjà chassé, je ne suis pas un vrai chasseur. Certains se passionnent pour cette activité, et ils aiment chasser toute sorte de gibier. Quant à moi, je ne me suis rendu sur ce site que parce que j'aime faire de nouvelles expériences. Quand je suis allé en Argentine, j'ai persuadé Ray Moats, l'un de mes coéquipiers, de m'accompagner. Nous avons décidé de prendre l'avion et d'aller chasser ensemble.

Quand notre guide est venu nous chercher à l'aéroport, il m'a regardé et m'a dit : « Vous n'êtes pas un chasseur, n'est-ce pas ? » J'ai avoué qu'en effet, c'était le cas. « J'en étais sûr ! La première chose à faire est d'ôter la veste rouge que vous portez. Même les pigeons voient cela. Il faut vous camoufler ! »

Le guide nous a ensuite conduits, Ray et moi, dans une jolie vallée. Des multitudes de pigeons volaient au-dessus de nous. En une heure, nous en avons vu au moins cinquante mille. Par moments, il y en avait tant que le ciel était tout noir. Pendant une heure, j'ai donc tiré... et tiré... et tiré. Il y en avait une telle multitude que je me disais qu'il était impossible de les rater. Je tirais donc au petit bonheur.

Savez-vous combien de pigeons j'ai abattus pendant cette heure ? Aucun ! J'étais entouré de cartouches vides, et je n'avais pas un seul trophée de chasse à arborer !

Intervention
Après avoir observé ma façon de faire pendant une heure, voyant que je restais désespérément bredouille, mon guide n'a pas pu en supporter davantage. À ce rythme, j'étais bien parti pour battre un record – celui du chasseur de pigeons le plus nul de l'Histoire. Il a donc entrepris de m'aider.

« Votre problème, c'est que vous essayez d'atteindre *tous* les pigeons, m'a-t-il expliqué. Changez de tactique. Ne vous souciez pas des pigeons qui vous échappent. Croyez-moi, dans quelques instants, d'autres viendront. Il en passe toute la journée. Ne pensez pas à ceux qui vous sont hors de votre portée. Visez-en *un seul*. »

Ray était derrière moi et tendait l'oreille, car il n'était pas meilleur chasseur que moi, et il n'avait pas remporté plus de succès.

En contact avec des chasseurs chevronnés
Quelques heures plus tard, notre guide a décidé qu'il était temps de marquer une pause, et nous sommes rentrés au camp pour déjeuner. Là, nous avons rencontré des types de l'Arkansas qui étaient des chasseurs chevronnés. Il suffisait de les observer pour le savoir. Ils portaient des tenues de camouflage, et ils ne les avaient pas achetées pour l'occasion, car elles étaient élimées, de même que leurs fusils. De plus, ces types parlaient avec beaucoup de sérieux de leurs expériences de chasseurs.

Ray et moi, nous nous sommes assis en face d'eux, et l'un d'eux nous a regardé en coin et a demandé à Ray : « Alors, mon vieux, combien en as-tu pris ce matin ? »

« Trois », a répondu Ray d'un air penaud.

« Trois ? Eh bien, ce n'est pas si mal ! Trois cents, c'est un bon score. Oui, c'est honorable ! Nous en avons pris environ quatre cent cinquante, mais trois cents, c'est déjà bien, surtout si c'est la première fois que tu viens par ici. »

« Vous n'avez pas compris, a bafouillé Ray. Nous en avons abattu trois. Pas trois cents, juste *trois* ! » Et Ray s'est mis à compter sur ses doigts : « Un, deux, trois ! »

Pendant quelques instants, les types de l'Arkansas nous ont regardés avec des yeux ronds. « Enfin, mon vieux, tu n'as même pas besoin de viser dans un tel lieu.

Il suffit de tirer en l'air pour en avoir trois. Il est impossible de n'en atteindre que trois *volontairement*. Tu ne peux arriver à un tel score que *par hasard*. »

Après le déjeuner, nous avons fait un peu mieux, mais à peine. Il est vrai que Ray et moi sommes de piètres chasseurs, mais en pareilles circonstances, nous avions vraiment un problème. Dans une zone où le gibier est rare, on ne peut guère espérer avoir du succès, mais dans ce contexte, les opportunités étaient si nombreuses que nous les rations toutes. À la chasse, comme dans tous les autres domaines, nous aurions dû accorder toute notre attention aux quelques pigeons que nous voulions atteindre et oublier toutes les occasions gâchées. Si vous voulez avoir du succès, vous devez vous concentrer sur ce que vous pouvez faire, et non sur le reste.

> *Si vous voulez avoir du succès, vous devez vous concentrer sur ce que vous pouvez faire, et non sur le reste.*

Le pouvoir de la concentration

La concentration peut avoir une puissance considérable. Sans elle, vous vous sentirez souvent à bout de forces et incapable d'accomplir grand-chose. Avec elle, par contre, vos talents et vos capacités seront dirigés et intentionnels. Et ces qualités seront payantes : elles produiront des résultats.

Voici quelques points à savoir à ce propos :

1. La plupart des gens ne sont pas concentrés naturellement

Nous vivons dans une culture qui offre des choix et des opportunités presque infinis, et à cause de cela, la plupart des gens s'éparpillent dans toutes les directions. Pire encore, ils consacrent souvent une bonne partie de leur temps et de leur énergie à des choses secondaires. Don Marquis a observé : « Nous vivons dans un monde où les gens ne savent pas ce qu'ils veulent, et où ils sont prêts à aller jusqu'en enfer pour l'obtenir. »

Comment remédier à ce fléau ? Grâce à la concentration. Le poète William Matthews a écrit : « Un talent bien entretenu, approfondi et élargi, vaut 100 facultés en jachère. La première loi du succès en ce jour, où tant de choses veulent attirer notre attention, c'est la concentration – le fait de polariser toute son énergie sur un point, et de foncer dans cette direction, sans regarder à droite ni à gauche. »

J'essaie d'observer cette loi en me souvenant du conseil du missionnaire-martyr Jim Elliott, qui a dit : « Où que vous soyez, soyez-y pleinement. » Mais je considère aussi la perspective globale. En tant que leader, je me demande sans cesse : « Est-ce que j'aide les autres à faire des progrès ? » Je veille à l'emploi de mon temps, aux personnes avec qui je le passe, à la façon dont il s'insère dans le tableau d'ensemble et aux résultats que cela produit. Mon assistante, Linda Eggers, surveille aussi mon planning pour s'assurer que je reste bien concentré. Elle m'aide à maintenir mes priorités. Si je sens que je ne suis pas actif et que je n'aide pas les autres, je sais que j'ai dévié de ma trajectoire d'une manière ou d'une autre. Linda m'aide à rectifier le tir.

2. La concentration accroît votre énergie

Si vous souhaitez mener à bien une entreprise, vous devez commencer par savoir quelle cible vous visez. C'est vrai même en ce qui concerne le développement personnel. Si vous manquez de concentration, vous courrez partout à l'aveuglette. Vouloir tout faire – comme ne vouloir rien faire – vous exténuera. Cela sapera votre énergie, vous cachera de nouvelles opportunités et freinera votre élan.

> *Vouloir tout faire – comme ne vouloir rien faire – vous exténuera. Cela sapera votre énergie et vous cachera de nouvelles opportunités.*

À l'inverse, la concentration vous remplira d'énergie. L'explorateur polaire Richard Byrd a affirmé : « Rares sont les hommes qui, pendant leur vie, épuisent les ressources qui sont en eux. Ils recèlent de puissantes sources de forces qu'ils n'utilisent jamais. » Et cela est dû, très souvent, à leur manque d'énergie. Notre esprit n'est performant que lorsqu'il a des objectifs clairs.

Lorsque les astronautes américains sont parvenus à se poser sur la lune, Albert Siepert, directeur du Centre spatial Kennedy, a attribué leur succès, du moins en partie, à la concentration de la NASA. Pendant une dizaine d'années, l'organisme a consacré tout son temps et toute son énergie à atteindre la lune. Siepert a observé : « Si la NASA a réussi, c'est parce qu'elle avait un but bien précis et qu'elle l'a fait connaître. En agissant ainsi, nous avons rallié les hommes à notre cause et avons obtenu le soutien du gouvernement pour atteindre notre objectif. »

3. La concentration vous élève

Le pédagogue et écrivain David Star Jordan a dit : « Le monde s'écarte pour laisser passer ceux qui savent où ils vont. » Dans un océan de médiocrité, le simple fait de savoir ce que vous soulez faire et de vous efforcer d'atteindre votre objectif vous distingue de presque tous les autres.

L'auteur américain Henry David Thoreau, réputé pour son franc-parler, a demandé : « Avez-vous déjà entendu parler d'un homme qui s'est battu fidèlement et exclusivement pendant toute son existence pour atteindre son but et qui n'est arrivé à rien ? Si un homme aspire sans cesse à la poursuite de son objectif, ne s'élève-t-il pas ? » La concentration a toujours un impact. Rien qu'en vous efforçant d'être meilleur que vous l'êtes, vous vous élevez, même si vous n'accomplissez pas ce que vous souhaitez et que les autres ne vous soutiennent pas. Nous ne pouvons pas viser les étoiles sans que cela transparaisse.

4. La concentration enrichit votre vie

Il y a quelques années, j'ai écrit un livre intitulé *Thinking for a Change* (Envisager un changement) dans lequel je décris les différents modes de pensée qui aident les gens à avoir davantage de succès. L'un des chapitres expose la concentration dans ses pensées, autrement dit la capacité de supprimer les distractions et les obstacles mentaux afin de pouvoir se concentrer à fond. J'y explique la manière dont je rassemble une équipe de collaborateurs pour m'aider à y voir plus clair quand je travaille sur un projet. Comme nous concentrons notre attention sur le sujet en question, nous parvenons à développer des idées, ce qui nous serait impossible autrement.

Selon Mike Kendrick, « ce sur quoi nous nous concentrons prend toujours une grande place ». Cela peut sembler évident, mais c'est la vérité. Avez-vous remarqué que si vous envisagez d'acheter un certain modèle de voiture, vous vous mettez à en voir partout ? Rétrécir votre champ de vision élargit votre perspective. Par contre, si vous regardez de tous côtés au lieu de vous concentrer, cela vous épuise. Si vous voulez être plus performant, concentrez-vous.

5. Nous devons maintenir volontairement notre concentration

> *«Je crois que ce qui différencie une superstar*
> *d'un joueur de ballon ordinaire,*
> *c'est juste qu'il se concentre un peu plus longtemps que les autres.»*
> *Hank Aaron*

Par nature, les gens ne restent pas concentrés longtemps. De même que la lumière a tendance à ne pas rester fixée sur un seul point, mais à se diffuser partout, l'attention des gens est éphémère. Rester concentré nécessite que nous fassions de gros efforts, mais le résultat en vaut la peine. Le célèbre joueur de baseball Hank Aaron a affirmé : « Je crois que ce qui différencie une superstar d'un joueur de ballon ordinaire, c'est juste qu'il se concentre un peu plus longtemps que les autres. » Aaron a démontré qu'il était capable de maintenir sa concentration. Il a décroché le record de la Ligue de baseball du plus grand nombre de circuits jamais effectués par un joueur pendant sa carrière.

Dans son ouvrage *Laughter, Joy and Healing* (Rires, joie et guérison), Donald Demaray a raconté l'histoire d'un jeune journaliste sévèrement critiqué par son père parce qu'il ne semblait guère faire de progrès dans sa carrière. Mais le jeune homme ne s'est pas laissé démonter ; il a écrit à son père qu'il avait un plan de succès, et qu'il s'y tenait. Voici quelles étaient ses intentions :

- À 30 ans, il serait un grand journaliste.

- À 40 ans, il serait un grand éditeur.

- À 50 ans, il serait un grand conteur d'histoires.

- À 60 ans, il écrirait des fictions.

- À 70 ans, il serait un merveilleux grand-père.

- À 80 ans, il serait un grand admirateur des belles femmes,

- À 90 ans, il serait une grande perte pour la communauté.

Demaray a raconté que son père avait éclaté de rire en lisant sa lettre et qu'il avait ensuite été satisfait de constater que la carrière de son fils suivait fidèlement sa ligne de conduite.[38]

Il y a quelques années, j'ai appris par cœur une définition du succès qui m'a aidé dans ma carrière : « Le succès est la réalisation progressive d'un but à atteindre valable prédéterminé. » Ce qui m'a été le plus utile, dans cette définition, c'est que le succès n'est pas un évènement : c'est un processus. Chaque fois que vous vous engagez dans un processus qui prend du temps, l'essentiel est de vous concentrer sur le but à atteindre. Seuls les gens qui sont capables de rester concentrés peuvent orienter leur talent et atteindre un certain niveau de succès.

38   Donald E. Demaray, Laughter, Joy, and Healing (Grand Rapids: Baker Book House, 1986), p.34-35.

Talent + *concentration sur son but* **= personne qui va au-delà du talent**

Comment mettre cette formule en application

Si vous souhaitez être une personne qui va au-delà de son talent, vous devez apprendre l'art de la concentration. Voici comment procéder :

1. Établissez un plan d'action. Faites en sorte d'agir à bon escient

Les membres d'une famille qui venait d'emménager dans un nouveau quartier se sont tous levés en retard un matin, si bien que la fillette de six ans a raté le bus scolaire. Son père a accepté de la déposer à son école si elle lui indiquait le chemin, au risque d'être lui-même en retard à son travail.

Ils sont montés en voiture, et la petite fille a entrepris de lui indiquer le chemin. Après avoir fait des tours et des détours pendant vingt minutes, ils sont arrivés devant l'école, qui était tout près de chez eux. Furieux, le père a demandé à la petite pourquoi elle lui avait fait faire tout un circuit alors que l'école était toute proche.

« Nous avons fait le trajet que suit le bus, a-t-elle expliqué. C'est le seul que je connaisse ! »

Si vous voulez optimiser votre talent et devenir une personne qui va au-delà de ses dons, vous devez faire en sorte que chacune de vos actions compte. Il vous faut donc déterminer à quel endroit vous souhaitez aller et comment vous y rendre. Vous ne devez pas être comme Alice dans *De l'autre côté du miroir*, de Lewis Carrol, quand elle a rencontré le chat du Cheshire :

« Vous voulez bien me dire où je dois me rendre à partir d'ici ? » demanda-t-elle.

« Cela dépend de l'endroit où vous voulez aller », répondit le chat en souriant.

« Oh, n'importe où ! »

« Dans ce cas, peu importe le chemin que vous prendrez », conclut le chat.

> *«Vous enlevez la plupart des obstacles vers le succès quand vous comprenez la différence entre aller n'importe où et vous diriger quelque part.»*
> *Bill Copeland*

Les gens qui ne savent pas ce qu'ils veulent faire et où ils veulent aller ne peuvent compter ni sur leur volonté, ni sur leur talent. En conséquence, ils s'en remettent au hasard.

Le détective privé et auteur Bill Copeland a observé : « Vous enlevez la plupart des obstacles vers le succès quand vous comprenez la différence entre aller n'importe où et vous diriger quelque part. » Vous êtes-vous déjà demandé ce que vous voulez vraiment faire ? Et avez-vous résolu de poursuivre votre objectif en toutes circonstances, malgré les aléas et les obstacles de la vie ? Établir un plan d'action et s'y tenir, c'est faire ce qu'il faut, à chaque instant, jour après jour, assidûment. Comme l'a dit le président John Kennedy, « les efforts et le courage ne suffisent pas. Encore faut-il avoir un but et une direction à suivre. »

2. Balayez vos excuses
Une pancarte sur le bureau d'un membre du Pentagone affirme : « Mon travail est si secret qu'il ne me permet pas de savoir ce que je fais. » C'est un jeu de mots amusant, mais quand il correspond à la réalité, il n'est pas si drôle. Les gens qui ne savent pas ce qu'ils font sont vite frustrés.

Nous avons tous de bonnes raisons de ne pas faire ce que nous devrions accomplir. Nous n'avons pas assez de temps, de ressources, d'aide... Nous avons des problèmes, des limitations, des distractions. Tout cela doit-il nous détourner du droit chemin ? Non !

3. Ne laissez pas votre passé vous obséder
L'humoriste Will Rogers a conseillé : « Ne laissez pas le passé empiéter sur le présent. » Je n'ai jamais connu de personne obnubilée par son passé qui ait connu des lendemains meilleurs. Trop de gens regrettent « le bon vieux temps » et s'engluent dans les regrets. Ils feraient mieux de tirer profit des leçons du passé et de tourner la page.

L'ancien entraîneur de baseball Alvin Dark disait souvent : « Je ne fais jamais sortir un joueur. J'en fais juste rentrer un nouveau. » C'est contraire à tout ce qu'on entend pendant la plupart des diffusions des matchs de baseball, mais voici son principe : quand on parle de faire sortir un joueur, on se concentre probablement sur les erreurs qu'il a commises, ce qui ne contribue pas à remporter le match. À l'inverse, quand on dit qu'on fait rentrer un nouveau joueur, on se concentre sur ce que celui-ci va faire ensuite pour aider l'équipe à battre ses adversaires. Cela peut faire une grande différence dans l'attitude de votre équipe – et dans l'aptitude des joueurs à réussir.

L'auteur et éditeur Elbert Hubbard a écrit :

« Il peut être utile d'avoir une bonne mémoire, mais la capacité d'oublier est la vraie marque de grandeur. Les gens qui ont du succès sont ceux qui oublient. Ils savent que le passé est irrévocable. Ils sont en train de courir une course. Ils ne peuvent pas se permettre de regarder derrière eux. Leurs yeux sont braqués sur la ligne d'arrivée. Les gens magnanimes oublient. Ils sont trop nobles pour se laisser perturber par des détails. Ils savent passer l'éponge. Si quelqu'un leur fait du mal, ils discernent l'origine du problème et gardent la tête froide. Seuls les êtres mesquins cherchent à se venger. Apprenez à pardonner. Vos activités l'exigent, et c'est la clé du succès. »

Si vous souhaitez optimiser vos talents et parvenir au succès, vous devez vous concentrer sur ce que vous faites actuellement. Vous efforcer de parvenir à vos fins, c'est comme conduire une voiture. Il est bon de regarder dans votre rétroviseur de temps à autre, mais vous ne devez en aucun cas lui accorder toute votre attention, sans quoi vous serez incapable d'avancer.

4. Concentrez-vous sur le présent
De même que vous ne devez pas vous polariser sur hier, vous ne devez pas davantage vous concentrer exclusivement sur demain. En effet, si vous le faites, vous n'accomplirez rien aujourd'hui. Vous devez vous concentrer uniquement sur le jour que vous pouvez contrôler – aujourd'hui. Paradoxalement, en agissant ainsi, vous vous assurerez des lendemains meilleurs.

Chaque jour, j'essaie de faire certaines démarches pour m'aider dans ce domaine. Je lis chaque jour pour améliorer ma vie personnelle. Ensuite, je réfléchis à la façon dont je peux appliquer ce que je viens d'apprendre, et je m'efforce de l'écrire afin de ne pas l'oublier. Je m'ingénie également à transmettre aux autres ces leçons. (Les leçons que j'apprends aujourd'hui deviendront mes livres de demain.) Tous les jours, je lis à haute voix à mon intention la liste extraite de mon ouvrage *Today Matters* (Aujourd'hui compte), afin de m'aider à me concentrer et d'avoir un bon état d'esprit.

Vous devez en faire autant. Vous ne pouvez ni modifier le passé, ni compter sur l'avenir. Mais vous pouvez choisir ce que vous allez faire aujourd'hui. Accorder toute votre attention à ce jour vous sera très profitable par la suite.

5. Restez concentré sur les résultats
Chaque fois que vous vous polarisez sur la difficulté de la tâche au lieu de penser à ses résultats et à ses récompenses, vous risquez de vous décourager. Ressassez les difficultés et vous allez commencer à vous apitoyer sur votre sort au lieu de vous discipliner : dans ce cas, votre attention sera dispersée au lieu de rester concentrée, si bien que vous serez de moins en moins performant. Par contre, en vous concentrant sur les résultats, il vous sera plus facile de rester positif et motivé.

D'autre part, vos relations avec les personnes difficiles peuvent aussi vous déconcentrer. Vous entrerez inévitablement en contact avec une quantité de personnes qui influeront – en bien ou en mal – sur vos efforts pour réaliser vos rêves. Voici les cinq sortes d'individus que vous croiserez probablement :

- *Les personnes qui vous stimulent :* elles vous encouragent à réaliser vos rêves et à faire fructifier vos talents.

- *Les personnes qui vous inspirent :* elles précisent vos idées et clarifient votre vision.

- *Les « miroirs » :* ces personnes constatent votre énergie, sans rien y ajouter ou en retrancher.

- *Les personnes décourageantes :* elles tentent de ramener votre vision et vos efforts dans leur propre zone de confort.

- *Les personnes qui vous rejettent :* elles nient votre talent, vous mettent des bâtons dans les roues et critiquent votre vision.

Si vous restez concentré sur votre objectif, vous serez inébranlable. Les louanges de vos admirateurs ne vous monteront pas à la tête, et l'impact négatifs des personnes qui vous découragent et vous rejettent sera minimisé.

6. Développez et suivez vos priorités
Un vieux dicton affirme qu'on ne doit pas chasser deux lièvres à la fois. Malheureusement, c'est ce que font la plupart des gens. Ils ne restent pas concentrés, si bien qu'ils deviennent inefficaces. Peut-être est-ce dû au fait que dans notre culture, les gens ont tant de choix – des options quasi illimitées. L'expert en management Peter Drucker a analysé ce phénomène. Il a déclaré : « La concentration est la clé des résultats économiques. Aucun principe d'efficacité n'est aussi constamment transgressé aujourd'hui que le principe de base de la concentration... Nous semblons avoir pris pour devise : «Touchons un peu à tout» ! »

Pour développer votre talent, vous devez vous concentrer, et pour cela, savoir quelles sont vos priorités et vous y tenir. C'est ce que j'ai appris à faire au fil du temps. J'aime beaucoup avoir diverses options. J'aime suivre mes envies du moment. Au début de l'âge adulte, je passais un temps fou à pratiquer des activités qui ne rimaient à rien. À la trentaine, j'ai appris à canaliser mon énergie, mais je n'étais toujours pas aussi concentré que j'aurais dû l'être. C'est seulement vers la quarantaine que j'ai appris à déterminer minutieusement ce que je ferais de mon temps et de mon énergie. Aujourd'hui, à près de soixante ans, je me demande toujours si ce que je vais faire correspond à ma principale priorité : *Cela va-t-il ajouter de la valeur aux autres ?* Pour moi, tout se résume à cela.

7. Concentrez-vous sur vos points forts, et non sur vos points faibles
On raconte qu'un jour, un couple a acheté un terrain pour y bâtir une ferme. C'était une terre fertile, et ces jeunes mariés étaient impatients de s'y installer et de se mettre à l'œuvre. Mais un soir, en faisant leurs projets d'aménagement, ils se sont disputés, car ils n'étaient pas d'accord sur ce qu'ils devaient faire en

premier. L'épouse voulait commencer par construire la maison. Après tout, ce serait leur futur lieu d'habitation ! L'époux, qui avait grandi dans une ferme, souhaitait d'abord bâtir une étable pour abriter leurs animaux. Après un débat houleux, l'homme a tranché : « Écoute, on doit d'abord construire l'étable, car c'est grâce aux animaux qu'on pourra bâtir ensuite la maison, le garage, le silo, la balançoire des enfants et tout le reste ! » Quand on se concentre sur les priorités et qu'on fait passer l'essentiel en premier, tout le reste suit naturellement.

Le professeur en sociologie Anthony Campolo a dit :

« Ce à quoi vous vous consacrez changera votre personnalité et fera de vous quelqu'un de totalement différent. Laissez-moi vous le redire. Ce n'est pas le passé, mais l'avenir qui vous conditionne, parce que ce à quoi vous vous consacrez détermine votre personnalité – davantage que ce qui vous est arrivé hier ou avant-hier. Je vous pose donc une simple question : à quoi vous consacrez-vous ? Où allez-vous ? Que souhaitez-vous devenir ? Montrez-moi quelqu'un qui ne se décide jamais, et je vous démontrerai qu'il n'a ni identité, ni personnalité, ni direction. »

Vous consacrer à vos points faibles au lieu de miser sur vos points forts, c'est comme avoir une poignée de pièces, certaines en or pur, d'autres en menue monnaie, et mettre de côté les pièces d'or pour passer tout votre temps à nettoyer et à faire briller les pièces de menue monnaie afin d'essayer de rehausser leur valeur. Quel que soit le temps que vous leur consacrerez, elles n'auront jamais la même valeur que celles en or. De même, faites fructifier vos talents sans gaspiller votre temps.

8. Ne vous accordez de récompense qu'une fois votre tâche terminée
Depuis des années, j'ai pris l'habitude de me récompenser quand j'ai terminé une grande tâche. Mon père me l'a appris dès mon enfance : le travail d'abord, les loisirs ensuite. Je pense que trop souvent, les gens veulent les récompenses avant les résultats, si bien qu'ils ne restent pas aussi concentrés qu'ils le devraient.

L'un des secrets d'une vie épanouie, c'est d'agir à bon escient – de ne pas vivre au petit bonheur la chance. Ce genre de concentration aide les gens à vivre sans regrets parce qu'il oriente leur talent et leurs opportunités et en tire le maximum. Si vous savez avoir du talent, que vous êtes actif et énergique, mais que vous n'obtenez pas de résultats concrets, c'est sans doute votre manque de concentration qui pose problème. Atteindre votre plein potentiel et devenir celui que vous désirez être exige en effet du talent et de la concentration.

Exercices d'application

1. Dans quel domaine votre manque de concentration a-t-il porté atteinte à votre énergie dans le passé ? S'agit-il d'un problème récurrent ? Dans ce cas, essayez d'en déterminer les raisons.

2. À quel moment votre aptitude à vous concentrer a-t-elle contribué à vous permettre d'obtenir d'excellents résultats ? Qu'est-ce qui vous a aidé à maintenir votre objectif ? Quelle leçon pouvez-vous en tirer ?

3. À quoi accordez-vous le plus d'importance ? Passez-vous une grande partie de votre temps à ruminer le passé ? Fondez-vous de grands espoirs sur l'avenir (espoir d'être augmenté, d'établir une bonne relation avec quelqu'un, de prendre des vacances ou de profiter de votre retraite) ? Ou vous concentrez-vous sur le moment présent ? Quel pourcentage de vos pensées, d'après vous, sont consacrés au passé, au présent et à l'avenir ? (Assurez-vous que le total fasse bien 100%) :

_____ Passé

_____ Présent

_____ Avenir

Je crois qu'il est bon de consacrer 90% de vos pensées au moment présent. Accorder 5% du temps restant au passé est utile pour tirer profit de vos succès et de vos erreurs. Penser à l'avenir pendant 5% de votre temps est utile pour vous assurer que vos activités actuelles vont dans la bonne direction. Mais tout pourcentage de temps supplémentaire est nuisible à votre productivité. Il vous faut peut-être pratiquer certains ajustements pour vous reconcentrer sur le présent.

4. À la fin du chapitre 1, je vous ai demandé d'identifier vos points forts. Vous consacrez-vous à les développer et à les optimiser ou restez-vous obnubilé par vos points faibles ? Que pouvez-vous faire pour mettre davantage l'accent sur vos dons ? Qu'est-ce qui nuit à votre concentration et que vous pouvez abandonner ? Quel point fort ou quel talent inexploité pensez-vous avoir, mais avez-vous négligé ? Quelle démarche concrète pouvez-vous entreprendre pour le développer ?

5. Comme le présent est le seul moment sur lequel vous avez quelque contrôle, comment pouvez-vous « placer la barre plus haut » et vous concentrer encore

davantage sur vos activités ? Votre but devrait être de faire coïncider chacune de vos actions avec les résultats que vous souhaitez obtenir.

6. Pensez à une chose que vous aimeriez posséder. Il peut s'agir de n'importe quoi – un livre ou un CD, des clubs de golf, des vacances ou même une voiture neuve. Au lieu d'aller l'acheter, pourquoi ne pas en faire une récompense que vous vous accorderez une fois que vous serez parvenu au résultat que vous souhaitez ? Faites en sorte que les efforts vaillent la récompense. (Si vous n'en êtes pas sûr, demandez à un ami ou à votre conjoint ce qu'ils en pensent.)

5

La préparation positionne votre talent

Que se passe-t-il quand vous ne vous préparez pas ? Les anicroches que vous espériez ne pas voir se produire arrivent – et cela, à une plus grande fréquence que vous le redoutiez. La raison est simple : ne pas être préparé vous met en position de faiblesse. Demandez aux négociateurs ce qui arrive à la table de négociation quand ils sont en position de faiblesse. Demandez aux athlètes ce qui se passe en pareil cas. Ils perdent ! La préparation nous met en position de force et, souvent, nous permet de triompher. Les gens qui vont au-delà du talent ont pour devise : « Tout est bien qui commence bien. »

Des défis de taille
Quelle a été la plus grande aventure de l'humanité au vingtième siècle ? Explorer les calottes glaciaires polaires ? Conquérir les plus hauts sommets du monde ? Envoyer des fusées dans l'espace ? Faire marcher des êtres humains sur la lune ? Chacun a son idée de la question.

Et au dix-neuvième siècle ? C'étaient indubitablement l'exploration de l'Afrique, de l'Australie et des Amériques. De 1492 à 1800, de courageux aventuriers ont entrepris de parcourir le globe et d'explorer les continents, après avoir tracé leurs contours. Pour beaucoup, l'intérieur des terres demeurait mystérieux.

En Amérique du Nord, les leaders des États-Unis, qui venaient juste d'être constitués, voulaient absolument découvrir l'intérieur de leur continent. La plupart des territoires qui allaient de l'océan Atlantique au Mississipi (au sud de Saint-Louis) avaient été explorés, mais en 1801, lorsque Thomas Jefferson est devenu président des États-Unis, les deux tiers des 5,3 millions d'occupants de la nation vivaient à moins d'une centaine de kilomètres de la côte, et rares étaient ceux qui s'étaient hasardés à l'ouest des Appalaches. Les territoires situés à l'ouest du Mississipi étaient inconnus et restaient encore à conquérir. Le destin de la nation dépendrait de ceux qui s'empareraient de ces terres – les Américains, les Français, les Anglais, les Espagnols ou les autochtones.

Aucun leader américain ne souhaitait davantage découvrir l'Amérique du nord que Thomas Jefferson. L'historien Stephen Ambrose soutient que l'intérêt de Jefferson pour l'exploration a commencé vers 1750. Ambrose a écrit : « Au cours de la décennie qui a suivi la déclaration d'indépendance des États-Unis, quatre plans d'exploration de l'Ouest ont été mis au point. Jefferson a été l'instigateur de trois d'entre eux. »[39] Vers 1970, en tant que membre de la Société américaine de philosophie, Jefferson a tenté de lancer une expédition d'exploration. Il savait que pour réussir, il était essentiel de trouver un excellent leader. Il a choisi un scientifique français expérimenté, André Michaux, et il l'a chargé de trouver la route la plus courte possible entre les États-Unis et l'océan Pacifique, sans doute au-dessus du fleuve du Missouri, en parcourant le fleuve Columbia à l'Ouest. En 1793, Michaux s'est rendu jusqu'au Kentucky. À ce moment-là, hélas, Jefferson a dû annuler l'expédition : il venait de découvrir que le scientifique était un agent secret du gouvernement français qui avait pour mission d'inciter les gens à attaquer les possessions espagnoles à l'Ouest.

La personne adéquate pour mener à bien la mission
La meilleure occasion qu'a eue Jefferson de mener à bien l'expédition vers l'Ouest américain ne s'est présentée que lorsqu'il est devenu président des États-Unis. La clé était toujours le leader de l'expédition. Il fallait une personne de grand talent pour la mener à bien. Et Jefferson pensait avoir enfin trouvé la perle rare : Meriwether Lewis.

En 1792, lorsque Jefferson et la Société américaine de philosophie préparaient l'expédition funeste dirigée par Michaux, Lewis déjà faisait partie des candidats à ce poste. Comme Jefferson, Lewis était né dans le comté d'Albemarle, en Virginie, mais à l'époque, il n'avait que dix-huit ans. Certes, il avait vécu à la frontière de la Géorgie pendant trois ou quatre ans, et il y avait acquis de grandes compétences d'explorateur. À huit ans, il allait chasser seul en pleine nuit. Son cousin le décrit comme « toujours remarquable pour sa persévérance, qui pendant son enfance ne semblait être que de l'obstination à mener à bien les aventures coutumières à cette âge ; un tempérament martial ; une détermination à toute épreuve et un courage exceptionnel. »[40] Lewis était aussi un leader expérimenté. À cause de la mort prématurée de son père, il avait pris en charge une plantation de deux mille acres dès son adolescence. Toutefois, à cette époque, il n'avait pas les moyens de conduire une expédition. Il avait du talent, mais il n'était pas encore assez mûr pour le faire.

Des années plus tard, Jefferson a expliqué pourquoi il avait sélectionné Lewis au lieu d'un scientifique renommé. Selon lui, il était impossible de trouver une personne qui possède « une science complète de la botanique, de l'histoire naturelle, de la minéralogie et de l'astronomie » qui puisse y ajouter « une fermeté de constitution et de caractère, de la prudence, l'habitude de vivre dans les bois, la connaissance des coutumes et du caractère des Indiens nécessaires à la réussite de cette entreprise : or, *Lewis possédait toutes les qualifications de la seconde catégorie.* »[41]

39   Stephen E. Ambrose, Undaunted Courage: Meriwether Lewis, Thomas Jefferson, and the Opening of the American West (New York: Simon and Schuster Paperbacks, 1996), p.68.
40   Ibid., p.27.
41   Ibid, p. 76 (italiques ajoutées).

Lewis a affûté ces caractéristiques et ses talents d'explorateur pendant les six ans qu'il a passés à l'armée, où il a commencé comme simple soldat pour finir capitaine. Il a passé presque tout son temps à la frontière de l'Ohio et du Michigan, assez loin dans l'Ouest. À une certaine époque, comme il était trésorier du régiment, il a beaucoup voyagé, approfondi sa connaissance des Amérindiens dans cette partie du pays et amélioré ses talents de leader.

Il ne lui manquait plus que l'instruction. Ses responsabilités l'empêchaient d'étudier autant qu'il l'aurait souhaité. Pourquoi était-ce important ? Parce que l'expédition vers l'Ouest que Jefferson envisageait ne consisterait pas seulement à découvrir un parcours fluvial jusqu'à l'océan Pacifique. Elle aurait aussi une portée scientifique et diplomatique. Le président voulait connaître la qualité des terres pour y installer des fermiers. Il souhaitait recueillir des informations sur des plantes inconnues jusque-là, sur les animaux et les fossiles de ces régions, et il s'attendait à ce que de nombreux échantillons soient recueillis, catalogués et rapportés à l'Est.

Jefferson voulait aussi élaborer des cartes exactes des régions inexplorées jusque-là. Il souhaitait connaître la géographie et le climat, découvrir des faits à propos de la culture et des habitudes des populations autochtones. Il voulait également que l'équipe instaure des relations amicales avec ces populations et qu'elle les persuade de traiter avec les États-Unis. Ce serait tellement plus important qu'une expédition ordinaire !

Premiers préparatifs
La manière dont Jefferson a décidé de développer le talent à l'état brut et encore très frustre de Lewis est caractéristique du leadership et du génie du président. Tout en se préparant à assumer sa fonction de président, Jefferson a demandé à Lewis de devenir son secrétaire personnel, en lui disant que « cela lui permettrait de connaître et d'être connu de personnes influentes dans les affaires du pays et de tirer instruction de leur sagesse. »[42] La période que Lewis a passée à la Maison-Blanche a eu cet effet, et bien d'avantage encore. Le jeune homme a été traité comme un membre de la famille de Jefferson, et il a été le seul – hormis les domestiques – à résider à la Maison-Blanche avec Jefferson et un homme veuf.

La première tâche de Lewis a consisté à aider Jefferson à réduire la taille de l'armée de la nation. Il recueillait souvent des informations pour le président, et il recopiait ou rédigeait des documents. Il était fréquemment messager au Congrès. En fait, il servait d'aide de camp au président. Ils passaient de longues heures à travailler ensemble. Lewis dévorait les ouvrages de la bibliothèque de Jefferson, et le jeune homme dînait toujours avec le président, ce qui lui permettait d'être en contact avec les penseurs, les scientifiques et les leaders

---

42   Ibid., p.59.

éminents de l'époque. Son biographe, Richard Dillon, déclare que son expérience à la Maison Blanche a constitué « une école idéale pour Lewis ».[43]

Mais Jefferson ne s'est pas arrêté là : en 1802, pour achever de préparer Lewis, le président s'est procuré un exemplaire de *L'exploration de l'Ouest canadien : voyage d'Alexander Mackenzie jusqu'à la côte Pacifique du Canada*, qui relate les aventures de cet explorateur écossais au Canada. La lecture de cet ouvrage a encore ravivé son désir de lancer une expédition de ce genre aux États-Unis, et l'a incité d'autant plus à parfaire la préparation de Lewis. Dans ce but, il l'a aidé à étudier la géographie, la botanique, l'observation du ciel avec un sextant, etc. Ambrose raconte : « En résumé, du moment où le livre de Mackenzie est arrivé à Monticello (en août 1802) à décembre 1802, Jefferson a fourni à Lewis des connaissances universitaires de base des arts libéraux ainsi que de la géographie, de la botanique, de la minéralogie, de l'astronomie et de l'ethnologie de l'Amérique du Nord. »[44] Les préparatifs de l'expédition avaient officiellement commencé.

Le projet prend forme
Pendant les mois qui ont précédé son départ, Lewis s'est livré à deux sortes de préparatifs. Tout d'abord, il a recueilli et préparé le matériel et l'équipement nécessaires. Ensuite, il s'est préparé lui-même. À l'ère de la communication par internet et des services de livraison à l'échelle mondiale, il nous est difficile d'imaginer à quel point les préparatifs logistiques et physiques pouvaient s'avérer complexes. Aujourd'hui, si vous partez en vacances et que vous vous apercevez que vous avez oublié d'emporter un livre, vous allez en acheter un. Si vous êtes malade, vous allez à la pharmacie du coin. Si vous déchirez vos habits, vous vous en payez d'autres. Si vous oubliez vos lunettes, vous demandez à quelqu'un de vous les expédier. Cela peut vous coûter cher, mais peu importe : vous avez toujours la possibilité de remédier aux problèmes.

Mais avant l'ère des transports motorisés et des communications rapides, les erreurs de préparation pouvaient avoir des conséquences dramatiques. De plus, les préparatifs logistiques de Lewis étaient considérables. Il devait acheter des *tonnes* de matériel chez une quantité de commerçants, depuis les fusils et les munitions jusqu'au délicat équipement scientifique, en passant par du papier et de l'encre, des fournitures médicales et des provisions. Il fallait aussi se munir de cadeaux à l'intention des Amérindiens qu'ils croiseraient. Lewis devait également faire construire un bateau à quille pour naviguer sur le Mississipi et le Missouri, et enfin sélectionner les membres de l'expédition.

43   Richard Dillon, Meriwether Lewis: A Biography (New York: Coward-McCann, 1965), p.30.
44   Ambrose, Undaunted Courage, p.77.

Même si ces tâches étaient considérables, le plus ardu était la préparation de Lewis lui-même. En effet, s'il n'était pas fin prêt pour mener l'expédition, elle courrait à l'échec, et cela malgré les meilleurs préparatifs et les équipements adéquats. Lewis a passé des mois à poursuivre ses études scientifiques et à se préparer à sa mission avec certains des meilleurs experts d'Amérique. Voici une liste des personnes les plus notoires qui l'ont aidé :

- Albert Gallatin, collecteur de cartes, a renforcé sa connaissance de la géographie du nord-ouest de l'Amérique.

- Andrew Ellicott, astronome et mathématicien, lui a appris à observer le ciel à l'aide d'un sextant, d'un chronomètre et d'autres instruments.

- Robert Patterson a contribué à améliorer son observation du ciel et à mieux se servir d'un chronomètre.

- Le docteur Benjamin Rush lui a inculqué des connaissances médicales de base, l'a aidé à sélectionner et à acheter des médicaments et à répondre aux questions que lui poseraient probablement les Amérindiens.

- Le professeur de botanique Benjamin Smith lui a appris à identifier les différentes espèces de plantes. Il lui a enseigné la terminologie botanique. Du reste, par la suite, les experts ont estimé que pour un amateur, les connaissances de Lewis dans ce domaine étaient remarquables.

- Le docteur Caspar Wistar, professeur d'anatomie et expert en fossiles, lui a enseigné comment trouver et recueillir des fossiles.[45]

Tous ces préparatifs ont été remarquablement efficaces. Ambrose décrit le résultat en ces termes :

« Après deux ans d'étude sous la houlette de Thomas Jefferson suivis de sa formation accélérée à Philadelphie, Lewis était devenu l'explorateur dont rêvait Jefferson, un botaniste qui savait distinguer ce qui était déjà connu de ce qui ne l'était pas encore, qui possédait le vocabulaire adéquat pour décrire la flore et la faune, qui savait dessiner des cartes et employer correctement les instruments permettant d'étudier le ciel, en plus d'être un homme des bois et un leader capable de diriger une expédition vers le Pacifique. »[46]

En dernier ressort, il a fallu choisir un autre leader associé et les membres de cette expédition. Ce n'était pas une mince affaire. Lewis savait quel collaborateur sélectionner : William Clark, un capitaine sous les ordres duquel il avait

---

45   Cette liste a été élaborée à partir d'informations d'Ambrose, Undaunted Courage, p. 87-92.
46   Ibid., p.126.

été à l'armée et qui était devenu un excellent ami. Rassembler les vingt-neuf hommes qui participeraient à l'expédition s'est avéré plus délicat, car Clark et Lewis étaient conscients du fait qu' « un choix judicieux de notre équipe déterminerait pour une large part le succès de cette vaste entreprise. »[47] Pendant son trajet de Philadelphie à Saint-Louis, il a continué à rassembler du matériel, à chercher des hommes adéquats et à prendre des dispositions financières. À cette époque, Jefferson lui a appris qu'il avait effectué l'achat de la Louisiane.

Le départ, enfin !

Le 22 mai 1804, Lewis et Clark ont embarqué sur le Missouri depuis leur camp d'hiver, au nord de Saint-Louis, où ils avaient achevé leurs préparatifs. À partir du moment où Lewis a travaillé pour le président, en avril 1801, il a fallu un peu plus de trois ans pour mettre au point un voyage qui, selon eux, durerait de dix-huit à vingt-quatre mois. En fait, il a été plus long que prévu. Les explorateurs ont mis deux ans et demi pour rejoindre le Pacifique, puis pour rentrer à Saint-Louis, et quatre mois supplémentaires pour se rendre à Washington.

L'expédition a connu un succès éclatant. Les explorateurs ont traversé le continent, en passant par les états actuels du Missouri, du Kansas, de l'Iowa, du Nebraska, du Dakota du Sud, du Dakota du Nord, du Montana, de l'Idaho, de Washington et de l'Oregon. Ils ont été les premières personnes non-indigènes à voir et à traverser les montagnes Rocheuses. James Ronda a souligné le fait qu'ils ont affermi la position des États-Unis à l'Ouest du pays. En effet, ils ont scellé des pactes amicaux avec de nombreux groupes d'Amérindiens. De plus, ils ont servi d'exemples aux autres expéditions scientifiques des USA. Ils ont découvert 122 espèces ou sous-espèces animales et 178 nouvelles espèces végétales. Et selon Ronda, « les journaux, les cartes, les espèces végétales et animales ainsi que les notes sur les coutumes des Amérindiens équivalaient à une véritable encyclopédie. »[48] Ambrose est même allé plus loin : « Depuis 1803 et le retour de l'expédition en 1806, tous les Américains ont bénéficié de l'achat de la Louisiane par Jefferson et de sa mise en œuvre de l'expédition de Lewis et de Clark. »[49]

> *Une performance spectaculaire est le fruit d'une préparation cachée.*

47   Ibid., p.114.
48   James P. Ronda, "Lewis and Clark Expedition," Microsoft Encarta Online Encyclopedia 2005, http://encarta.msn.com.
49   Ambrose, Undaunted Courage, p.14.

Hélas, même si Lewis était parfaitement préparé à son expédition, qu'il a menée de main de maître, il n'était *pas* prêt à la vie qui l'attendait après son exploit. Jefferson l'a nommé gouverneur de la Louisiane, une tâche qu'il n'est pas parvenu à accomplir correctement. Bien qu'il ait tenté de finaliser ses écrits considérables, il n'est jamais parvenu à les rendre aptes à être publiés, et d'autres ont dû effectuer cette tâche après son décès. Lewis a sombré dans l'alcoolisme, et quand il est tombé malade, il a consommé de l'opium et de la morphine, une pratique qu'il a ensuite poursuivie, malgré sa résolution d'y mettre un terme. Le 11 octobre 1809, au cours d'une crise de désespoir, Lewis s'est suicidé par balle. Il est décédé au bout de quelques heures.

Pourquoi les gens ne se préparent pas correctement

La vie de Meriwether Lewis illustre un point essentiel : Une performance specta-culaire est le fruit d'une préparation cachée. Les gens doués, à l'instar de Lewis à dix-huit ans, veulent se jeter dans l'action, mais la préparation est nécessaire à l'éclosion des talents. Le talent joint à la préparation est la clé du succès. Le talent sans préparation, à l'inverse, mène au désastre.

Rétrospectivement, il est évident que la préparation est déterminante. Dans ce cas, pourquoi tant de gens sautent-ils cette étape ?

Parce qu'ils ne voient pas la nécessité de se préparer avant d'agir

Les auteurs Don Beveridge Jr. et Jeffrey Davidson estiment que le manque de préparation est la principale raison pour laquelle beaucoup d'entreprises échouent actuellement. « Les gens insuffisamment instruits, préparés et entraînés échouent parce qu'ils n'ont pas les compétences ou l'expertise néces-saires pour réussir, soutiennent-ils. Les problèmes financiers, principale raison pour laquelle les entreprises échouent, peuvent aussi être dû au manque de préparation. »[50]

> *Si le talent est inné, le succès doit se gagner.*

Dans l'introduction de ce livre, j'ai raconté comment le talent, pendant l'enfance ou au début d'une carrière, distingue une personne – mais seulement pour un peu de temps. Pourquoi ? Parce que si le talent est inné, le succès doit se ga-gner. Selon Proverbes 18.16, en effet, « le don d'un homme lui fait faire place,

---

50 Don Beveridge Jr. and Jeffrey P. Davidson, *The Achievement Challenge: How to Be a 10 in Business* (Homewood, IL: Irwin Professional, 1987).

et l'introduit auprès des grands ».[51] Autrement dit, vos talents vous ouvrent des portes, mais ce n'est que provisoire, ne l'oubliez pas.

Quel que soit le succès que vous escomptez, tout passe par une bonne préparation. Elle seule peut positionner votre talent afin qu'il atteigne son plein potentiel. Les militaires le savent par expérience ! Du reste, le général Douglas MacArthur a dit : « La préparation est la clé du succès et de la victoire. » Il a aussi affirmé plus crûment : « Plus on transpire en temps de paix, moins on saigne en temps de guerre. » Le comportement de Meriwether Lewis démontre qu'il a eu ce genre d'attitude. Malgré les dangers, les privations, la rigueur du climat et l'hostilité de certains Amérindiens, Lewis n'a perdu qu'un seul membre de son équipe, le sergent Charles Floyd, sans doute à cause d'une péritonite provoquée par la rupture de la paroi de son appendice. Jamais Lewis n'aurait pu empêcher cela, aussi préparé soit-il. En fait, en 1804, Floyd serait sans doute mort même s'il avait eu un médecin expérimenté à son chevet.

Parce qu'ils ne savent pas apprécier la valeur de la discipline

On dit parfois que la discipline consiste à accomplir ce qu'on *n'a pas envie de faire sur le moment*, afin de *pouvoir faire ensuite ce dont on a vraiment envie*. Le plus gros point faible de Meriwether Lewis était une tendance à être assez impulsif et susceptible. Jefferson s'inquiétait à l'idée qu'il puisse froisser les Amérindiens et provoquer une guerre, ou se faire massacrer avec ses coéquipiers. Lewis a frôlé le danger plusieurs fois, en particulier lors d'un affrontement avec les Sioux. Les explorateurs ont failli être exterminés et être réduits à un obscur épisode de l'histoire américaine. Qu'est-ce qui a permis d'éviter le désastre ? Selon Ambrose, l'impulsivité de Lewis était compensée par sa stricte autodiscipline. Alors que les fusils des explorateurs étaient chargés et prêts à tirer, tandis que des dizaines de flèches étaient pointées dans leur direction, Lewis a su rester impassible. L'un des chefs sioux a alors fait signe à ses hommes en colère de baisser leurs arcs. Oui, Lewis comprenait la valeur de la discipline.

Ce qui est frustrant, quand on fait des préparatifs, c'est que cela prend généralement plus de temps que l'évènement lui-même. Par exemple, des musiciens doivent se préparer pendant des heures pour parvenir à jouer un morceau de trois minutes. Les acteurs, quant à eux, répètent pendant des semaines une pièce qui dure deux heures. Je sais que lorsque je mets au point une leçon sur le leadership que j'enseigne en moins d'une heure, je dois consacrer huit à dix heures à l'écrire. Il faut de la discipline pour passer de longues heures à préparer ce qui ne dure que quelques instants.

51 Version Darby.

Alexandre Hamilton a dit : « Les hommes croient que j'ai du génie, mais le seul génie que j'ai est celui-ci : quand j'ai un sujet sous la main, je l'étudie à fond. » Hamilton était un homme discipliné et très efficace. Selon lui, quels que soient vos circonstances, vos ressources ou vos talents naturels, vous avez toujours la ressource de travailler plus dur et plus méthodiquement que les autres. Souvenez-vous-en quand vous vous devrez relever les défis qui vous attendent !

Quelques principes de préparation

Le fabricant de voitures Henry Ford a fait remarquer : « Plus que tout, la préparation est la clé du succès. » Ford réalisait l'importance d'une bonne préparation et tout ce qu'elle pouvait apporter à ceux qui prennent la peine de s'y soumettre :

1. La préparation vous permet de tirer parti de votre talent

Pendant que je travaillais à la rédaction de ce livre, je devais faire un voyage en Amérique Latine pour enseigner le leadership et rencontrer des leaders du Guatémala, du Salvador, du Honduras, du Panama, du Vénézuela, de la Bolivie et du Pérou. Comme je devais être parti pendant plus de dix jours, j'ai pris soin de me munir des divers documents dont j'avais besoin pour poursuivre l'écriture de ce livre en cours de route. J'ai revu l'ébauche de chaque chapitre, pris le temps de réfléchir aux deux premiers et tiré des citations et d'autres documents de mes dossiers pour les avoir avec moi. Sans oublier deux ou trois carnets neufs !

J'ai aussi écrit l'introduction du livre. Un groupe d'éminents leaders érudits allait m'accompagner pendant ce voyage, et je voulais avoir leur avis sur la direction que j'allais donner à l'ouvrage. Je m'étais muni de photocopies de cette introduction afin de les remettre à mes compagnons de voyage, en les priant de me dire ce qu'ils en pensaient et de me soumettre leurs idées. (Je suis fermement convaincu que le travail en équipe fait aussi fructifier le talent, comme je vous l'exposerai plus en détail au chapitre 13.) Comme nous avons passé de nombreuses heures en avion, j'en ai profité pour sortir les documents dont je m'étais muni et pour écrire.

À la fin du voyage, en rentrant chez nous, l'un de mes compagnons de route, David McLendon, m'a déclaré : « J'ai appris une grande leçon pendant ce voyage. Tu as tiré le maximum de ton temps parce que tu savais ce que tu voulais accomplir. Pendant que nous lisions et bavardions, tu as beaucoup travaillé. Tu as rédigé deux chapitres, et tu nous as même fait participer à la rédaction de ton livre ! »

Ce qu'il a remarqué n'a été possible que parce que je m'étais soigneusement préparé. « Tu sais, David, ai-je répondu, je me suis rendu compte que chaque minute de préparation t'en fait gagner dix d'exécution. » C'est ce qui s'était passé dans ce cas. Comme j'avais consacré une journée à préparer mon voyage, j'ai pu travailler pendant ces dix jours d'absence. Ce n'est pas compliqué ; il suffit de s'y préparer. Les questions que je me pose pendant un voyage comme celui-ci sont très simples :

- *Quel travail dois-je accomplir ?*

- *Comment dois-je le faire ?*

- *Quand dois-je le faire ?*

- *À quelle vitesse puis-je le faire ?*

- *De quoi ai-je besoin pour le faire ?*

Répondre à ces questions me prépare à ce qui m'attend, et lorsque je suis prêt, mon talent est susceptible d'avoir sa pleine efficacité.

2. La préparation est un processus, et non un acte ponctuel

Nous vivons au siècle de l'instantané. Nous cherchons des solutions instantanées. Mais la préparation n'est pas ainsi. Pourquoi ? Parce qu'elle vous concerne, et que tout ce qui se rapporte aux êtres humains est un processus. La loi du processus, dans *Les 21 lois irréfutables du leadership*, affirme : « Le leadership se développe chaque jour, et non en un jour. » On peut en dire autant de l'optimisation de son talent. Le légendaire entraîneur de basket de l'UCLA John Wooden a soutenu que le meilleur moyen d'améliorer son équipe, c'est de s'améliorer soi-même. Il a tiré cette leçon de son père, Joshua Wooden, qui avait coutume de dire à son fils : « N'essaie jamais d'être meilleur que les autres, mais fais de ton mieux pour être le meilleur possible. » C'est un bon conseil, que vous jouiez au basket, éleviez des enfants ou dirigiez une entreprise.

> *Le meilleur moyen d'améliorer son équipe,*
> *c'est de s'améliorer soi-même.*

En 1983, j'ai commencé à donner une leçon de leadership par mois. Aujourd'hui, plus de vingt ans après, je le fais toujours, et j'ai élaboré plus de trois cents leçons différentes. Comment y suis-je parvenu ? En nourrissant constamment mon esprit et en enrichissant ma base de données. Chaque jour, je lis et classe des citations, des histoires et des ébauches de réflexion. Tous les ans, je me sers de certaines de mes leçons pour écrire de nouveaux livres. Ma productivité est due avant tout à ma préparation. Cela positionne mes talents afin que je puisse m'en servir pour optimiser mon potentiel. C'est un processus perpétuel. Si je cesse d'apprendre et de me préparer chaque jour, je ne serai plus productif.

3. La préparation précède l'occasion

Un vieux dicton affirme : « Que vous vous laissiez surprendre une fois est normal ; mais la seconde fois, vous auriez dû être prêt. » Si vous voulez profiter des occasions qui se présenteront à vous pour vous servir de votre talent, vous *devez* être prêt à les saisir au vol. Ce n'est pas au moment où elles viendront qu'il faudra vous y préparer.

> *Que vous vous laissiez surprendre une fois est normal ;*
> *mais la seconde fois, vous auriez dû être prêt.*

Si vous étudiez la vie des hommes et des femmes dynamiques, vous vous apercevrez que tous se sont préparés à saisir les occasions. Le président Abraham Lincoln disait : « Je me préparerai et un jour, j'aurai ma chance. » Benjamin Disraeli, ancien premier ministre d'Angleterre, remarquait : « Pour qu'un homme ait du succès dans la vie, il doit être prêt quand sonne son heure. » Oprah Winfrey déclarait : « On dit qu'on a de la chance quand on est prêt à saisir l'occasion qui se présente. » Et le président John Kennedy faisait remarquer : « C'est quand le soleil brille qu'on doit réparer son toit. » Toutes ces personnes avaient du talent, se préparaient, puis tiraient le meilleur parti possible des occasions qui se présentaient à elles. Beaucoup estiment n'avoir eu aucune occasion à saisir, alors qu'en réalité, leur problème était de ne pas être prêts lorsqu'il s'en présentait une.

4. Pour préparer le lendemain, il faut bien vivre aujourd'hui

Récemment, après avoir donné une conférence, j'ai eu le privilège de dîner avec l'ancien maire de New York, Rudy Giuliani, et son épouse Judith. C'était un homme chaleureux et cordial. Au cours de notre conversation, évidemment, je lui ai demandé de me parler des attentats du 11 septembre 2001. Il m'a raconté ce qu'il avait éprouvé ce jour-là et l'impact que ce drame avait produit sur lui. Selon lui, les leaders doivent être prêts à tout. Il faut qu'ils étudient, qu'ils acquièrent de multiples capacités et qu'ils anticipent toutes les situations possibles.

« C'est votre capacité à vous préparer qui détermine votre succès », m'a-t-il expliqué. Ensuite, il m'a expliqué que lorsqu'une situation comme celle du 11 septembre se produit alors qu'aucun dispositif n'est mis en place, les leaders doivent passer à l'action et s'appuyer sur tout ce qui est déjà à leur disposition. Dans ce cas, ils ont suivi la procédure d'urgence traditionnelle.

> *Si vous êtes prêt aujourd'hui, vous ne serez sans doute*
> *pas obligé de réparer les dégâts demain.*

La préparation ne commence pas par l'action, mais par des convictions. Si vous êtes persuadé que votre succès de demain dépend de vos actions d'aujourd'hui, vous agirez différemment chaque jour. Ce que vous recevrez demain dépend de ce que vous croyez aujourd'hui. Si vous êtes *prêt* aujourd'hui, vous ne serez sans doute pas obligé de *réparer les dégâts* demain.

5. La préparation nécessite une bonne perspective constante

Dans mon enfance, j'étais fou de basket. De dix à dix-huit ans, je m'entraînais à marquer des paniers dès que j'en avais l'occasion. Ce qui me plaît particulièrement dans ce sport, c'est la vitesse à laquelle un joueur (non seulement s'il compte parmi les meilleurs, mais même s'il est simple remplaçant) peut changer le cours d'une partie. C'est pourquoi le « sixième homme », autrement dit le joueur qui entre sur le terrain pendant le match comme remplaçant, après les cinq de départ, est si important. L'ancien entraîneur Tom Heinsohn a observé : « Le sixième homme doit être un joueur si stable qu'il peut s'adapter instantanément au rythme ou inverser la tendance. Il a l'occasion unique d'être déjà dans le jeu alors qu'il est encore sur le banc de touche. » Qu'est-ce qui lui donne cette capacité ? La perspective. Pendant qu'il est encore assis sur son banc, il doit avoir l'esprit d'observation d'un entraîneur, et dès qu'il rentre sur le terrain, il doit se comporter en joueur. S'il y parvient, il pourra avoir un impact décisif dans la partie.

« Les meilleurs chefs sont ceux qui ont la capacité d'anticiper les problèmes au lieu d'attendre qu'ils se présentent », a dit l'économiste Howard Coonley.

Non seulement la perspective aide les gens à se préparer, mais elle peut les *inciter* à le faire. J'aime cette déclaration d'Abraham Lincoln : « Si on me donnait huit heures pour abattre un arbre, j'en passerais six à aiguiser ma hache. » Dans sa jeunesse, Lincoln avait fait des barrières avec une hache : il savait donc de quoi il parlait. Sa perspective l'aidait à bien se préparer, qu'il s'agisse de couper du bois, d'étudier seul le droit pour passer l'examen du barreau ou de diriger le pays.

6. Une bonne préparation mène à l'action

Quelle est la valeur de votre préparation si vous ne passez jamais à l'action ? Elle ne sert strictement à rien ! Comme l'a fait remarquer William Danforth, « aucun projet ne vaut le papier sur lequel il est imprimé s'il ne vous pousse pas à agir. »

> *«Aucun projet ne vaut le papier sur lequel il est imprimé*
> *s'il ne vous pousse pas à agir.»*
> *William Danforth*

Les personnes perfectionnistes passent parfois tellement de temps à peaufiner leurs préparatifs qu'elles ne passent jamais à l'acte. Le professeur de management Kathleen Eisenhardt a étudié le processus de prises de décisions de douze entreprises de technologie. Elle a remarqué que celles qui se décidaient le plus vite, dans un laps de temps de deux à quatre mois, étaient beaucoup plus performantes que celles qui étaient plus lentes, parce qu'elles voulaient étudier tous les aspects de leur situation et recueillir l'approbation générale avant de se lancer. Ces dernières mettaient en moyenne un an et demi pour terminer leurs plans et se décider, et au moment où elles le faisaient, leur décision n'était souvent plus d'actualité.

Se préparer, ce n'est pas forcément maîtriser tous les faits et connaître toutes les réponses. Ce n'est pas non plus parvenir à un consensus. Du reste, l'ancien premier ministre britannique Margaret Thatcher a soutenu que « le consensus est la négation du leadership ». C'est plutôt vous mettre dans la meilleure position possible pour réussir.[52]

52   Kahleen M. Gisenhardt, "Making Fast Strategic Decisions in High-Velocity Environments," Academy of Management Journal, Vol. 32, No. 3 (Sept. 1989), p.543-576.

Talent + *préparation* **= personne qui va au-delà du talent**

Comment mettre cette formule en application

Dans le domaine des sports, la valeur de la préparation est particulièrement flagrante. Quel que soit le sport qu'ils pratiquent, les athlètes performants en parlent sans cesse. Le champion de tennis Arthur Ashe a expliqué : « L'une des clés du succès est la confiance en soi. Et l'une des clés de la confiance en soi est la préparation. » Le quart-arrière Joe Namath a simplement dit : « Je me prépare jusqu'à ce que je sache pouvoir faire ce que je dois faire. »

> *Le seul moyen de ne pas être stressé, c'est de bien se préparer.*

Mon ami Rick Bizet, avec lequel je joue souvent au golf, m'a expliqué un jour que selon son entraîneur, le seul moyen de ne pas être stressé, c'est de bien se préparer. Si vous voulez voir ce processus en action, observez les habitudes des joueurs de golf professionnels avant de frapper la balle. J'apprécie particulièrement celles du joueur professionnel Tom Kite : évaluation, alignement et attitude. Cela me sert de ligne de conduite, non seulement pour jouer au golf, mais aussi dans d'autres situations qui nécessitent que je me prépare. Je crois que vous pouvez en faire autant.

1. Évaluation : est-ce que j'évalue correctement la situation ?
Bien se préparer commence toujours par là. Si vous n'évaluez pas correctement l'endroit où vous devez vous rendre et ce que cela vous coûtera, vous courez au-devant des ennuis. En golf, les bons joueurs se posent généralement ces questions pour bien évaluer la situation :

- *Où dois-je aller ?* Le processus commence par le repérage de la cible. Celle-ci doit correspondre à votre talent. Ne soyez pas comme cette candidate au titre de Miss Amérique qui a décrété : « Mon but est d'apporter la paix dans le monde – et d'avoir mon propre appartement. »

- *À quelle distance est ma cible ?* Ensuite, il faut évaluer la distance. J'aime dire en riant à mes partenaires de golf que je sais parfaitement viser –mais qu'hélas, je rate souvent la balle ! Aussi évident que cela paraisse, vous devez connaître la distance qui vous sépare de votre cible avant de viser cette dernière.

- *Quelles sont les conditions ?* Les bons golfeurs tiennent toujours compte du vent. En effet, les conditions font une différence considérable. J'ai eu la grande chance de pouvoir faire du golf à Saint Andrews, en Écosse. Et j'ai remarquablement joué ce jour-là... parce qu'il n'y avait pas de vent ! Mon caddie m'a fait remarquer : « S'il y avait eu du vent, ça aurait été une autre paire de manches ! »

- *Quel matériel dois-je employer dans cette situation ?* La dernière étape du processus d'évaluation consiste à savoir quel club employer. Selon Gary Player, mal choisir son club de golf est l'erreur numéro un des amateurs. En faisant votre choix, il faut tenir compte de vos aptitudes et de vos limites.

Comment appliquer ces questions à d'autres situations que le golf ? Je dirais que vous devez savoir exactement ce que vous avez à faire, ce que cela vous coûtera en temps, en efforts et en ressources, quels obstacles vous allez sans doute rencontrer et quelles sont vos limites personnelles. Si vous savez ces choses, vous vous préparerez au mieux à atteindre vos objectifs.

2. L'alignement : est-ce que je suis dans la bonne position ?
Un bon joueur de golf peut parfaitement évaluer la situation, mais manquer sa cible. Pour quelle raison ? Parce qu'il ne s'aligne pas correctement. Le psychologue James Dobson a fait remarquer : « À quoi bon gravir l'échelle du succès pour finir par s'apercevoir qu'elle est appuyée contre le mauvais immeuble ? »

Quand j'ai commencé à jouer au golf, j'ai essayé d'apprendre tout seul. Je tenais mon club comme une batte de base-ball et je me mettais en position comme au base-ball, mais la plupart du temps, si j'expédiais ma balle à quelque distance, elle atterrissait dans les bois. Pour améliorer mon jeu, il fallait que je modifie ma façon de pratiquer ce sport. Je devais apprendre les bases. J'avais grand besoin d'aide.

Si vous voulez vous améliorer – sur le plan personnel, professionnel, relationnel ou dans l'un de vos loisirs – vous devez trouver quelqu'un qui est meilleur que vous pour vous mettre le pied à l'étrier. Soyez franc et honnête avec cette personne, et elle sera en mesure d'évaluer votre « alignement » et de rectifier ce qui doit l'être.

3. L'attitude : ma vision est-elle correcte ?
La dernière étape, après l'évaluation et l'alignement, est l'attitude. Quand vous jouez au golf, après avoir sélectionné une cible et vous être aligné, vous devez mettre votre esprit à contribution. Vous n'entraînez pas seulement votre corps, mais aussi votre intellect, comme dans n'importe quelle autre activité. Vous devez croire en vous et en ce que vous faites. Il faut vous voir mentalement en train de l'accomplir. Si vous n'arrivez pas à l'imaginer, vous ne serez sans doute pas capable non plus de le mener à bien.

Pour optimiser votre talent et aller au-delà, vous devez décider de vous préparer. Parfois, le processus préparatoire est long et lent. Il peut nécessiter de s'instruire, de trouver de sages mentors, de sortir de sa zone de confort, ou tout simplement d'apprendre à maîtriser un art dans lequel, jusque-là, on était médiocre. Mais dans tous les cas, souvenez-vous que vous devez être prêt quand votre heure arrive. Dans la vie, certaines occasions ne se présentent qu'une fois. Si on les rate, on n'a pas de seconde chance.

Exercices d'application

1. Comment vous y prenez-vous généralement pour évaluer ce que vous faites et ce que vous devriez accomplir ? Est-ce efficace ?

2. Trouvez un mentor qui vous aidera à vérifier votre « alignement ». Pour commencer, vous pouvez lui poser ces quelques questions :

- Est-ce que je vise la bonne « cible » ?

- Est-ce que je discerne les problèmes potentiels ?

- La direction que je prends m'aide-t-elle à préparer ma prochaine étape ?

- Quels points forts discernez-vous en moi ?

- La direction que je prends comporte-t-elle des risques ?

- La direction que je prends me permettra-t-elle de progresser ?

- Quel est mon besoin le plus urgent ?

3. Dru Scott Becker prétend que la meilleure façon de se préparer consiste à appliquer le « principe du quart d'heure ». Que vous vouliez embellir votre jardin, apprendre une nouvelle langue ou vous préparer à fonder une nouvelle entreprise, réservez-y un quart d'heure par jour. Selon elle, ce quart d'heure quotidien vous aide à exciter votre intérêt et généralement, vous finissez par y consacrer de plus en plus de temps. Mais même si vous vous en tenez à ces tranches quotidiennes de quinze minutes six jours par semaine, vous finirez par avoir consacré soixante-dix-huit heures à la poursuite de votre objectif au bout d'un an.

Où et quand pouvez-vous mettre à part un quart d'heure par jour ? Commencez par déterminer votre objectif, puis élaborez un plan d'action pour l'atteindre – quinze minutes à la fois.

6

La pratique aiguise votre talent

Plus vous vous entraînerez, plus vous vous améliorerez. L'entraînement intensif permet d'atteindre l'excellence. La pratique aiguise votre talent. Les gens qui réussissent l'ont compris. Ils savent combien l'entraînement est nécessaire et se disciplinent en conséquence. Si vous voulez savoir ce qui hisse les personnes à succès au-dessus de la masse, voici leur secret : *ils font un peu plus que les autres*. Ils font ce qu'il faut et tout ce qu'on attend d'eux – et même un peu plus.

En quête de succès

À Londres, en Angleterre, un jeune homme tentait de faire son chemin dans la vie. En 1827, à quinze ans, il était assez intelligent, ambitieux et – espérait-il – doué pour concrétiser ses rêves.

Cet adolescent avait grandi dans une famille modeste qui avait toujours eu des difficultés financières. Ses parents dépensaient toujours un peu plus que ce que son père gagnait. De plus, comme le couple avait huit enfants, il avait de nombreuses bouches à nourrir. Les parents du jeune homme empruntaient donc sans cesse de l'argent. Ils étaient poursuivis par leurs créanciers et déménageaient souvent. En 1824, quand son père avait été envoyé en prison pour dettes, le petit Charles, âgé de douze ans à l'époque, avait dû se rendre à l'usine pour coller des étiquettes sur des bouteilles, une tâche qu'il détestait. Avant cela, il était allé à l'école pendant plusieurs années, et lorsque la situation financière de sa famille s'était à peu près rétablie, il avait repris le chemin de l'école. Il était bon élève, mais à quinze ans, lorsque sa famille fut de nouveau en difficulté, il sut que sa scolarité allait prendre fin. Il fut envoyé au travail, cette fois comme clerc de notaire. Au début, il était content d'accomplir des tâches très différentes de celles de l'usine, où il faisait un travail sale et fatigant en compagnie de pauvres garçons illettrés. Toutefois, le travail de bureau ne tarda pas à le lasser. Après un an et demi d'apprentissage à cet endroit, il changea de cabinet juridique, mais cela n'alla pas mieux. Au bout de quelques mois, il donna sa démission.

Contrairement à ses parents, chez lesquels il vivait toujours, Charles avait fait des économies pendant sa période de travail. Il décida donc de prendre le temps de découvrir quelle sorte de métier il voulait choisir. Il passa de longues heures dans la salle de lecture du British Museum. Il se sentait attiré par le journalisme. Non seulement cela correspondait à son amour de la littérature, mais cela ne nécessitait pas d'études plus poussées ni d'apprentissage particulier. Son oncle était reporter, et son père écrivait parfois des articles. Mais comment atteindre son objectif ? En travaillant dur et en s'entraînant assidûment. Grâce aux livres du Museum et à l'aide de son oncle, Charles apprit tout seul la sténographie. Il était si assidu que cela ne lui prit pas longtemps. Après avoir « dompté le sauvage mystère de la sténographie », il devint sténographe judiciaire indépendant. Il avait dix-huit ans à l'époque.[53]

De l'obscurité à l'excellence
Son choix surprit les membres de sa famille, qui estimèrent qu'il courait à l'échec. « Aucun de nous ne s'attendait à ça, déclara son père, et quand nous avons appris qu'il était devenu reporter, mon beau-frère et le reste de la famille lui ont prédit qu'il échouerait. »[54] Mais c'était mal le connaître. Il était si doué que son oncle ne tarda pas à l'embaucher en tant que reporter au *Mirror of Parliament*, puis qu'il lui donna des responsabilités. À vingt-et-un ans, il était considéré comme « le plus rapide, le plus précis et le plus fiable de tous les reporters de la presse londonienne ».[55]

Charles était enchanté de ses succès professionnels et il gagnait bien sa vie, mais il voulait augmenter ses revenus et accomplir des tâches plus intéressantes. Il décida donc de se lancer dans une autre sorte d'écriture plus créative. Au lieu de rester simple journaliste, il envisagea de devenir écrivain. Il commença par rédiger de courtes descriptions de personnages et de lieux, en s'inspirant de ses expériences de voyages en Angleterre comme reporter et de ce qu'il remarquait pendant qu'il faisait ses longues promenades à Londres. Quand sa première histoire, « Un dîner à Poplar Walk », fut terminée, Charles espéra qu'on la publierait. Pour cela, il la jeta dans « une boîte aux lettres noire, dans un sombre bureau, au fond d'une cour obscure de Fleet Street... avec crainte et tremblement. »[56] Quelle ne fut pas sa joie lorsqu'en décembre 1833, elle fut publiée dans le *Monthly Magazine* ! Il ne reçut aucune rétribution pour son travail, et on ne mentionna même pas son nom à la fin de son histoire. Mais cela lui importait peu. Il développait son talent en pratiquant son art. Il était en passe de devenir écrivain professionnel !

La pratique de son art
Pendant son temps « libre », Charles rédigea d'autres histoires. Ainsi, il se perfectionnait de plus en plus. Pendant un an et demi, il écrivit gratuitement. Sa seule rétribution était le fait que les éditeurs et les lecteurs de ses courts récits reconnaissent son talent. Son travail attirait tellement l'attention que son employeur, le journal *Evening Chronicle*, finit par lui demander d'écrire régulièrement des histoires pour les éditer dans son magazine. Il accepta volontiers de le faire, mais suggéra qu'on lui verse une prime en plus de sa paye régulière. Son employeur fit passer son salaire de cinq à sept guinées par semaine.

53   Fred Kaplan, Dickens: A Biography (Baltimore: Johns Hopkins University Press, 1988), p.50.
54   Ibid., p.59.
55   Ibid., p.58.
56   Ibid., p.62.

Ses six premières histoires parurent sans que le nom de l'auteur soit mentionné. Ensuite, il signa ses textes du pseudonyme « Boz ». Au cours des trois années suivantes, il publia soixante courts récits dans divers magazines. À sa stupéfaction et à sa grande joie, il fut contacté en 1836 par un jeune éditeur qui souhaitait rassembler ses écrits en un volume agrémenté de dix illustrations d'un célèbre dessinateur. Il s'intitulerait *Esquisses de Boz*. Ce recueil connut un tel succès qu'il fut réédité quatre fois dès l'année de sa parution. Il lui valut assez de respect et de considération pour qu'il on lui demande d'écrire des histoires dont un épisode illustré paraîtrait chaque mois. Les années d'entraînement pendant lesquelles il avait écrit de courts récits allaient enfin porter leurs fruits. Il savait qu'il voulait intituler ce nouveau travail *Les aventures de Monsieur Pickwick*, et il décida de les publier sous son vrai nom : Charles Dickens.

De l'excellence à la gloire

Aujourd'hui, quand nous entendons le nom de Charles Dickens, nous pensons généralement à de longs romans désuets qui étaient au programme de nos cours d'anglais, mais à son époque, ses œuvres étaient aussi populaires que nos plus célèbres émissions de télévision ou nos plus grands films actuels. Il était même devenu l'auteur le plus populaire du monde entier.

Jane Smiley, qui a rédigé une biographie de Dickens, a déclaré qu'il était « la première vraie célébrité des arts populaires, autrement dit un homme que le travail avait rendu riche et illustre, comme les stars de cinéma d'aujourd'hui ». Selon elle, il a été « la première personne dont le nom est devenu l'égal d'une marque ».[57]

On considère généralement Dickens comme l'auteur le plus talentueux de l'histoire anglaise après Shakespeare. Mais avant qu'il devienne célèbre, beaucoup ne reconnaissaient pas son talent. Fred Kaplan, autre biographe de Dickens, a écrit : « Lorsqu'il a quitté son cabinet d'avocat pour se lancer dans le journalisme, les membres de sa famille ont estimé qu'il visait trop haut. Quand, deux ans plus tard, il est passé des reportages judiciaires aux reportages parlementaires, ils ont prédit qu'il courait à l'échec. Évidemment, ils ne s'attendaient pas à le voir déployer son énergie et son talent au point de devenir, trois ans plus tard, un auteur célèbre dans tout le pays. »[58] Comment a-t-il perfectionné son talent ? En écrivant ses courts récits. Selon Kaplan, « ses esquisses étaient le banc d'essai d'un auteur en herbe qui avait un tel talent qu'il a progressé à pas de géant. »[59]

L'idée de Dickens d'écrire son premier roman par épisodes s'est avérée excellente. Il a continué à rédiger tous les autres de cette manière. La plupart ont été

---

57   Jane Smiley, Charles Dickens (New York: Lipper/Viking, 2002), p.26.
58   Kaplan, Dickens, p.60.
59   Ibid., p.64.

publiés par tranches appelées des « numéros mensuels ». Les gens achetaient et lisaient chaque numéro de la même façon qu'actuellement, nous regardons régulièrement nos séries télévisées préférées. Ceux qui n'avaient pas ces numéros pouvaient s'acheter la version complète reliée une fois le roman terminé, tout comme nous pouvons acquérir une saison entière d'une série télévisée sur DVD aujourd'hui.

Les aventures de Monsieur Pickwick a été le premier roman que Dickens a écrit de cette façon. Le premier numéro mensuel s'est vendu à moins de 500 exemplaires en avril 1836. Mais Dickens a peaufiné son histoire et ses personnages, et dès le numéro quatre, plus de 4000 exemplaires se sont arrachés. Cela peut sembler minime, mais songez que les romans n'existaient vraiment que depuis un siècle, et que la plupart, à l'époque, ne se vendaient qu'à 300 ou à 400 exemplaires. À chaque épisode, les ventes ont continué à croître. Les derniers numéros se sont vendus à plus de 40 000 exemplaires, un chiffre remarquable. Le premier roman de Dickens a connu un plus grand succès que tout autre roman de cette époque. À vingt-cinq ans, Dickens connaissait un succès inégalé, et au cours des vingt années suivantes, plus d'1,6 million des *Aventures de Monsieur Pickwick* se sont vendues sous une forme ou sous une autre.[60]

Jane Smiley estime que les trois premières grandes œuvres de Dickens – *Esquisses de Boz, Les aventures de Monsieur Pickwick* et *Oliver Twist* – démontrent la façon exemplaire dont il s'est entraîné pour aiguiser son talent :

« Tous les romanciers cherchent à étendre leur gamme d'expression. Vers vingt ans, Dickens était comme les autres jeunes auteurs. S'il avait du génie, il n'était pas encore en mesure d'atteindre ses ambitions artistiques, et il s'est servi de ses trois premiers livres pour parvenir à son but. »[61]

Pendant ses trente-cinq ans de carrière, Dickens a écrit plus de douze romans (dont certains sont considérés comme de véritables chefs-d'œuvre), plusieurs livres de voyage et de nombreuses histoires de Noël. Durant toutes ces années, il a aussi édité divers magazines mensuels et il a beaucoup voyagé pour faire des lectures de ses œuvres. Il a sans doute été l'auteur le plus populaire de l'histoire britannique. Toutefois, malgré ses dons évidents, il n'a pas commencé au sommet. Même un génie doit s'entraîner pour aiguiser son talent et atteindre son plein potentiel.

Le pouvoir de la pratique
Un mythe prétend que les gens bourrés de talent sont simplement nés ainsi, mais en réalité, nul n'atteint son plein potentiel sans entraînement. Récemment, j'ai voyagé avec Tom Mullins, un ancien entraîneur de football qui a écrit *The*

60 Smiley, Charles Dickens, p.3.
61 Ibid., p.16.

Leadership Game (Le jeu du leadership), un livre qui contient des principes de leadership efficaces glanés en interrogeant huit entraîneurs d'équipes nationales de football. Lorsque je lui ai parlé de la nécessité de s'entraîner, il a failli bondir hors de son siège. Quand Tom discute de ce qui a trait au leadership, on dirait qu'il se retrouve dans son vestiaire pendant la mi-temps d'un match et qu'il fait tout pour redonner le moral à son équipe en train de perdre. Je veux dire par-là qu'il est très fougueux !

> **La préparation positionne le talent et la pratique l'aiguise.**

« Laisse-moi te dire une chose, John, s'est-il exclamé, tous les entraîneurs des champions nationaux m'ont affirmé que la clé de l'excellence consiste à bien préparer son équipe et à faire s'entraîner les joueurs. Ils n'ont pas cessé de renforcer leur préparation et d'aiguiser leurs entraînements. »

J'étais entièrement d'accord avec lui, car la préparation positionne le talent et la pratique l'aiguise.

Avant d'aller plus loin, voici trois points essentiels sur la pratique :

1. La pratique permet le développement
Comment parviendrons-nous à croître et à nous développer ? En nous entraînant. Les gens perfectionnent les aptitudes qu'ils ont déjà et en acquièrent de nouvelles grâce à la pratique. L'écart entre ce que nous sommes et ce que nous devrions être nous pousse à l'action.

Bill Bradley, un ancien joueur de basket professionnel devenu sénateur, a raconté qu'un jour, à l'âge de quinze ans, il était allé à un camp d'été de basket. Là, une star du basket, Ed Macauley, lui avait dit : « Souviens-toi que si tu ne t'entraînes pas à atteindre le maximum de tes capacités, quelqu'un d'autre, quelque part, le fera, et que le jour où vous jouerez l'un contre l'autre, il prendra l'avantage sur toi. »

Si vous souhaitez vous améliorer et vous développer, vous devez vous entraîner. Cela vous permettra de battre votre propre record et d'aller plus loin que la veille. Une pratique assidue vous rendra plus performant de jour en jour. Si vous ne vous entraînez pas, vous court-circuiterez votre potentiel.

2. La pratique vous amène à faire des découvertes
Dans une bande dessinée *Peanuts*, de Charles Schulz, Charlie Brown déclare en soupirant à son ami Linus : « La vie est trop dure pour moi. Je suis perturbé depuis ma naissance. Je pense que tout le problème vient du fait que nous sommes jetés dans l'existence trop vite. Nous ne sommes pas vraiment prêts. »

« Qu'est-ce que tu aurais voulu, demande Linus, une occasion de t'échauffer avant ? »

> **«Un bon leader comprend que
> tout ce qui a été fait d'une façon particulière pendant
> un certain laps de temps a été imparfait.
> Toutes les performances peuvent être améliorées.»
> Harvey Mackay**

Nous n'avons pas la possibilité de nous échauffer avant de faire notre entrée dans ce monde, mais nous avons la ressource de pratiquer les multiples activités qui s'offrent à nous dès le début de notre existence. Et c'est souvent pendant ces « échauffements » que nous apprenons de précieuses leçons à notre sujet. Si vous vous entraînez, voici ce que vous apprendrez :

La pratique prouve votre engagement et le renforce. Nous montrons notre engagement par nos actes. Si, par exemple, vous prétendez vouloir devenir danseur exceptionnel, mais que vous ne vous entraînez jamais, ne dites pas que vous êtes engagé. Ce ne sont que des paroles en l'air. Mais en passant à l'action, vous prouvez votre engagement, et chaque fois que vous vous entraînez, votre détermination se renforce.

Vous pouvez toujours améliorer vos performances. « Un bon leader comprend que tout ce qui a été fait d'une façon particulière pendant un certain laps de temps a été imparfait. Toutes les performances peuvent être améliorées » (Harvey Mackay). Il existe toujours une meilleure méthode, et vous devez tout mettre en œuvre pour la trouver.

Le processus de perfectionnement est meilleur dans un environnement propice. On ne peut pas découvrir ses capacités et améliorer ses talents dans une ambiance où les erreurs sont rigoureusement interdites. Pour s'améliorer, on doit forcément commettre des impairs. Cherchez un endroit où vous pourrez faire des expériences et des tentatives sans courir de risques.

> **«N'ayez pas peur de vous consacrer à fond à ce qui semble être
> de petites tâches.
> Chaque fois que vous en accomplissez une,
> vous devenez plus fort.
> Si vous faites correctement les petites choses,
> les grandes auront tendance à s'arranger d'elles-mêmes.»
> Dale Carnegie**

Vous devez accepter de commencer par de petites choses. L'expert en relations humaines Dale Carnegie donnait ce conseil : « N'ayez pas peur de vous consacrer à fond à ce qui semble être de petites tâches. Chaque fois que vous en accomplissez une, vous devenez plus fort. Si vous faites correctement les petites choses, les grandes auront tendance à s'arranger d'elles-mêmes. » Quand vous commencez à vous entraîner, il vous semble que vous ne progressez guère, mais cela va évoluer, tout comme votre intérêt. L'entraîneur de natation Daniel Chambliss affirme que les meilleurs athlètes font attention aux petits détails et s'y consacrent assidûment. Il a observé : « Nager, c'est toujours nager, disent certains, que ce soit pendant les entraînements ou le jour des compétitions. Mais si vous nagez avec nonchalance pendant 364 jours par an, vous ne ferez jamais d'étincelles le jour des grandes compétitions, quel que soit votre enthousiasme. »

Les tout petits progrès, à force de pratique, produiront des résultats. Quand vous vous entraînez, un phénomène curieux se produit. Au début, vous progressez à peine, mais si vous persévérez, vous faites un bond en avant. Toutefois, vous risquez ensuite de stagner de nouveau. Mais à ce stade, des progrès minimes font toute la différence. Aux Jeux Olympiques, par exemple, l'athlète ne remporte souvent la médaille d'or qu'en ayant quelques centièmes de seconde d'avance sur ceux qui repartent bredouilles.

Pour monter d'un cran, il y a souvent un prix à payer. En général, la pratique vous prouve que pour atteindre votre objectif ou accéder au niveau supérieur, il faut en payer le prix. Si vous vous préparez à vous entraîner, je vous recommande d'appliquer un principe que j'ai appris au cours de mes voyages : avant de monter dans un taxi, demandez combien le trajet va vous coûter... Sans quoi vous risquez de payer plus que de raison ! En vous entraînant, gardez en mémoire les conseils du scénariste Sidney Howard : « Savoir ce que vous voulez, c'est aussi savoir ce à quoi vous devez renoncer pour l'obtenir. »

> *«Savoir ce que vous voulez,*
> *c'est aussi savoir ce à quoi vous devez renoncer pour l'obtenir.»*
> *Sidney Howard*

Beaucoup de gens considèrent l'entraînement comme une expérience négative, mais ce n'est pas une fatalité. La meilleure façon de maintenir votre enthousiasme est de penser que vous êtes en train de faire des découvertes et de vous développer.

3. La pratique exige de la discipline

Certaines personnes répugnent à l'idée de s'entraîner parce que cela exige de la discipline. Même les activités physiques nécessitent une grande discipline mentale. « Quand on se prépare à un entraînement sportif, le mental est quatre fois plus important que le physique », me répétait souvent l'entraîneur de haut niveau Bill McCartney.

Il est toujours ardu de développer son sens de la discipline. On ne devient pas discipliné sans se faire violence. Cela n'a rien à voir avec le talent ou les capacités. Ce n'est pas non plus une question de condition, mais de choix. Néanmoins, une fois que le choix est fait et que la pratique devient une habitude, deux évidences apparaissent. La première est le gouffre qui sépare les personnes qui s'entraînent de celles qui ne le font pas. « On parvient au succès en s'entraînant plus dur et en creusant plus profondément que les autres », soulignait le cycliste Lance Armstrong. Il le savait par expérience pour avoir remporté sept fois le Tour de France. La seconde évidence, c'est que celui qui s'entraîne acquiert une mentalité de gagnant. Plus on travaille dur, plus il est difficile de s'avouer vaincu.

« L'excellence est un art qu'on acquiert à force d'entraînement systématique, observait l'éminent philosophe Aristote. Nous n'agissons pas correctement parce que nous sommes vertueux ou excellents, mais c'est l'inverse. Nous sommes ce que nous faisons régulièrement. L'excellence n'est donc pas un art, mais une habitude. » Et celle-ci se développe par la pratique.

Les cinq piliers de la pratique
J'ai parlé de pratique à un grand nombre de leaders et d'entraîneurs pendant que je peaufinais ce chapitre. Chacun d'eux avait son opinion personnelle sur la meilleure façon de s'entraîner. Au cours d'une conversation, l'éminent professeur de golf Warren Bottke m'a livré cinq éléments indispensables pour bien s'entraîner :

Premier pilier : un professeur ou un entraîneur excellent
Je suis intimement persuadé que le leadership est la clé de la réussite ou de l'échec. J'enseigne sans cesse cette réalité aux personnes qui travaillent dans les entreprises, mais cela s'applique également à d'autres domaines de la vie, y compris la pratique. Les gens performants s'entraînent, et ils le font efficacement quand ils sont sous la direction d'un excellent enseignant.

Le professeur de leadership chrétien Howard Hendricks a affirmé : « Enseigner, c'est inciter les gens à apprendre. » Comment un bon enseignant fait-il cela ? En partie en inspirant ses élèves, mais pas seulement : les bons professeurs adaptent leur enseignement à leurs auditeurs. Comme tous les bons leaders, ils connaissent les points forts et les points faibles de chacun. Ils savent s'ils sont de type créatif/intuitif (partie droite du cerveau) ou plutôt de type analytique (partie gauche du cerveau). Ils savent si chacun apprend visuellement, verbalement ou tactilement, et ils discernent à quel moment certains ont besoin d'une tape dans le dos ou d'une bonne semonce.

Quand Dickens a commencé sa carrière, son oncle l'a entraîné au journalisme. Avec de la pratique, il est devenu le meilleur reporter d'Angleterre. Quand il s'est mis à écrire de courts récits personnels, quelques éditeurs lui ont ouvert leurs colonnes, et plus important encore, l'ont encouragé à poursuivre son travail d'auteur. Comme son talent était exceptionnel, Dickens a vite dépassé ceux qui le formaient, mais pendant toute sa vie, il est resté en contact avec d'autres écrivains professionnels de renom, dont il a recueilli l'avis et les impressions.

Deuxième pilier : vos efforts soutenus

L'industriel et le philanthrope Andrew Carnegie a déclaré : « Essayer d'aider les gens qui ne s'aident pas eux-mêmes ne sert à rien. On ne peut pas pousser quelqu'un au sommet d'une échelle s'il se refuse à grimper. » Les gens ne s'améliorent pas et n'atteignent pas leur plein potentiel sans faire de gros efforts. C'est pourquoi le compositeur-chef d'orchestre Duke Ellington avait coutume de faire une simple – mais exigeante – requête aux musiciens qui jouaient sous sa direction : « Donnez-moi juste le meilleur de vous-mêmes. » Ellington travaillait d'arrache-pied et s'attendait à ce que les autres en fassent autant, sachant que cela ne tuerait personne (bien qu'à cette perspective, certains soient à moitié morts de peur.)

> *« Essayer d'aider les gens qui ne s'aident pas eux-mêmes*
> *ne sert à rien.*
> *On ne peut pas pousser quelqu'un au sommet d'une échelle*
> *s'il se refuse à grimper. »*
> *Andrew Carnegie*

L'équipe du quart-arrière Joe Theismann a remporté le Super Bowl en 1983, mais a perdu en 1984. Encore aujourd'hui, il porte son anneau de vainqueur du Super Bowl ainsi que son « anneau de perdant » afin de se souvenir de l'importance des efforts. Pourquoi ? Parce que ces deux expériences ont été totalement différentes. Pendant la première saison du championnat, Theismann était très enthousiaste à l'idée de participer au Super Bowl, et il a tout fait pour gagner, mais pas l'année suivante. À ce sujet, il a expliqué : « Je me plaignais du temps, de mes chaussures, de mes entraînements, et ainsi de suite. » Clairement, il ne faisait pas de son mieux. « La leçon que me laissent ces deux anneaux, a-t-il expliqué, c'est qu'on doit s'appliquer et toujours faire de son mieux. »[62]

Troisième pilier : un objectif clair

Le professeur de golf Warren Bottke a expliqué que lorsqu'il travaille avec un nouveau client, il commence systématiquement par lui expliquer le but de l'entraînement. Pour cela, il fixe généralement un nouvel objectif par cours. Mais l'objectif suprême, c'est toujours de faire des progrès et de viser l'excellence.

62   Reader's Digest, janvier 1992, p.91.

Le professeur de sociologie Jon Johnston a établi la distinction entre l'excellence et le simple succès :

« Le succès base notre valeur sur la comparaison avec les autres. L'excellence, quant à elle, évalue nos dons en fonction de notre propre potentiel. Le succès est l'apanage de quelques-uns, mais des multitudes en rêvent. L'excellence est à la portée de tous, mais n'est acceptée que par une minorité. Le succès fixe son attention sur ce qui est externe : tout faire pour satisfaire l'appétit insatiable des consommateurs. L'excellence braque son projecteur sur l'esprit interne. Elle s'attache aux principes et à la persévérance. »[63]

Quand vous vous entraînez, visez l'excellence, et faites tout pour l'atteindre. Le pasteur Bill Hybels a observé : « La plupart des gens ne se sentent au mieux de leur forme que lorsqu'ils ont donné le meilleur d'eux-mêmes. » Si vous visez l'excellence et que vous l'atteignez, vous serez satisfait même si vous n'avez jamais de succès.

> *La plupart des gens ne se sentent au mieux de leur forme que lorsqu'ils ont donné le meilleur d'eux-mêmes.*

Quatrième pilier : le plus grand potentiel
Avez-vous remarqué que deux personnes de la même équipe qui ont le même entraîneur peuvent s'entraîner avec autant de détermination, de persévérance et de ténacité et obtenir des résultats très différents ? C'est un fait : une pratique similaire ne produit pas les mêmes progrès. Je l'ai appris à l'âge de neuf ans. Cela faisait quelques années que je prenais des leçons de piano. Quand je jouais, je me disais : « Je suis plutôt doué ! » Mais un jour, j'ai joué à un récital, et mes illusions se sont envolées. Elaine, une petite fille qui ne prenait des leçons de piano que depuis six mois, a joué un morceau plus difficile que le mien. Comment pouvait-elle me dépasser au bout de si peu de temps de pratique ? La réponse est simple : son potentiel était de loin supérieur au mien. Même en faisant de gros efforts, jamais je ne pourrais aller aussi loin qu'elle. En fait, je n'étais pas tellement doué en musique. J'aimais jouer du piano, mais je ne parviendrais jamais à l'excellence dans ce domaine, c'était clair.

Quelques années plus tard, à la suite de l'une de mes conférences sur le leadership, quelqu'un m'a demandé comment former de futurs leaders. Je crois que lorsque j'ai répondu du tac au tac : « Trouvez des leaders potentiels », les gens ont cru que je plaisantais, mais en fait, je voulais dire qu'il est beaucoup plus facile d'entraîner les gens dans le domaine où ils sont le plus doués. Quand j'évalue le potentiel de mes interlocuteurs, je leur pose deux questions : (1) En sont-ils capables ? et (2) Le veulent-ils ? Leurs réponses à ces questions révèlent

63   Jon Johnston, *Christian Excellence* (Grand Rapids: Baker Book House, 1985), p.30.

leur capacité et leur attitude. S'ils répondent par l'affirmative dans les deux cas, ils sont susceptibles d'être excellents.

Quand Charles Dickens a envisagé d'écrire des histoires, il était déjà le meilleur reporter d'Angleterre. Il aurait pu en rester là où il était et se contenter d'être le meilleur de sa profession, mais il devait savoir, au fond de lui, que même s'il était doué pour ce qu'il faisait, il n'avait pas atteint son plus grand potentiel. Il a donc pris le temps de rechercher son plein potentiel.

Et vous devez en faire autant ! Ensuite, une fois que vous l'aurez trouvé, commencez à vous entraîner dans ce domaine. Si vous négligez de le faire, non seulement vous n'accroîtrez pas vos capacités, mais vous finirez par perdre certaines de vos aptitudes de départ. En fait, le potentiel fonctionne à l'inverse d'un compte-épargne. Quand on verse son argent sur un compte-épargne, au fil du temps, la somme devient de plus en plus rondelette. Plus vous la laissez sur ce compte sans y toucher, plus elle *fructifie*. Par contre, plus vous laissez votre potentiel en jachère, plus il *diminue*. Si vous ne prenez pas la peine de l'entretenir, il se dilapide.

L'une des meilleures façons d'optimiser votre potentiel est de viser haut dans le domaine où vous êtes le plus doué :

« Si vous visez le succès, il est facile de fixer vos normes en fonction des performances des autres, puis de laisser les gens vous évaluer en fonction de ces critères. Mais les objectifs que vous vous fixez à vous-même sont toujours plus importants. Ils devraient être plus élevés que tous ceux que vous fixent les autres, parce qu'en fin de compte, c'est avec vous-même que vous vivez, c'est vous que vous jugez et c'est avec vous que vous devez être en harmonie. Et la meilleure façon d'y parvenir est d'optimiser votre potentiel. Fixez-vous donc des normes élevées et maintenez-les, même si vous pensez que personne ne vous voit. Quelqu'un le remarquera toujours, même si ce n'est que vous. » (Dianne Snedaker)

Vous pouvez dire que vous ne tirez pas le maximum de votre potentiel quand les normes que vous fixent les autres sont plus élevées que celles que vous vous fixez à vous-même. Chaque fois que vous exigez moins de vous-même que votre patron, votre conjoint, votre entraîneur ou toute autre personne, votre potentiel n'est pas optimisé.

Cinquième pilier : les ressources nécessaires
Même si vous faites tout selon les normes (que vous trouvez un bon entraîneur ou un bon mentor, que vous vous concentrez sur le domaine où vous êtes le plus doué, que vous faites de votre mieux et que vous avez un objectif clair), vous risquez d'échouer si vous n'avez pas les ressources nécessaires. Pendant la Seconde Guerre mondiale, le général George Patton était l'un des commandants des forces alliées les plus doués et aguerris. Il était créatif, concentré et

intrépide. De plus, c'était un fin stratège et un technicien hors-pair, et il avait assez de tanks et d'hommes pour lutter contre les nazis et contribuer à mettre un terme à la guerre. Malheureusement, il était souvent à court de carburant, ce qui rendait ses tanks inutilisables.

Les ressources ne sont que des outils dont vous avez besoin pour atteindre vos objectifs. Toutes les entreprises humaines ont besoin de ressources sous une forme ou sous une autre. Pour bien vous entraîner, vous devez être correctement équipé.

Talent + *pratique* = personne qui va au-delà du talent

Exercices d'application

Une autre clé de la pratique fructueuse vous aidera à aiguiser votre talent. Je crois qu'elle permet de réaliser des performances hors du commun. Dickens, Joe Namath, Rueben Martinez, Meriwether Lewis et les autres personnes de grand talent dont je vous raconte l'histoire dans ce livre l'ont tous découverte. Elle se résume à l'expression « un petit plus ». Voici ce qu'il faut, selon moi, pour devenir une personne qui va au-delà de son talent grâce à la pratique :

1. Un petit effort de plus

L'historien Charles Kendall a observé : « Nul n'atteint un succès éclatant en se contentant d'accomplir ce qu'on demande de lui. C'est la somme d'excellence de ce qui surpasse ce qui est requis qui détermine la grandeur. » Toutes les performances commencent par la volonté d'essayer – puis par la mise en pratique. La différence entre l'ordinaire et l'extraordinaire, ce sont les *extra* !

> *Nul n'atteint un succès éclatant en se contentant d'accomplir ce qu'on demande de lui. C'est la somme d'excellence de ce qui surpasse ce qui est requis qui détermine la grandeur.*
> *Charles Kendall*

Un petit effort de plus donne toujours un avantage à celui qui le fait. Un jour, le conseiller financier Art William m'a expliqué : « On bat cinquante pour cent des Américains en travaillant dur ; on en bat quarante pour cent de plus en étant honnête, intègre et en défendant ses idées ; et on bat les dix pour cent restant en livrant un combat acharné dans le système de la libre entreprise. » Si vous voulez livrer ce combat acharné, faites un petit extra.

2. Un peu de temps en plus

Les gens qui réussissent s'entraînent plus dur et plus longtemps que les autres. L'expert en succès Peter Lowe, qui a glané les recettes du succès auprès de centaines de personnes au top de leur profession, a conclu : « Le trait commun que j'ai constaté chez tous les gens qui ont échoué, c'est qu'ils ont cédé à la tentation de baisser les bras. »

Donner un peu de temps en plus nécessite davantage que de la simple persévérance : il faut aussi de la patience. La loi du processus, dans mon ouvrage *Les 21 lois irréfutables du leadership*, déclare : « Le leadership se développe chaque jour, et non en un jour. » On peut en dire autant de tous les talents que nous essayons de cultiver et d'améliorer.

> *Le trait le plus commun que j'ai constaté*
> *chez tous les gens qui ont échoué,*
> *c'est qu'ils ont cédé à la tentation de baisser les bras.*

En vous ingéniant à maintenir vos efforts un peu plus longtemps, il est sage de voir le processus de développement sur le long terme. Un tel point de vue vous aidera vraiment. On a demandé à Gutzon Borglum, le sculpteur qui a créé le mémorial des présidents américains sur le mont Rushmore, s'il jugeait son travail parfait. On raconte qu'il a répondu : « Pas pour l'instant. Le nez de Washington a deux centimètres de trop. Toutefois, c'est mieux ainsi, car il s'érodera et sera juste à la bonne longueur dans 10 000 ans. » Quelle patience exemplaire !

3. Un peu d'aide en plus
Quiconque réussit, dans quelque domaine que ce soit, a été aidé par d'autres. Alex Haley, l'auteur de *Racines*, avait affiché cette petite pancarte dans son bureau : « Si vous voyez une tortue en haut d'un poteau de clôture, vous savez qu'on l'a aidée à arriver là. » Cela lui rappelait qu'on a toujours besoin des autres.

Je sais par expérience que dans ma profession, j'ai toujours eu besoin d'aide. J'ai eu beaucoup de chance que les autres acceptent de m'épauler. Au début de ma carrière, dans les années soixante-dix, j'ai contacté les dix principaux leaders de ma profession et je leur ai offert 100 dollars à chacun pour accepter de s'entretenir avec moi afin que je puisse leur poser quelques questions. Beaucoup ont accédé à ma demande, et (heureusement pour mes finances limitées de l'époque), la plupart ont refusé que je leur verse 100 dollars. Aujourd'hui, je m'efforce toujours de rencontrer d'excellents leaders auprès desquels je souhaite m'instruire.

Quand je pense à la façon dont les gens m'ont aidé dans tous les aspects de ma vie, je suis émerveillé et très reconnaissant. Certains m'ont donné des conseils, d'autres m'ont ouvert bien des portes, et quelques-uns, comme mon épouse Margaret, m'ont prodigué un généreux amour inconditionnel. J'ai conscience d'être un homme très privilégié.

1. Un peu de changement en plus
Une lettre a été retournée au bureau de poste. Sur l'enveloppe, quelqu'un avait écrit à la main : « Décédé. » Par mégarde, la lettre a été réexpédiée à la même adresse. Elle a été retournée avec un autre message écrit à la main sur l'enveloppe : « Toujours décédé ! »

Admettons-le, la plupart des gens répugnent au changement. Ils souhaitent des améliorations, mais détestent modifier leur routine quotidienne. Et cela pose problème parce que, comme l'a dit l'expert en leadership Max DePree, « nous ne pouvons pas devenir ce que nous devons être en restant tels que nous sommes. » Pour aiguiser votre talent par la pratique, vous ne devez pas seulement être ouvert aux changements, mais vous devez les rechercher – et aller un peu plus loin que les autres dans ce domaine. Voici ce que vous devez observer et comment il faut concentrer votre énergie pour opérer les changements qui vous permettront de progresser :

- Ne vous contentez pas d'effectuer assez de changements pour *vous sortir* de vos problèmes – faites en sorte de *résoudre* ces derniers.

- Ne changez pas vos *circonstances* pour améliorer votre vie – changez-vous *vous-même* pour améliorer vos circonstances.

- N'attendez pas de *voir la lumière* pour changer – commencez à changer dès que vous *sentez la chaleur.*

- Ne considérez pas les changements comme des démarches douloureuses que vous êtes *obligé* d'effectuer – voyez-les plutôt comme des démarches *utiles* que vous avez *la chance de pouvoir faire.*

- N'évitez pas de payer le prix *immédiat* du changement – si vous le faites, vous ne serez pas obligé de payer le prix *ultime* de la stagnation permanente.

Le poète et philosophe Friedrich von Schiller a écrit : « Celui qui a fait de son mieux à son époque a fait du bien à toutes les autres. » Or, on ne peut faire de son mieux que si l'on cherche constamment à effectuer des changements positifs.

Si vous avez travaillé dur à aiguiser votre talent et que vous commencez à voir des résultats, ne croyez surtout pas que vous pouvez dorénavant cesser de vous entraîner. Vous n'arriverez jamais à votre plein potentiel – vous pourrez juste continuer à y tendre. Et cela implique une pratique constante.

> «Celui qui a fait de son mieux à son époque
> a fait du bien à toutes les autres.»
> Friedrich von Schiller

William Johnson, un ami de Charles Swindoll qui possède les hôtels Ritz-Carlton, a reçu un prix national prestigieux. Lorsque Swindoll l'a félicité, Johnson a commencé par imputer à ses collaborateurs le mérite de cet exploit, mais il a aussi ajouté que cela le poussait, lui et ses collègues, à travailler encore plus dur pour gagner le respect qui accompagne cette haute distinction. Johnson a résumé cette attitude en ces termes : « La qualité est une course sans ligne d'arrivée. » Si vous ne luttez pas pour maintenir l'excellence, vous vous contenterez vite de l'acceptable. L'échelon suivant est la médiocrité, et personne ne paie pour un travail médiocre ! Si vous voulez atteindre votre plein potentiel et devenir une personne qui va au-delà du talent, vous devez continuer à vous entraîner avec excellence.

Exercices d'application

1. Si vous voulez vous entraîner correctement, assurez-vous de bien mettre en application les cinq piliers de la pratique. Réfléchissez à chacun d'eux :

• *Un excellent professeur ou entraîneur.* Avez-vous cherché quelqu'un qui puisse vous aider à apprendre ou à perfectionner votre spécialité ? Si vous avez déjà un entraîneur, s'agit-il de la personne la plus susceptible de vous aider à ce stade de votre entraînement ? Devez-vous trouver un spécialiste qui vous permette de vous améliorer sur un point spécifique ? Vous ne pourrez jamais optimiser votre talent tout seul.

• *Vos efforts soutenus.* Vous entraînez-vous de façon à faire des efforts soutenus ? Le faites-vous au meilleur moment ? Au bon endroit ? Faites-vous l'impossible pour donner le meilleur de vous-même ? Faites ce qu'il faut pour être dans les conditions idéales.

• *Un objectif clair.* Chaque fois que vous vous entraînez, savez-vous bien ce que vous essayez d'accomplir ? Avez-vous votre objectif global en tête ainsi que le point précis que vous essayez d'améliorer ?

• *Votre potentiel optimal.* Vous consacrez-vous à développer votre plus grand talent ? Essayez-vous de rester dans votre zone de confort ? Vous progres serez davantage et serez plus utile aux autres dans le domaine où vous êtes le plus doué.

• *De bonnes ressources.* Avez-vous tout ce qu'il vous faut pour bien vous entraîner ? Que pouvez-vous acquérir pour faciliter votre progression à l'échelon supérieur ?

2. À quel stade du processus d'entraînement en êtes-vous ? Commencez-vous juste et avez-vous une montagne de choses à apprendre ? Êtes-vous en train de faire des progrès rapides ? Avez-vous déjà effectué le plus gros du processus, et êtes-vous en train de peaufiner les détails ? Savoir où vous en êtes vous aide à adapter votre pratique afin qu'elle soit la plus performante possible.

3. À quel point êtes-vous discipliné en ce qui concerne votre entraînement ? Surveillez-vous vous-même : tenez un journal et notez vos séances d'entraî- nement pendant un mois. N'écrivez pas seulement à quel moment et pendant combien de temps vous vous êtes entraîné, mais précisez si cela a été efficace et ce qui s'est passé. À la fin du mois, évaluez vos progrès.

4. Selon Elmer Letterman, « l'être humain moyen, quelle que soit son activité, pourrait doubler sa productivité s'il commençait dès à présent à faire tout ce qu'il sait devoir accomplir, et s'il cessait de faire tout ce dont il sait devoir s'abstenir. » Comment pouvez-vous appliquer cette ligne de conduite à votre pratique habituelle ? Qu'est-ce qui vous fait généralement perdre du temps ? Quelle tâche habituelle pourriez-vous remplacer par une autre qui vous permettrait d'aiguiser votre talent ? Faites votre auto-évaluation et modifiez vos habitudes quotidiennes.

5. Les personnes qui vont au-delà du talent s'efforcent toujours d'en faire un peu plus. Auquel des quatre domaines évoqués dans ce chapitre devez-vous actuellement accorder une attention particulière : les efforts, le temps, l'aide extérieure ou le changement ? Quelle démarche allez-vous accomplir pour passer de l'ordinaire à l'*extra*ordinaire ?

7

La persévérance soutient votre talent

La persévérance n'est pas une question de talent ou de temps, mais d'achè-vement. Le talent permet d'espérer aboutir, mais c'est la persévérance qui le garantit. « Des milliers de personnes ont du talent. Je pourrais aussi bien vous féliciter pour avoir des yeux ! La seule chose qui compte est : êtes-vous tenace ? »

Oser rêver

En juillet 2000, Vonetta Flowers a atterri à Sacramento, en Californie, fin prête à se tailler une place dans l'équipe olympique américaine qui irait à Sydney, en Australie, pour les Jeux olympiques d'été. Elle s'entraînait dans ce but depuis très longtemps.

Vonetta rêvait de faire partie de l'équipe olympique depuis sa plus tendre en-fance. Quand elle était petite, elle courait sans cesse, et à neuf ans, quand elle a eu l'occasion de s'entraîner avec un club, elle ne l'a pas laissée passer. Par la suite, lorsque son entraîneur a constaté que V.Flowers avait couru plus vite le sprint de cinquante mètres que tous les autres enfants de l'école primaire, il a cru qu'il s'agissait de l'un des garçons les plus âgés. Il a été stupéfait de décou-vrir qu'il s'agissait, en fait, d'une fillette de neuf ans nommée Vonetta ! La petite est vite devenue la star des coureurs du club.

Vonetta était une excellente athlète. Au lycée, elle a fait des étincelles à la course, au volley et au basket, et elle a été nommée meilleure joueuse de l'équipe féminine trois ans de suite. À l'université, elle s'est consacrée exclusi-vement à la course, et elle a concouru dans les sprints de 200 et de 400 mètres, en saut en longueur, en heptathlon et en relais. Elle a été nommée « *all-Ameri-can* » sept fois.

À vingt-six ans, Vonetta était une athlète exceptionnelle, bien partie pour se joindre à l'équipe olympique de Sydney. Elle avait déjà essayé d'intégrer cette équipe en 1996, à vingt-deux ans, dans les catégories *cent mètres* et *saut en lon-gueur*, mais elle n'y était pas parvenue. Elle avait accusé le coup, mais comme elle rêvait de participer aux Jeux olympiques depuis l'âge de neuf ans, elle a dé-cidé de se soumettre à quatre ans supplémentaires d'entraînement intensif, de différer son rêve de fonder une famille et de faire un essai supplémentaire. « Au cours des années qui ont suivi mes études supérieures, a-t-elle écrit, pendant que j'étais assistante-entraîneuse en athlétisme, j'ai poursuivi mon entraîne-ment personnel. J'ai consacré de multiples heures à soulever des haltères, je me suis nourrie correctement et je me suis conditionnée mentalement. Je savais que mes jours d'athlète étaient comptés, et j'espérais que les Jeux olympiques de l'an 2000 me permettraient de découvrir enfin ce qu'on ressent quand on devient une championne olympique. »[64] Mais malgré tous ses espoirs, ses efforts et son talent, elle n'a pas été suffisamment performante aux essais pour intégrer l'équipe. Ses dix-sept ans d'entraînements se soldaient par un échec. Son rêve olympique était bel et bien terminé.

Renoncer ou persévérer ?

Toutefois, il s'est produit un évènement inattendu pendant qu'elle était à Sacramento. Son mari, Johnny, a remarqué une petite affiche accrochée sur un mur. Il y était écrit :

« Poursuivez votre rêve olympique en intégrant l'équipe de bobsleigh ! Idéalement, les candidats doivent être performants dans les disciplines suivantes : 30 mètres, 60 mètres, 100 mètres, cinq sauts consécutifs, saut en hauteur, lancer du poids. Veuillez appeler Bonny au [numéro de téléphone] ou vous présenter devant la piste du lycée Davidson le [date] pour procéder aux essais. »

Johnny était très enthousiaste, mais pas Vonetta. Elle n'y connaissait rien en bobsleigh, n'avait jamais vécu dans des régions où il y avait de la neige et n'était toujours pas remise de son échec aux essais des JO d'été.

Vonetta était face à un choix. Son talent paraissait presque illimité, et pourtant, il ne lui avait pas permis de réaliser son rêve. Et voilà qu'une autre chance s'offrait à elle... mais pas dans son sport favori, ni même dans la spécialité olympique qu'elle visait – les jeux d'été. Même si elle réussissait à passer les présélections, elle devrait se lancer dans un nouveau sport qui se pratiquait sur un terrain inconnu – la glace. Cela exigerait de sa part un degré de persévérance supérieur à celui qu'elle avait déjà déployé.

À contrecœur, Vonetta accepta de faire un essai. Elle s'aperçut alors que son expérience préalable – sprint, saut en hauteur, haltères – l'avait préparée à devenir une freineuse en bobsleigh (la personne qui pousse le bobsleigh et le conduit avec le pilote). Il lui fallut deux ans d'apprentissage, d'entraînement et de compétitions – ainsi que la capacité de survivre aux multiples changements de freineuses des pilotes – mais elle finit par atteindre son rêve de participer aux JO, non en tant que coureuse aux Jeux d'été, mais en tant que freineuse de bobsleigh aux Jeux d'hiver. Et en 2002, sa persévérance lui permit d'aller au-delà de ses rêves les plus fous. À sa grande surprise, Vonetta et son pilote, Jill Bakken, remportèrent la médaille d'or ! Et pour couronner le tout, Vonetta figura dans le livre des records en tant que première femme afro-américaine à remporter une médaille d'or au cours des JO d'hiver.

---

64   Vonetta Flowers with W. Terry Whalin, Running on Ice: The Overcoming Faith of Vonetta
     Flowers (Birmingham, AL: New Hope Publishers, 2005), p.25.

Quelques principes de persévérance

Quel que soit leur talent, les gens ne réussissent qu'à force de persévérance. L'as de l'aviation de la Première Guerre mondiale Eddie Rickenbacker a dit : « Je peux vous donner la formule du succès en neuf mots : *Réfléchissez à ce que vous voulez faire – puis persévérez.* »

Si vous désirez devenir une personne qui va au-delà de son talent, vous devez comprendre quelques points à ce sujet :

1. Persévérer, c'est réussir parce que vous êtes déterminé, et non parce que vous y êtes prédestiné

L'entraîneur Vince Lombardi a remarqué : « La plupart des gens n'échouent pas parce qu'ils manquent de force ou de connaissances, mais plutôt parce qu'ils ne sont pas fermement déterminés. » Les plus grands performers ne restent pas assis les bras croisés à attendre le succès parce qu'ils estiment le mériter. Ils ne cessent pas d'avancer et de persévérer, parce qu'ils sont décidés à réussir.

> **«Soit nous trouverons un moyen, soit nous en inventerons un.»**
> **Hannibal**

Vous pouvez observer la détermination des gens qui réussissent à chaque étape de la vie et de tout temps. Hannibal, le général carthaginois qui a combattu les Romains au cours de la Deuxième Guerre punique, a décrété : « Soit nous trouverons un moyen, soit nous en inventerons un. » Il a fait preuve d'une persévérance exemplaire en menant une campagne inattendue à travers les Alpes pour vaincre les Romains.

Les personnes talentueuses qui réussissent font preuve de cette même détermination. « Nous sommes tous résolus à gagner la bataille, a dit Joseph Lanier. Nous nous battrons jusqu'à ce que l'enfer gèle, et si nous devons ensuite poursuivre le combat, nous lutterons sur la glace. » Ce genre de détermination est très utile, qu'on dirige une association ou qu'on poursuive sa carrière.

L'acteur Tom Hanks a joué dans des films extraordinaires de tous les types : films comiques, à suspense, d'action, romantiques, fantastiques et mystérieux. De *Nuits blanches à Seattle, Forest Gun* et *Toy Story* à *Appolo 13, Il faut sauver le soldat Ryan* et *Philadelphia*, ses films ont remporté un grand succès et ont été salués unanimement par la critique. On a dit de lui qu'il était un Jimmy Stewart moderne. Début 2006, les films où il est apparu ont fait plus de 3 milliards de dollars au box-office.[65] Il a aussi été auteur, directeur et producteur. Quel acteur ne rêverait pas d'une telle carrière ?

---

65   "Tom Hanks," Box Office Mojo, http://www.boxofficemojo.com/people/chart/?view= Actor &id=tomhanks.htm, accédé le 8 mai 2006.

Rétrospectivement, on pourrait être tenté de supposer qu'il était si doué qu'il était destiné à réussir. Et pourtant, au début de sa carrière, il n'arrivait pas à avoir un travail stable. Il a essayé de se lancer dans la publicité, mais il n'est pas parvenu à percer. Il a fait des auditions pour apparaître dans des émissions télévisées, mais il a été constamment rejeté. Finalement, en 1980, il a décroché un rôle récurrent dans un feuilleton appelé *Bosom Buddies*. Cela a duré deux ans et n'a rapporté à Hank que 5000$ par épisode. Mais cela lui a permis d'apparaître ensuite dans d'autres émissions télévisées, puis de décrocher son premier grand rôle de star dans le film *Splash*.

Qu'est-ce qui a permis à Hank de percer ? La persévérance ! Il n'a jamais laissé les échecs le dissuader de poursuivre sa carrière. Il est allé de l'avant quand il n'a pas obtenu de rôle, qu'il n'a pas eu de travail régulier et qu'il n'a exercé que des emplois intermittents et mal payés. Au bout de dix ans de carrière, on raconte qu'Hanks a dit : « J'ai joué dans plus de vingt films. Seuls cinq d'entre eux étaient bons. » Aujourd'hui, il a joué dans près de cinquante films, pour la plupart excellents. Il a remporté deux *Academy Awards*. Et il gagne près de 25 millions de dollars par film ![66] Son succès n'est pas dû à sa bonne étoile, mais plutôt à sa détermination.

2. La persévérance sait que la vie n'est pas un long marathon, mais plusieurs petites courses successives

Avez-vous déjà entendu dire : « La vie est un marathon » ? Celui qui a inventé cette expression essayait sûrement d'encourager les gens à maintenir leurs efforts quand leur situation se compliquait et à considérer la vie avec patience et ténacité. Toutefois, j'estime que ce n'est pas tout à fait exact. La vie n'est pas un marathon, mais plutôt une série de petites courses qui s'enchaînent les unes derrière les autres. Chaque tâche a ses difficultés, chaque jour ses défis. Certes, vous devrez vous lever demain matin et reprendre votre course, mais ce ne sera pas exactement la même qu'aujourd'hui. Pour avoir du succès, il vous faudra poursuivre vos efforts.

J'ai lu que l'explorateur Christophe Colomb avait connu d'incroyables difficultés quand il avait cherché à se rendre en Asie en se dirigeant vers l'Ouest par voie maritime. Son équipage et lui ont essuyé des tempêtes, souffert de la faim et des privations et été en proie à un extrême découragement. Les équipages de ses trois navires ont failli se mutiner. Mais Colomb a persévéré. Jour après jour, il notait invariablement sur son journal : « Aujourd'hui, nous poursuivrons la navigation. » Et sa persévérance a payé. Au lieu de découvrir une route rapide vers les Indes aux riches épices, il a découvert un nouveau continent. Pendant tout son voyage, son objectif était clair : tenir bon un jour de plus. L'expert en management Laddie Hutar a affirmé que « le succès est fait d'une série de petites victoires quotidiennes. »

66 "Tom Hanks Earns His $25 Million Salary, but Not Jim Carrey," 6 mai 2006, http:// sg.news. yahoo.com/060506/1/40lm9.html, accédé le 8 mai 2006.

3. Il faut persévérer pour remporter la plupart des récompenses de la vie

Lors d'un congrès de vendeurs, le directeur de la firme a demandé à ses deux mille employés : « Les frères Wright ont-ils baissé les bras ? »

« Non ! » ont crié les vendeurs.

« Charles Lindbergh a-t-il baissé les bras ? »

« Non ! »

« Lance Armstrong a-t-il baissé les bras ? »

« Non ! »

Il a crié une quatrième fois : « Thorndike McKester a-t-il baissé les bras ? »

Pendant un long moment, un silence perplexe a plané dans la salle, puis un vendeur s'est levé et a demandé : « Qui est Thorndike McKester ? Nous n'avons jamais entendu parler de lui ! »

Le directeur a répliqué du tac au tac : « Bien sûr que vous n'avez jamais entendu parler de lui... parce qu'il a baissé les bras ! »[67]

Combien de personnes célèbres de votre connaissance ont-elles baissé les bras ? Combien ont été abondamment récompensées pour avoir démissionné ? Personnellement, je n'en connais aucune, et je parie que vous non plus. La demande de prêt de Walt Disney a, paraît-il, été rejetée par 301 banques avant qu'il ne finisse par en trouver une qui l'accepte. Ce prêt lui a permis de bâtir Disneyland, le premier et le plus illustre parc à thème de l'histoire.

67   Adapté de Max Isaacson, How to Conquer the Fear of Public Speaking and Other Coronary Threats (Rockville Centre, NY: Farnsworth Publishing, 1984), p.77.

L'inventeur Thomas Edison a affirmé : « La plupart des gens qui ont échoué igno-
raient, quand ils ont baissé les bras, à quel point ils étaient proches du succès. »
C'est la dernière foulée de la course qui compte le plus, car c'est elle qui détermine la victoire et qui garantit la récompense. Si vous courez comme une flèche
pendant tout le parcours, mais que vous défaillez à la dernière foulée et que
vous vous arrêtez avant la ligne d'arrivée, le résultat final sera le même que si
vous n'aviez pas participé du tout.

4. La persévérance tire avantage de l'adversité
Souvent, les épreuves et les pressions de la vie – ainsi que notre façon de les
affronter – nous définissent. Face à l'adversité, certains capitulent, d'autres se
démarquent. Comment font ces derniers ? Ils persévèrent. Ils réalisent le bénéfice de chaque épreuve. Ils savent qu'on parvient toujours au bout du tunnel. Il
y a toujours un avantage à triompher de ses épreuves et à tirer un profit – aussi
petit soit-il – de ce processus.

J'ai découvert un poème d'Howard Goodman intitulé : « Je n'ai aucun regret »
qui exprime bien cette idée. En voici un extrait :

« J'ai fait de nombreux rêves qui ne se sont jamais réalisés,
Et que j'ai vus s'évanouir,
Mais ceux qui se sont accomplis me suffisent
Pour continuer à rêver.

J'ai adressé beaucoup de prières qui sont restées sans réponse
Bien que j'aie attendu patiemment pendant longtemps,
Mais j'ai obtenu assez d'exaucements
Pour continuer à prier.

J'ai semé de nombreuses graines qui sont tombées sur le chemin
Et que les oiseaux ont mangées,
Mais j'ai tenu assez de gerbes dorées dans les mains
Pour continuer à semer.

J'ai compté sur de nombreux amis qui m'ont déçu,
Et qui m'ont laissé pleurer seul,
Mais j'ai eu assez d'amis fidèles
Pour continuer à faire confiance.

J'ai bu la coupe de la déception et de la souffrance
Et passé bien des jours sans chanter,
Mais j'ai bu assez de nectar des roses de la vie
Pour avoir envie de poursuivre ma route. »[68]

---

68   Howard Goodman, "I Don't Regret a Mile," used by permission /Rick Goodman, Goodman and
     Associates, P.O. Box 158778, Nashville, TN 37215.

Capituler quand les circonstances sont contraires risque de nous remplir d'amertume, alors que persévérer nous rend meilleurs.

5. La persévérance édifie pierre par pierre votre succès
« Toute personne qui a réussi a constaté qu'elle a eu un grand succès juste au moment où elle était convaincue que son idée n'allait pas marcher » (Napoleon Hill). Comment parvenir à ce point ? Comment surpasser ce que vous considérez comme vos limites ? Comment connaître un succès durable ? En faisant ce qu'il faut, jour après jour. On ne peut pas acquérir ce qui est précieux sans efforts.

Chaque jour où vous faites ce qu'il faut – en travaillant dur, en traitant les autres avec respect, en apprenant et en progressant – vous investissez en vous-même. Accomplir tout cela quotidiennement exige une persévérance à toute épreuve, mais si vous le faites, vous bâtirez votre succès pierre par pierre. L'experte en perte de poids Judy Wardell Halliday a soutenu que « les rêves deviennent réalité lorsque nous leur restons fidèles. »

6. Persévérer, c'est vous arrêter non quand vous êtes fatigué, mais quand vous avez terminé votre travail
L'ancien diplomate Robert Strauss a observé : « Avoir du succès, c'est un peu comme lutter contre un gorille. Vous n'arrêtez pas quand vous êtes épuisé, mais quand le gorille est fatigué. » En fait, vous ne faites réellement preuve de persévérance que lorsque vous êtes fatigué. En effet, quand vous êtes frais, enthousiaste et plein d'énergie, vous abordez votre travail avec vigueur. Tout va pour le mieux ! Mais c'est au moment où vous n'en pouvez plus que vous avez besoin de persévérance.

> **«Avoir du succès, c'est un peu comme lutter contre un gorille.**
> **Vous n'arrêtez pas quand vous êtes épuisé,**
> **mais quand le gorille est fatigué.»**
> **Robert Strauss**

Les gens qui réussissent ne se laissent pas arrêter par la fatigue et le découragement. Ceux-ci les incitent à puiser dans leurs réserves, à faire preuve de force de caractère et à continuer à avancer. Beaucoup de personnes ne réalisent pas tout ce qu'implique la réussite. Le philosophe Montesquieu a déclaré : « Dans la plupart des cas, le succès dépend du fait de savoir combien de temps il faut pour réussir. » Si nous n'avons pas évalué le coût du succès, nous relevons les défis avec un certain intérêt, alors qu'en réalité, nous devrions faire preuve d'un engagement radical. Cela fait toute la différence !

7. La persévérance n'exige pas plus que ce que nous avons, mais tout ce que nous avons
« Tout triomphe passe par de multiples essais » (Frank Tyger). Mais la

perséverance va au-delà des essais et du travail acharné. C'est un investisse-ment, une volonté de se consacrer émotionnellement, intellectuellement, physiquement et spirituellement à une tâche jusqu'à ce qu'elle soit achevée. La persévérance est très exigeante, mais sachez que tout ce que vous donnez, vous l'investissez en vous-même.

Les cinq ennemis de la persévérance
« Permettez-moi de vous révéler le secret qui m'a conduit à atteindre mon but. Ma force repose uniquement sur ma ténacité », a décrété l'éminent scientifique français Louis Pasteur. La persévérance commence par la bonne attitude – une attitude tenace. Mais le désir de persévérer, à lui seul, ne parvient pas à empêcher la plupart des gens de baisser les bras quand ils sont fatigués ou découragés. La persévérance est un trait de caractère qui peut être cultivé. Pour cela, on doit commencer par éliminer cinq grands ennemis :

1. L'habitude d'abandonner
Un grand-père avait promis à un petit garçon un cornet de glace si le bambin restait sage pendant qu'ils faisaient ensemble quelques courses. Mais plus le temps passait, plus l'enfant trouvait difficile de se tenir tranquille. « Ça va en-core durer longtemps ? » demanda-t-il.

« Plus très longtemps, répondit son grand-père. Nous n'avons plus qu'une course à faire avant d'arriver chez le marchand de glaces. »

« Je ne sais pas si j'y arriverai, Papy, gémit le petit garçon. Je peux être sage. C'est juste que je ne peux pas l'être aussi longtemps. »

Quand nous étions petits et que nous ne parvenions pas à venir à bout d'une tâche, on nous accordait généralement une récréation, ce qui était légitime. En effet, les enfants ont tendance à papillonner d'une activité à une autre et d'une idée à une autre. Mais les adultes qui réagissent ainsi ne doivent pas s'attendre à avoir du succès. Le scientifique L.G. Elliott nous lance cet avertissement : « Les personnes qui ont tendance à tergiverser réussissent rarement. Elles s'attirent rarement le solide respect de leurs pairs. Les hommes et les femmes qui réus-sissent réfléchissent intensément avant de prendre leurs décisions, et agissent ensuite avec beaucoup de ténacité et de détermination. »

Si vous souhaitez avoir du succès et optimiser votre talent, vous devez être constant et tenace. Le talent sans persévérance ne parvient jamais à son niveau maximum. Sans persévérance, on laisse passer de multiples occasions. La persé-vérance détermine votre potentiel. Si vous avez l'habitude de baisser les bras à la moindre occasion, vous devez vaincre cette tendance pour accéder au succès.

2. L'idée fausse que votre vie devrait être facile
Debra Johnson a raconté que sa fille de sept ans souhaitait prendre des le-çons de violon. Lorsqu'elles sont allées dans un magasin de musique pour louer

un instrument, Debra lui a fait la leçon : les leçons coûtaient cher, lui expliqua-t-elle, et il allait falloir que la fillette s'engage à persévérer si Debra louait l'instrument. « Parfois, tu auras envie d'abandonner, mais tu devras t'accrocher et continuer à t'entraîner. » Sa fille hocha la tête et, de sa voix la plus sérieuse, répondit : « Ce sera juste comme le mariage, hein, maman ? » Savoir ce qu'on attend de vous, c'est déjà remporter la moitié de la bataille !

Le psychologue John Norcross a étudié les gens et leurs objectifs, et il a découvert une caractéristique qui distingue ceux qui atteignent leurs buts des autres : leurs attentes sont différentes. Les deux types de personnes connaissent le même nombre d'échecs pendant le premier mois où elles s'ingénient à atteindre leurs buts. Mais les membres du groupe qui réussissent ne s'attendent pas à avoir du succès du premier coup, et ils considèrent leurs échecs comme une occasion de se reconcentrer et de poursuivre leurs objectifs avec plus de détermination que jamais. Selon Norcross, « ceux qui n'ont pas de succès considèrent les revers comme des preuves qu'ils ne peuvent pas y arriver. »[69]

3. L'idée fausse que le succès est une destination

L'entraîneur de basket Pat Riley a gagné de nombreux championnats. Dans son ouvrage *The Winner Within* (Celui qui gagne intérieurement), il écrit : « La suffisance est le dernier obstacle que les personnes et les équipes qui veulent gagner doivent vaincre avant d'accéder à la grandeur. » La suffisance est l'ennemie jurée du succès : elle commence quand vous êtes content de ce que vous êtes et de ce que vous avez accompli.

En février 2006, j'ai été invité à me joindre à quelques amis qui allaient au Super Bowl en avion privé. J'étais assis à côté de Lester Woerner, le propriétaire de l'avion, un homme d'affaires à succès. Il s'était mis à investir dans l'immobilier à l'adolescence. Puis il avait contribué à fonder l'une des plus grandes entreprises de gazon en plaques du pays au début de l'âge adulte, et au moment de notre rencontre, à quarante ans, il était PDG et faisait des investissements dans l'agriculture, l'immobilier et les marchés financiers. Au bout de quelques minutes de conversation, je lui ai demandé comment il s'y prenait pour maintenir son succès une fois qu'il l'avait atteint.

Lester m'a confié qu'un jour, il avait réalisé pleinement qu'il « avait atteint le but », et qu'il s'était demandé ce qui l'attendait ensuite. « J'ai commencé à changer, expliqua-t-il. Auparavant, chaque fois qu'une occasion s'offrait à moi, je me demandais *Pourquoi pas ?* Peu à peu, je me suis dit *Pourquoi faire ?* J'ai perdu la soif. »

Quand Lester cessa de saisir au vol les opportunités, elles se raréfièrent, et il se mit à stagner.

---

69 "One List," Houston Chronicle, 1 janvier 2001, 2D, http://www.chron.com/CDA/archives/
archive.mpl?id=2001_3270661, accédé le 10 mai 2006.

« Comment vous en êtes-vous sorti ? » ai-je demandé.

« Il a d'abord fallu que je reconnaisse que je végétais. Ensuite, j'ai dû oublier mes succès passés. À partir de là, j'ai pu faire la démarche de changer, de traquer à nouveau les bonnes occasions. »

J'ai expliqué à Lester que selon moi, les gens tendaient à se réjouir, puis à se relâcher lorsqu'ils considéraient le succès comme une fin en soi.

« Il est bon de se réjouir et même de marquer une pause, répliqua Lester, mais pas trop longtemps. Nous devons oublier nos succès passés. »

Si vous estimez que vous êtes arrivé, vous êtes en mauvaise posture. Dès que vous pensez ne plus devoir travailler pour progresser, vous perdez du terrain.

4. Un manque de résistance
Dans son livre *Aging well* (Bien vieillir), le professeur de psychiatrie George Vaillant estime que la résistance est un trait de caractère décisif pour pouvoir accepter les multiples transitions par lesquelles nous passons depuis notre naissance jusqu'à notre vieillesse. « La résistance caractérise les individus qui ressemblent métaphoriquement à une brindille au cœur plein de sève. Quand on la tord, elle plie, mais ne rompt pas ; au contraire, elle se redresse et continue à grandir. »[70]

Cela dépeint parfaitement la façon dont nous devons nous comporter si nous désirons persévérer dans l'adversité et tirer le maximum de notre talent. Nous ne devons pas devenir secs, cassants et inflexibles, mais plutôt rebondir, quoi que nous ressentions. Nous ferions bien de nous souvenir des paroles du grand sportif Jerry West : « Vous ne ferez pas grand-chose dans la vie si vous ne travaillez que les jours où vous vous sentez bien. »

> *«Vous ne ferez pas grand-chose dans la vie*
> *si vous ne travaillez que les jours où vous vous sentez bien.»*
> *Jerry West*

5. Un manque de vision
Tout ce qui est créé est, en fait, créé deux fois : d'abord mentalement, ensuite physiquement. D'où vient la création mentale ? De la vision.

---

70   George E. Vaillant, Aging Well: Surprising Guideposts to a Happier Life from the Landmark Harvard Study of Adult Development (New York: Little, Brown and Company, 2003), p.285.

Les gens qui font preuve de persévérance gardent en tête une vision globale pendant leur travail. Ils voient mentalement ce qu'ils veulent créer ou accomplir et ils continuent à y penser tout en travaillant. Par exemple, il y a quelques années, j'ai lu le récit d'un amateur de golf qui a fait une partie contre l'éminent Sam Snead. Au premier trou, Snead a réalisé un score assez médiocre pour un joueur de ce niveau. Quand l'amateur s'en est étonné, Snead s'est contenté de répliquer : « C'est pour cela que nous jouons dix-huit trous. » Sa vision globale l'aidait à maintenir sa perspective, à rester concentré et à persévérer. À la fin de la partie, Snead a fini par quatre coups sous le par.

Exercices d'application

Éliminer les cinq ennemis de la persévérance est une condition de base pour devenir une personne qui va au-delà de son talent grâce à sa persévérance. Il faut bien réfléchir avant de passer à l'action. Si vous voulez rehausser votre talent, entreprenez ces démarches :

Trouvez un objectif

> *«La persistance est de l'obstination
> avec un objectif.»*
> *Rich De Voss*

« La persistance est de l'obstination avec un objectif » (Rich De Voss). Il est très difficile de faire preuve de ténacité quand on n'a pas d'objectif. À l'inverse, quand on sait pertinemment quel but on veut atteindre, on accroît son énergie, on renverse les obstacles et à force de persévérance, on finit par toucher au but.

Aux USA, une émission intitulée *America's Most Wanted* (Les personnes les plus recherchées d'Amérique) relate des histoires criminelles et encourage les spectateurs à aider les autorités à repérer et à capturer des malfaiteurs recherchés pour avoir commis des crimes souvent violents. Cette émission est présentée par John Walsh. Beaucoup de gens croient qu'il est acteur ou journaliste – autrement dit, un professionnel de la télévision engagé pour animer l'émission, mais ce n'est pas le cas, et son histoire est digne d'être racontée.

Walsh possédait sa propre entreprise, et avec trois collaborateurs, il construisait des hôtels de luxe. Mais un jour, son fils de six ans, Adam, a disparu. L'enfant avait été kidnappé, mais comme rien ne le prouvait, les autorités tardèrent à aider Walsh et sa femme à retrouver leur fils unique. On le chercha pendant seize jours. Malheureusement, quand on finit par le retrouver, il était mort.

L'existence de Walsh fut totalement dévastée. Il perdit quinze kilos. Sa maison fut saisie, et il perdit son entreprise, ne pouvant se résoudre à retourner au travail. Il avait perdu tout espoir. Et puis un jour, le docteur Ronald Wright, le médecin légiste de l'endroit où il habitait, le dévisagea et lui demanda : « Vous pensez au suicide, n'est-ce pas ? »

« Pourquoi vivre ? soupira Walsh. J'ai tout perdu. Mon seul enfant a été assassiné. Je n'arrive même plus à parler à ma femme. Je n'ai plus de travail, ma maison va être saisie… Toute ma vie est fichue. »

« Pas du tout ! objecta Wright. Vous êtes éloquent. Vous avez constitué la plus grande campagne pour retrouver un enfant disparu de l'histoire de la Floride. Allez de l'avant et essayez de changer les choses ! »

Walsh affirme que c'est le meilleur conseil qu'on lui ait jamais prodigué. Cela lui donna un nouvel élan. Non seulement il perdit toute envie de se suicider, mais cela le poussa à servir et à aider les autres. En 1988, il commença à animer *America's Most Wanted,* et au moment où j'écris ces lignes, il continue toujours. Grâce à cette émission, des centaines de fugitifs ont été capturés, y compris quatorze criminels extrêmement dangereux recherchés par le FBI.

Si vous voulez optimiser votre talent et devenir une personne qui va au-delà de son talent, vous devez trouver votre objectif. C'est le seul moyen de parvenir à persévérer, comme l'a fait John Walsh, même face aux circonstances les plus difficiles.

Éliminez les excuses

L'un des éléments les plus frappants qui sépare les gens au succès durable de ceux qui ne font que réussir brièvement, voire jamais, c'est que les premiers assument la responsabilité de leurs actes. Il est plus facile de passer de l'échec au succès que des excuses au succès.

> *Il est plus facile de passer de l'échec au succès que des excuses au succès.*

Selon Brush Nash, auteur de la série d'ouvrages « *Hall of Shame* » (Le panthéon de la honte), qui relate la destinée de sportifs qui ont échoué, l'ancien footballeur Rafael Septien était réputé pour se trouver sans cesse des excuses. Nash a écrit : « Nous sommes tous coupables d'alléguer des excuses. Quand nous le faisons, nous ressemblons à certains sportifs célèbres. Prenez Rafael Septien, par exemple. Il n'avait pas son pareil pour trouver toutes sortes d'excuses boiteuses quand il manquait un but. » En voici un florilège, peut-être ironique :

- « J'étais trop occupé à lire mes statistiques sur le tableau d'affichage. »

- « L'herbe était trop haute. » (Le stade du Texas où il jouait n'a même pas d'herbe… Juste du gazon artificiel.)

- « Le chronomètre m'a distrait. »

- « Mon casque était trop serré, si bien que je n'arrivais pas à réfléchir. »

- (À son holder) : « Pas étonnant que j'aie raté le but, tu m'as présenté le ballon à l'envers ! »[71]

Si vous voulez maximiser et maintenir votre talent, ne vous ingéniez pas à vous trouver des excuses quand vous n'êtes pas au maximum de vos capacités. Assumez plutôt la responsabilité de vous-même et de vos actes, et souvenez-vous des paroles de George Washington Carver : « Quatre-vingt-dix pour cent des échecs proviennent de gens qui ont l'habitude de se trouver des excuses. »

Soyez tenace

L'ancien champion mondial de boxe poids lourd Mohamed Ali, surnommé « le Plus Grand », a affirmé : « Les champions ne se forment pas au gymnase, mais à partir de ce qu'ils ont au plus profond d'eux-mêmes – un désir, un rêve, une vision. Ils doivent avoir une ténacité à toute épreuve, être un peu plus rapides que les autres, avoir du talent et de la volonté, mais la volonté doit surpasser le talent. » Tous les gens qui parviennent au succès et qui s'y maintiennent sont tenaces. La ténacité est la clé de la persévérance, et la persévérance est indispensable pour aller au-delà de son talent.

En février 2006, j'ai accompagné un groupe de leaders en voyage en Amérique Centrale et du Sud. Nous nous sommes déplacés en jet privé. Nous avions pour mission de lancer un programme de formation de leader dans sept pays.

Notre première étape a été le Honduras. Nous devions enseigner un groupe de leaders lors d'une conférence, et nous avions projeté de mettre des livres sur le leadership à la disposition de tous ceux qui souhaiteraient en acheter. L'un des participants, Abraham Diaz, s'est chargé d'expédier les livres au Guatemala, puis au Honduras. Cela devait s'effectuer en une seule journée afin que nous en disposions à temps pour la conférence du lendemain. Nous étions loin de nous douter que cela allait mettre notre persévérance à rude épreuve. Voici en quels termes Abraham raconte ce qui s'est passé quand il est arrivé au Guatemala :

« Avant de quitter Atlanta, où nous devions rejoindre le reste du groupe, j'ai passé deux jours à Houston. J'y ai reçu toutes les instructions dont j'avais besoin. Les livres devaient être expédiés dans un autre avion, et nous projetions de les laisser dans l'appareil afin qu'à notre arrivée, nous ne soyons pas obligé de les importer. Mais la compagnie du Guatemala que nous avions chargée de transporter les livres n'a pas suivi nos instructions. Les employés nous ont dit qu'ils avaient fait porter tous les livres aux agents des douanes. Nous ne l'avons appris que deux heures et demi plus tard. Cette compagnie n'avait plus aucun

---

71 Bruce Nash, The Football Hall of Shame (New York: Pocket Books, 1991), p.21–22.

contrôle sur nos cartons, et il a fallu que j'aille à la douane pour voir où on les avait mis.

« 14 heures 30 : Je me suis rendu au bureau principal des douanes pour trouver les cartons, mais je n'ai pas pu aller les chercher. On m'a dit que je devais retourner à la compagnie chargée de transporter les livres afin de demander aux responsables les documents qu'ils avaient reçu quand ils avaient transféré les cartons. Je l'ai fait, mais une fois à cet endroit, on m'a dit que je devrais attendre la personne chargée de ce transfert.

« 15 heures : Le responsable en question est arrivé. Il m'a appris que je devrais aller payer une taxe à un autre endroit afin de pouvoir retirer ces documents. Je suis allé à cet autre endroit et j'ai payé la taxe.

« 15 heures 30 : Je suis retourné à la compagnie de transport et j'ai reçu les documents nécessaires, dont le numéro de la facture aérienne et la facture réclamée à la douane.

« 16 heures : Je suis retourné à la douane et ils se sont mis à fouiller parmi des centaines de colis. En regardant de plus près leurs informations, ils ont réalisé qu'il y avait un carton de moins que sur le document. Ils m'ont donc déclaré qu'ils ne pouvaient pas me remettre mes colis. Pour les obtenir, il fallait que je leur remette une lettre, tamponnée et approuvée par un autre bureau de douane, affirmant que je renonçais à récupérer le carton qui manquait.

« 16 heures 30 : Je me suis rendu à ce bureau. J'y ai vu un homme qui semblait important. Quand je lui ai expliqué mon problème, il m'a invité à entrer dans son bureau. En fait, c'était le directeur administratif des douanes de tout le Guatemala. Il a personnellement tapé à la machine la lettre dont j'avais besoin, puis il a apposé les signatures et les tampons nécessaires pour récupérer mes cartons. J'ai enfin cru voir la lumière au bout du tunnel.

« 17 heures 15 : Je suis retourné à l'entrepôt où sont stockés tous les colis internationaux. Là, on m'a fait patienter pendant trois quarts d'heure pour préparer d'autres commandes.

« 18 heures : Le responsable de l'entrepôt m'a déclaré que pour pouvoir récupérer mes colis, je devrais payer deux taxes, l'une pour le stockage, l'autre pour d'autres frais. Je suis allé à un autre bureau pour m'acquitter des sommes qu'on me réclamait, mais je n'avais que des dollars américains sur moi, et ils n'en voulaient pas. J'ai donc sauté dans un taxi et je suis allé changer de l'argent dans une banque voisine.

« 18 heures 30 : Je suis revenu effectuer le paiement. Pour cela, j'ai fait la queue pendant plus de vingt minutes au guichet.

« 19 heures : Je suis retourné à l'entrepôt et j'ai attendu l'employé chargée de vérifier que j'avais bien payé ce qu'on me réclamait. Au bout de trois quarts d'heure, il a fini par arriver. Il a examiné mes papiers, stupéfait que j'aie pu accomplir autant de formalités en quelques heures. Il a donné quelques coups de téléphone et a scruté de nouveau les papiers.

« 20 heures : Il a fini par donner son accord et appelé les personnes chargées de faire fonctionner les engins qui déplaceraient les cartons jusqu'au seuil de l'entrepôt.

« 21 heures : Je me suis aperçu que les employés chargés de sortir les cartons de l'entrepôt n'étaient pas chargés de les transporter jusqu'à l'avion, si bien que j'ai cherché quelqu'un qui puisse me rendre ce service. J'ai attendu pendant près d'une heure que le responsable arrive, afin de savoir quelle somme j'allais devoir payer et s'il y avait du personnel pour charger les cartons dans l'avion.

« 22 heures : Après avoir trouvé un arrangement, des employés ont commencé à charger les cartons et à les transporter à l'endroit où était l'avion. Mais je me suis aperçu que cet aéroport n'avait pas d'entrepôt où stocker les cartons pendant la nuit, si bien que j'ai dû prier les employés qui avaient transporté les colis de rester en faction pour les garder jusqu'à cinq heures du matin.

« 23 heures : Le pilote de notre avion m'a téléphoné pour m'informer que son appareil ne pouvait pas transporter tous nos cartons, car leur poids était trop élevé. Lorsque les cartons sont arrivés, j'ai contacté d'autres pilotes disposant de plus petits appareils proches du nôtre pour savoir si l'un d'eux accepterait de transporter les cartons restants au Honduras. J'ai fini par en trouver un qui a accepté de le faire.

« Le lendemain matin, nous sommes partis pour le Honduras… Où nous avons dû suivre de nouveau un processus similaire ! »

De nombreux leaders du Honduras ont été très reconnaissants à Abraham Diaz pour sa persévérance. Grâce à lui, ils ont pu acquérir les livres dont ils avaient besoin.

Dans ce chapitre, je vous ai expliqué que la vie n'est pas un marathon, mais plutôt une succession de petites courses. L'expérience d'Abraham Diaz illustre parfaitement cette vérité. Ce jour-là au Guatemala, il a effectué une quantité de petites courses pendant huit heures et demie, et l'employé qui a fini par lui donner le feu vert a été stupéfait de sa pugnacité. Le jour suivant, il a encore couru une autre course, et celui d'après aussi.

Abraham est un leader de talent. Il démontre la caractéristique numéro un des bons leaders : la capacité à mener les entreprises à bon port. C'est vrai quel que soit votre talent ou vos capacités. Sans persévérance, le talent n'est qu'un feu de paille.

Exercices d'application

1. L'objectif suscite la passion, et celle-ci entretient la persévérance. Quel est votre objectif ? Si vous ne l'avez pas encore défini et écrit, faites-le maintenant.

2. Dans quelles proportions vous trouvez-vous des excuses quand vous n'accomplissez pas ce que vous savez devoir faire ? 20% du temps ? 60% ? Quel pourcentage vous attribuez-vous ? Ensuite, demandez à trois personnes que vous connaissez bien (et qui sont plutôt critiques) de vous livrer leur opinion personnelle à votre sujet dans ce domaine.

Si vous vous apercevez qu'elles vous attribuent plus de 10%, vous devez vous améliorer. Premièrement, demandez à ces personnes de veiller à ce que vous ne vous dérobiez plus à vos obligations. Deuxièmement, demandez-vous : *Quelle leçon puis-je en tirer ?* et non : *Qu'est-ce qui ne va pas ?*

3. Quelle est votre attitude face aux défis de la vie ? Vous attendez-vous à rencontrer des obstacles et des échecs ? Que faites-vous si vous ne réussissez pas du premier coup ? Baissez-vous les bras pour faire autre chose ou persévérez-vous ?

On est tenace quand on s'attend à ce que la vie soit difficile, en prenant l'habitude de vaincre l'adversité et en faisant un pas de plus quand on n'en peut plus. Récemment, quel obstacle, quel échec ou quel revers qui vous a arrêté dans votre effort pouvez-vous vaincre pour vous remettre à poursuivre votre projet avec un regain d'énergie ? Reprenez courage et si vous avez encore envie de renoncer, faites un pas de plus. Ensuite, réévaluez la situation et voyez si vous devez faire encore *un autre pas en avant*.

4. Comment pouvez-vous personnellement appliquer le concept de la vie comme une série de brèves courses successives ? En quoi cette idée peut-elle vous servir ? Comment changera-t-elle votre manière d'aborder vos tâches, vos responsabilités ou les occasions qui se présentent à vous ?

5. Qu'êtes-vous prêt à sacrifier pour réaliser votre potentiel et maximiser votre talent, autrement dit pour être une personne qui va au-delà de son talent ? Pensez-y et faites deux listes : ce que vous êtes prêt à sacrifier pour aller plus loin et ce que vous refusez catégoriquement de laisser de côté.

8

Le courage éprouve votre talent

Les gens estiment que le courage est une qualité qui n'est requise que pendant les moments d'extrême danger ou de stress intense, comme pendant la guerre ou au cours d'un désastre, mais en fait, cela va bien au-delà – et c'est une qualité plus ordinaire qu'on le pense. Il s'agit d'une vertu quotidienne. L'éminent auteur C.S. Lewis a écrit : « Le courage n'est pas seulement une vertu parmi d'autres, mais la racine de toutes les vertus en temps d'épreuve. » On ne peut rien faire de valable sans courage. Quiconque en fait preuve pourra vivre ensuite sans regrets.

Le bouledogue britannique

Quand je pense aux gens dont le talent s'est révélé – et a été testé – par le courage, un exemple me vient spontanément à l'esprit : celui de Winston Churchill. Dans sa jeunesse, Churchill aspirait à la célébrité. Quand il était en classe à Harrow, à seize ans, il a répondu avec audace à un camarade qui lui demandait comment il voyait son avenir : « Je prévois que de grands changements vont se produire dans notre monde aujourd'hui paisible. De grands bouleversements, de terribles dissensions, des guerres inimaginables. Et je te prédis que Londres sera en danger. Elle sera attaquée, et je jouerai un rôle déterminant dans sa défense. J'occuperai une haute position, et c'est à moi qu'il incombera de sauver notre capitale et notre empire. »[72] Le jeune homme se faisait une idée remarquablement juste de son rôle.

Quand l'Europe est tombée sous la férule nazie, la Grande Bretagne a été la seule à résister pendant deux ans sous la direction de Churchill. Celui-ci a défié Hitler et encouragé constamment ses compatriotes, sans cesse en proie aux bombardements des Allemands et menacés d'invasion. En 1930, avant la guerre, les Anglais ont tenté d'amadouer Hitler, mais pendant tout ce temps, Churchill s'est opposé à cette politique de l'autruche. En 1940, lorsque le premier ministre Neville Chamberlain a été contraint de démissionner, les Anglais ont cherché un leader énergique pour le remplacer. Lord Halifax, le ministre des affaires étrangères, semblait tout désigné pour ce poste, mais Halifax avait conscience de ne pas posséder les qualités nécessaires pour diriger la Grande-Bretagne en pleine guerre, et il a décliné la proposition. C'est alors que Churchill, âgé de soixante-six ans à l'époque, a été appelé à la rescousse.[73]

---

72   Winston S. Churchill, "Reflections at Century's End: Man of the Millennium?" The Churchill Centre, http://www.winstonchurchill.org/i4a/pages/index.cfm?pageid=818, accédé le 17 mai 2006.

73   "10 Facts About Churchill," Churchill Museum and Cabinet War Rooms, http://churchillmuseum. iwm.org.uk/server/show/nav.00i002, accédé le 17 mai 2006.

Pourquoi Churchill a-t-il été choisi comme premier ministre ? Il était relégué à l'arrière-plan depuis des années ! Qu'est-ce qui pouvait laisser croire que cet homme aurait le courage de conduire la nation dans ce qui semblait une cause presque désespérée ? C'était la témérité dont il avait fait preuve à maintes reprises, ainsi que son talent.

Un désir de se distinguer
Dans sa jeunesse, Churchill n'était qu'un étudiant moyen. De plus, il était maladroit et avait souvent des accidents. Au pensionnat d'Harrow, il n'a commencé à se distinguer que lorsqu'il s'est préparé à faire carrière à l'armée. Il excellait en histoire, était un remarquable cavalier et avait remporté le championnat d'escrime de son école. Après Harrow, il avait complété sa formation à la vie militaire à Sandhurst, et en 1895, à l'âge de vingt ans, il avait été affecté dans le quatrième régiment de hussards, une unité de cavalerie en partance pour l'Inde.

À long terme, son objectif était d'embrasser une carrière politique, comme son père, mais avant cela, il voulait se faire un nom à l'armée. En attendant de partir pour les Indes, comme il avait soif d'aventure, il s'est joint aux forces espagnoles qui combattaient à Cuba. Il voulait mettre son courage à l'épreuve. Par la suite, il a écrit : « Je voyais cette démarche comme une répétition privée, une mise à l'épreuve, afin de m'assurer que ce genre de vie convenait à mon tempérament. »[74] En fait, il s'est avéré être si brave au combat qu'il a reçu la Croix de l'ordre du mérite militaire.

Ensuite, une fois arrivé dans la calme ville de Madras, aux Indes, il s'y est très vite ennuyé, et une fois de plus, il a cherché à aller dans le feu de l'action. Il s'est arrangé pour devenir correspondant de guerre du Malakand, à la frontière nord-ouest des Indes, à plus de trois mille kilomètres de Madras, où il n'a pas tardé à se joindre à l'équipe dirigeante. « Je vais jouer cette partie et si je perds, il est évident que je n'en gagnerai jamais d'autre, a-t-il écrit à sa famille. Plus que tout, j'ai l'ambition d'être réputé pour mon courage personnel. »[75]

Une histoire de courage
Il n'a pas eu longtemps à attendre avant de faire ses preuves. Il s'est retrouvé deux fois de suite au cœur de la bataille. La première fois que son unité a été attaquée, Churchill est resté dans le feu du combat pendant treize heures. Il a gardé son sang-froid et a même aidé un autre officier à transporter un soldat blessé en lieu sûr. Par la suite, il a écrit : « Les balles ne m'impressionnaient pas... Je ne pensais pas que les dieux avaient créé un homme aussi éminent que

74 Douglas S. Russell, "Lt. Churchill, 4th Queen's Own Hussars" (conférence), Boston, 28 octobre 1995, The Churchill Centre, http://www.winstonchurchill.org/i4a/pages/index.cfm?pageid=638, accédé le 17 mai 2006.

75 "Malakand Field Force," The Churchill Centre, http://www.winstonchurchill.org/i4a/pages/index.cfm?pageid=176, accédé le 2 août 2006.

moi pour une fin si prosaïque. »[76] Il a décrit sa seconde expérience comme le combat le plus acharné qui ait eu lieu à la frontière du nord-ouest depuis quarante ans. Pendant les cinq heures qu'a duré la bataille, cinquante soldats ont été blessés et dix-sept ont été tués dans son unité, entre autres le commandant du régiment.

Quand la situation s'est apaisée, Churchill a de nouveau cherché de l'action. Grâce à l'influence de sa mère, il a pu intégrer le 21ème régiment de lanciers au Caire. Avec eux, il a participé à ce qu'on a appelé la dernière grande charge de cavalerie de l'histoire de l'armée britannique. Ce jour-là, son unité était en reconnaissance près de Khartoum. Elle avait repéré 150 lanciers ennemis. Les Britanniques leur donnèrent l'assaut, mais réalisèrent vite qu'ils avaient été attirés dans un piège. Ils finirent par se battre lors d'un féroce corps-à-corps. En deux minutes, 119 chevaux de l'armée britannique furent blessés, 21 soldats furent tués et 50 autres furent blessés. Churchill se battit comme un lion et son unité remporta la victoire.

En 1899, Churchill était prêt à entamer sa carrière politique. Il quitta l'armée et demanda un siège au Parlement, mais en vain. Plus tard dans l'année, lorsque la guerre éclata en Afrique du Sud, Churchill s'y rendit en tant que reporter du *Morning Post*. Quinze jours après, tandis qu'il voyageait avec des troupes de soldats dans un train blindé, des rebelles attaquèrent le convoi et le firent dérailler. Churchill prit tranquillement la direction des opérations et rallia les troupes. Il contribua à déblayer les rails, permettant ainsi à la locomotive et à son tender de repartir en transportant les blessés, puis il alla prêter main forte au commandant des troupes, et il fut capturé. On le conduisit dans une prison provisoire à Pretoria.

Mais Churchill refusa de s'avouer vaincu. Au bout d'un mois de captivité, il fit une tentative d'évasion risquée. Il franchit le mur d'enceinte de la prison et sauta dans un train de marchandises. Les rebelles boers promirent une récompense pour sa capture – mort ou vif – mais Churchill parvint à atteindre Durban. À son arrivée, il apprit qu'il était devenu un héros national et une célébrité internationale. Il passa ensuite six mois dans un régiment de cavalerie clandestin, puis il retourna en Angleterre et brigua de nouveau une place au Parlement, cette fois avec succès. Il avait vingt-six ans.

Son petit-fils, Winston S. Churchill, a écrit :

« Quand on considère le nombre de fois où il a risqué sa vie, même après avoir quitté l'armée et être entré au Parlement à vingt-six ans, en 1900 – il a survécu à un accident d'avion au tout début de l'aviation, a commandé le 6ème bataillon des

---

76   "Churchill, 4th Queen's Own Hussars," The Churchill Centre, http://www.winstonchurchill.org/
       i4a/pages/index.cfm?pageid=638, accédé le 2 août 2006.

Royal Scots Fusiliers en 1917 et a été renversé par un taxi à New-York en 1930 — on ne peut s'empêcher de conclure que sa survie à tous ces dangers a été rien moins que miraculeuse. »[77]

Aussi, lorsqu'on nomma Churchill premier ministre en 1940, les gens qui le connaissaient savaient ce qu'il allait apporter au pays. Son courage, sa ténacité et son talent étaient notoires. Toute sa vie l'avait préparé à ce qu'il allait devoir affronter pendant ces cinq ans de guerre. Et il a été à la hauteur de sa réputation.

Pourquoi le talent doit-il s'accompagner de courage ?
Quand Churchill a endossé sa fonction de premier ministre, l'enjeu était considérable. Il n'allait pas seulement défendre Londres et l'empire, quoique cette mission soit déjà monumentale. La liberté et la démocratie elles-mêmes étaient en jeu. Mais il n'a pas passé ses premiers tests dans des conditions si éprouvantes. S'il n'avait pas eu le courage de passer à l'acte quand il était jeune et inexpérimenté, il n'aurait jamais découvert l'ampleur de son talent et il n'aurait pas été prêt à faire irruption sur la scène mondiale.

> ***«Beaucoup de talents sont perdus pour le monde faute d'un peu de courage.»***
> ***Sydney Smith***

L'auteur et pasteur Sydney Smith a déclaré : « Beaucoup de talents sont perdus pour le monde faute d'un peu de courage. » Pour développer et découvrir notre talent, nous devons nous armer de courage. Le mot *courage* est dérivé du nom *cœur*. Sachons que si nous faisons preuve de courage, notre cœur sera sans cesse testé. Voici ce que je veux dire :

Notre courage sera mis à l'épreuve... quand nous chercherons une vérité qui, nous le savons, nous fera peut-être souffrir.

Avant d'aller à l'armée, Winston Churchill voulait se tailler une réputation de bravoure, mais il ne savait pas s'il avait le talent nécessaire. Pour le découvrir, il est allé à Cuba dans le but de tester son courage dans un contexte relativement contrôlé et moins périlleux que celui qu'il pensait devoir affronter ensuite aux Indes. Il disait qu'il allait faire « une répétition privée ». Il savait que les gens ne découvrent leur vraie nature que lors de l'épreuve. Si nous redoutons ce test, jamais nous n'aurons l'occasion de développer notre talent.

---

77 Churchill, "Reflections."

> *«La vérité qui libère les hommes est généralement celle que ceux-ci préfèrent ne pas entendre.»*
> *Herbert Agar*

La plupart d'entre nous n'auront pas à affronter les balles qui sifflent autour d'eux lors d'un combat. Souvent, nos épreuves seront privées et impliqueront un combat intérieur que nous redoutons d'avoir à livrer. Le chroniqueur Herbert Agar, qui a remporté le prix Pulitzer, a constaté : « La vérité qui libère les hommes est généralement celle que ceux-ci préfèrent ne pas entendre. »

Pour progresser, nous devons savoir de quelle étoffe nous sommes faits, et le processus est souvent difficile. Voici à quoi il ressemble :

- *Le sujet :* souvent, il s'agit d'une chose dont nous ne voulons pas entendre parler.

- *La tentation :* nous souhaitons l'ignorer, la justifier, la contourner ou la refouler.

- *La décision :* pour progresser, nous devons faire face à la vérité et procéder à des changements personnels.

- *Le défi :* le changement n'est pas facile. Chaque jour, nous éprouverons des difficultés à poursuivre notre entreprise.

- *Les réactions :* les autres ne la reconnaîtront qu'à contrecœur ; ils attendront de voir si notre comportement change.

- *Le respect :* on acquiert toujours le respect dans les situations difficiles. Les autres nous l'accordent quand notre comportement correspond à nos paroles.

Winston Churchill disait : « Il faut du courage pour se lever et prendre la parole, mais aussi pour rester assis et écouter. » Entendre des vérités déplaisantes exige de la bravoure. Je dois admettre que cela m'a parfois posé problème. Je trouve beaucoup plus facile de transmettre une vision, de motiver les autres et de diriger les opérations que de m'asseoir, d'écouter les autres dire la vérité, de m'humilier et de réagir de manière appropriée, mais je poursuis mes efforts dans ce sens.

Notre courage sera mis à l'épreuve...
quand le changement sera nécessaire, mais l'inertie plus confortable.

Être inactif et ne jamais quitter ce qui nous est familier nous place en position confortable, mais accepter de renoncer sans cesse à notre confort prouve notre courage. L'historien américain James Harvey Robinson a affirmé : « La grandeur, en réalité, est faite en grande partie de bravoure. Elle implique que nous ayons le courage de renoncer à nos vieilles idées, à nos anciennes habitudes, à nos manières traditionnelles de faire les choses. »

Ce n'est pas notre situation qui nous détermine, mais c'est nous qui déterminons notre situation. Nous ne sommes pas voués à être victimes de nos circonstances, mais nous pouvons redéfinir celles-ci par nos actes. En tout temps, nous devons être prêts à renoncer à tout ce que nous avons afin de devenir tout ce que nous pouvons être. Si nous le faisons, si nous sommes prêts à renoncer à notre zone de confort pour lutter bravement, nous pourrons atteindre des sommets que nous pensions être inaccessibles. Nous dépasserons d'autres personnes plus douées que nous. L'actrice italienne Sophia Loren a fait remarquer : « Percer dans une profession difficile exige une grande confiance en soi. C'est pourquoi certaines personnes peu douées, mais volontaires vont plus loin que d'autres au talent bien supérieur au leur. »

> *«Percer dans une profession difficile exige*
> *une grande confiance en soi.*
> *C'est pourquoi certaines personnes peu douées, mais volontaires*
> *vont plus loin que d'autres au talent bien supérieur au leur.»*
> *Sophia Loren*

Notre courage sera mis à l'épreuve...
quand nous exprimerons nos convictions et que les autres s'y opposeront.

Chaque fois que vous voudrez prendre position pour quelque chose, vous susciterez l'opposition d'autres personnes. Les gens qui expriment leurs convictions et qui tentent de les mettre en application soulèvent l'opposition de ceux qui ont des opinions opposées aux leurs. Selon Ralph Waldo Emerson, « quoi que vous fassiez, il vous faudra faire preuve de courage. Quoi que vous décidiez, quelqu'un viendra vous dire que vous avez tort. Il y aura toujours des obstacles qui vous pousseront à croire que ceux qui vous critiquent ont raison. Établir un plan d'action et le suivre jusqu'au bout nécessite d'avoir le cran d'un soldat. Il faut de vaillants hommes pour parvenir à établir la paix. » Devons-nous faire profil bas, ravaler nos convictions et maintenir le statu quo à tout prix ? Bien sûr que non ! L'opposé du courage n'est pas la lâcheté, mais le conformisme. Nous contenter de croire en quelque chose ne suffit pas. Nous devons vivre pour ce en quoi nous croyons : « Une conviction est une chose que vous défendez, une chose pour laquelle vous êtes prêt à mourir », a dit Howard Hendrick. Vous ne pouvez mener une vie digne de ce nom que que s'il y a des choses, dans votre existence, pour lesquelles vous êtes prêt à mourir.

Notre courage sera mis à l'épreuve...
quand notre apprentissage et notre progression dévoileront
nos points faibles.

Apprendre et progresser exigent toujours une action, et celle-ci nécessite du courage, surtout en ce qui concerne les points faibles de notre vie. En effet, c'est à ce moment-là que la peur entre en jeu. Il est facile d'être brave dans les domaines où nous sommes forts, mais c'est bien plus difficile dans ceux où nous sommes faibles. C'est à ce moment-là que nous avons réellement besoin de cran. Le général Omar Bradley remarquait : « La bravoure est la capacité de passer à l'action même quand nous sommes à moitié morts de frayeur. »

Lorsque je m'efforce d'apprendre et de progresser dans un domaine où je suis faible et que j'ai peur de flancher ou d'avoir l'air ridicule, je m'encourage à l'aide de ces citations :

- « Le courage, c'est la peur qui tient bon une minute de plus. » (George Patton)

- « Entre un héros et un lâche, il n'y a qu'un pas. » (Gene Hackman)

- « Le courage, c'est la peur qui a dit ses prières. » (Karl Barth)

- « Le courage consiste à faire ce qui vous effraie. Il ne peut y avoir de courage que lorsque vous êtes terrifié. » (Eddie Rickenbacker)

- « Le courage consiste à monter en selle alors que vous mourez de peur. » (John Wayne)

Nous estimons souvent à tort que l'apprentissage est passif, que nous nous instruirons en lisant un ouvrage ou en écoutant un cours, alors que pour apprendre, nous devons passer à l'acte. Comme l'entraîneur Don Shula et l'expert en management Ken Blanchard l'ont dit, « l'apprentissage est un changement de comportement. On n'a assimilé un point que si l'on peut passer à l'acte et le mettre en pratique. » C'est là que, souvent, la peur entre en jeu. On peut résumer le processus d'apprentissage en cinq étapes :

1. Observez.

2. Agissez.

3. Évaluez.

4. Réajustez.

5. Retournez au point 2.

> «L'apprentissage est un changement de comportement.
> On n'a assimilé un point que si l'on peut
> passer à l'acte et le mettre en pratique. »
> Don Shula et Ken Blanchard

Chaque fois que vous vous préparez à passer à l'action, vous éprouvez une certaine appréhension. C'est à ce moment-là que vous devez faire preuve de courage.

L'ancien premier ministre d'Israël David Ben-Gurion a observé : « Le courage est une forme de connaissance particulière. C'est le fait de savoir craindre ce qui doit l'être et de ne pas redouter ce qui ne doit pas l'être. Cette connaissance nous transmet une force intérieure qui nous incite inconsciemment à résister face à de grandes difficultés. Ce qui paraît impossible ne l'est pas vraiment quand nous faisons preuve de courage. » Le courage nous remplit de force pour apprendre et progresser.

Notre courage sera mis à l'épreuve...
quand nous maintiendrons notre cap, même si les autres nous critiquent.

En 2004, j'ai écrit un ouvrage intitulé *Winning with People: Discover the People Principles That Work for You Every Time* (Réussir ensemble : découvrez les principes collectifs qui seront toujours efficaces dans votre cas). Il contient le principe de la voie royale : « Nous faisons preuve de grandeur d'âme quand nous traitons les autres mieux que ceux-ci nous traitent. » Dans nos rapports avec les autres, nous pouvons emprunter trois voies :

La voie basse : nous traitons les autres plus mal qu'ils ne nous traitent.

La voie médiane : nous traitons les autres comme ils nous traitent.

La voie royale : nous traitons les autres mieux qu'ils nous traitent.[78]

La voie basse nuit aux relations et pousse les autres à nous fuir. La voie médiane ne repousse pas les autres, mais elle ne les attire pas non plus. Par contre, la voie royale instaure des relations positives avec les autres et les attire vers nous, même au sein des conflits.

Emprunter la voie royale implique deux qualités. La première est le courage. Quand les autres nous traitent mal, notre premier réflexe n'est certainement pas de tendre l'autre joue. Comment trouver le courage de réagir ainsi ? En comptant sur la seconde qualité, à propos de laquelle le pasteur James Mooneyhan a écrit :

« Un terrible cancer menace l'intégrité de notre société. Il entrave notre efficacité et freine notre succès. Il nous prive des promotions que nous cherchons et du prestige auquel nous aspirons. La grande tragédie est qu'aucun d'entre nous n'est automatiquement immunisé contre lui. Chacun de nous doit travailler à le vaincre.

« Cette plaie mortelle, c'est l'incapacité à pardonner. Quand quelqu'un nous blesse, nous prenons note mentalement du mal qui nous a été fait et nous pensons aux moyens de lui rendre la monnaie de sa pièce. Quelqu'un décroche la promotion que nous désirions ardemment : nous lui en voulons terriblement. Notre conjoint fait une erreur ou quelque chose qui nous offense : nous mijotons notre vengeance, ou du moins, nous voulons faire en sorte qu'il/elle n'oublie jamais le mal qu'il/elle nous a fait.

« Quand nous tenons le compte des torts qu'on nous a causés, nous montrons notre manque de maturité. Un jour, Theodore Roosevelt a observé : « Le principal ingrédient de la recette du succès, c'est de savoir nous entendre avec les autres. « Ceux qui ne pardonnent pas n'ont pas encore appris cette vérité ; en général, ils ne parviennent pas au succès.

« Si vous voulez améliorer cet aspect de votre existence, voici quelques points utiles. Premièrement, pratiquez le pardon... Deuxièmement, efforcez-vous de discerner les qualités de ces personnes... Il est difficile de ruminer des sentiments hostiles à l'égard de ceux chez lesquels vous discernez des points positifs. Et enfin, montrez-leur par vos actes que vous pouvez pardonner et oublier. Cela vous vaudra le respect.

« Souvenez-vous que blesser votre ennemi, c'est être plus vil que lui, que vous venger, c'est vous mettre à son niveau, mais que lui pardonner, c'est être au-dessus de lui. »

78   John C. Maxwell, Winning with People: Discover the People Principles That Work for You Every Time (Nashville: Thomas Nelson, 2004), p.221.

Nul ne tire le maximum de son talent en s'isolant. Pour être au meilleur de votre forme, vous avez besoin des autres. Quand vous décidez de suivre la voie royale, vous devenez le genre de personne avec laquelle on a envie de travailler – et vous vous placez en position idéale pour aider les autres.

Notre courage sera mis à l'épreuve...
quand nous « exposer » fera de nous une cible facile.

Beaucoup de gens admirent les leaders et leurs innovations. Les associations les couvrent d'honneurs, les historiens écrivent des ouvrages à leur sujet, les sculpteurs gravent leur visage sur des montagnes... mais si beaucoup de gens les élèvent, il reste toujours des adversaires pour vouloir les abattre. C.V. White décrit judicieusement cette tension :

« L'homme qui connaît un grand succès n'attend jamais l'approbation publique. Il se lance en avant de lui-même. Il faut du cran, beaucoup de courage, mais l'homme qui réussit possède les deux. Tout le monde peut échouer. Le public admire l'homme qui a suffisamment confiance en lui pour tenter sa chance. Après tout, c'est l'essentiel ! L'homme qui tente de réussir doit s'attendre à être critiqué. Rien d'important n'a jamais été accompli quand on tient compte des doutes de la majorité. Le succès est l'accomplissement de ce que la plupart des gens estiment impossible. »

Si vous êtes un leader, voire même quelqu'un qui a des idées neuves, vous précéderez souvent la foule, ce qui fera parfois de vous une cible facile. Il faut donc vous armer de courage.

Pendant de nombreuses années, j'ai organisé un week-end annuel à Atlanta à l'intention des cadres supérieurs. En général, j'y faisais de la formation au leadership, j'invitais d'éminents leaders qui répondaient à leurs questions et je m'arrangeais pour qu'ils vivent des instants mémorables. Une année, nous avons emmené les participants au King Center, afin qu'ils puissent bénéficier du récit de la vie et de l'héritage laissés par un éminent leader, Martin Luther King Jr. Ensuite, nous les avons conduits à l'Église baptiste Ebenezer. Là, nous leur avons fait une surprise : nous nous sommes arrangés pour que la veuve de ce grand homme, Coretta Scott King, et sa fille Bernice soient présentes, afin que tout le monde puisse faire leur connaissance.

Entre autres, quelqu'un a demandé à Mme King quel effet cela faisait d'être avec le Dr King pendant le mouvement des droits civiques. Elle nous a parlé de leur solitude de pionniers qui exploraient un nouveau territoire. Son mari, a-t-elle raconté, était souvent incompris, et elle a insisté sur le courage qu'il lui avait fallu pour tenir bon tout seul.

Nous ne serons sans doute jamais en proie à la haine et à la violence à laquelle Martin Luther King Jr. a dû faire face, mais nous n'en avons pas moins besoin de courage pour diriger les autres. Les leaders sont souvent incompris. Leurs motifs sont mal interprétés et leurs actions sont critiquées. Cela aussi peut être un test – qui nous fortifiera et qui aiguisera notre talent si nous avons le courage de le supporter.

**Notre courage sera mis à l'épreuve...
quand nous ferons face à des obstacles à nos progrès.**

La chroniqueuse Ann Landers a écrit : « Si on me demandait de donner le conseil que j'estime être le plus utile pour l'humanité, voici ce que je répondrais : attendez-vous à avoir des problèmes, considérez-les comme une part inévitable de la vie, et quand ils surgissent, redressez la tête, regardez-les droit dans les yeux et dites : «Je serai plus fort que vous. Vous ne parviendrez pas à me vaincre.» »

> *L'adversité accompagne toujours le progrès.*
> *Chaque fois que nous voulons aller de l'avant,*
> *les obstacles, les difficultés, les problèmes et les embûches*
> *surgissent sur notre chemin.*

L'adversité accompagne toujours le progrès. Chaque fois que nous voulons aller de l'avant, les obstacles, les difficultés, les problèmes et les embûches surgissent sur notre chemin. Ne nous attendons pas à autre chose, et faisons même bon accueil à toutes ces oppositions. L'écrivain H.G. Wells a demandé : « Que deviendraient les hommes si aucun obstacle ne se dressaient sur leur route ? » Pourquoi a-t-il fait une telle remarque ? Parce qu'il savait que l'adversité est notre alliée, même si elle ne nous semble pas telle. Tous les obstacles que nous surmontons nous apprennent à mieux nous connaître, avec nos forces et nos faiblesses. Ils nous forment. Quand nous réussissons au sein des difficultés, nous devenons plus résistants, plus sages et plus confiants. Les héros de l'Histoire ont tous relevé courageusement des défis considérables et ont su profiter des occasions. En particulier Winston Churchill.

Dans son livre *American Scandal*, Pat Williams a évoqué les derniers mois de Churchill. Il raconte qu'en 1964, l'ancien président Dwight Eisenhower, qui a été général lors de la Seconde Guerre mondiale, est allé rendre visite à l'ancien premier ministre. Eisenhower est resté silencieux au chevet du brave leader. Au bout d'une dizaine de minutes, Churchill a levé lentement la main et a fait avec difficulté le signe « V » de la victoire, qu'il avait si souvent adressé au public britannique pendant la guerre. Refoulant ses larmes, Eisenhower a repoussé son siège, s'est levé, l'a salué et a quitté la pièce. Il a ensuite déclaré à son accompagnateur qui l'attendait dans le couloir : « J'ai fait mes adieux à Winston, mais son courage lui survivra toujours. »[79]

79   Pat Williams, American Scandal: The Solution for the Crisis of Character (Shippensburgh, PA: Treasure House, 2003), p.290.

Talent + *courage* = personne qui va au-delà du talent

Exercices d'application

En lisant la vie de personnes telles que Churchill ou Eisenhower, nous pouvons avoir tendance à penser que certains sont nés avec du courage et sont destinés à la grandeur, alors que d'autres doivent rester sur le banc de touche à les admirer, mais je crois que c'est inexact. Je suis convaincu que nous pouvons tous développer cette qualité. Si vous souhaitez devenir plus brave, voici ce que vous devez faire :

1. Cherchez du courage en vous, et non autour de vous

Pendant la Grande Dépression, Thomas Edison a prononcé son dernier discours public. Il a déclaré, entre autres : « Voici le message que je vous adresse : soyez courageux ! J'ai eu une longue vie. J'ai vu l'Histoire se répéter maintes et maintes fois. J'ai été témoin de nombreuses dépressions économiques. L'Amérique s'en est toujours sortie plus forte et prospère. Soyez aussi courageux que vos pères l'ont été avant vous. Ayez la foi ! Allez de l'avant ! » Edison savait que lorsque nous avons peur, nous devons vouloir progresser. C'est une décision personnelle. Le courage part de l'intérieur avant de se manifester extérieurement. Nous devons commencer par gagner des batailles internes.

J'aime l'histoire de la plus courte lettre qui ait jamais été envoyée à un éditeur. Elle a été écrite au journal anglais *Daily Mail*. Quand l'éditeur a invité les lecteurs à envoyer leurs réponses à la question : « Qu'est-ce qui ne va pas dans le monde ? », l'auteur G. K. Chesterton a, paraît-il, envoyé cette réponse : « Cher Monsieur, voici ma réponse à votre question : Moi ! Avec mes sentiments distingués. G. K. Chesterton. »

Selon un vieux dicton, « si nous avions la possibilité de donner un coup de pied aux fesses de la personne qui est responsable de la plupart de nos ennuis, nous ne pourrions plus nous asseoir pendant une semaine. » Comme toutes les autres qualités, le courage provient de l'intérieur. Il commence par une décision que nous prenons et il grandit lorsque nous faisons preuve de ténacité. Pour aller au-delà de notre talent grâce au courage, nous devons donc décider d'avoir du cran.

2. Gagnez en courage en faisant ce qui est juste et non ce qui vous arrange

Florence Nightingale observait : « le courage est la vertu universelle de tous ceux qui choisissent de faire ce qui est juste et non ce qui les arrange. C'est la marque distinctive de tous ceux qui font ce qu'ils sont censés faire en temps de conflit, de crise et de confusion. » Acquérir du courage nécessite souvent un rude combat intérieur, car en général, nous avons tendance à opter pour ce qui nous arrange. Le problème, c'est que les solutions simples et commodes ne sont pas souvent les bonnes. C'est pourquoi nous sommes en conflit avec nous-mêmes. Du reste, le psychothérapeute et auteur Sheldon Kopp a déclaré : « Toutes les batailles d'envergure se remportent intérieurement. »

En vous efforçant de faire ce que vous savez être juste, vous devez bien vous connaître vous-même et vous assurer que votre manière d'agir correspond à vos valeurs. On dit que chaque individu se compose, en fait, de six personnes. Il s'agit de...

Ce que vous êtes réputé être
Ce qu'on attend que vous soyez
Ce que vous étiez
Ce que vous souhaitez être
Ce que vous pensez être
Ce que vous êtes vraiment

Vous devez vous efforcer d'être tel que vous êtes vraiment. Si vous le faites et que vous agissez avec droiture, vous deviendrez plus courageux.

3. Faites des actes qui exigent de vous un peu de courage pour vous préparer à relever de plus grands défis par la suite

La plupart d'entre nous veulent progresser rapidement et régler la question une fois pour toutes. Mais en fait, la vraie croissance est lente, et pour avoir du succès, il faut commencer par faire de petites choses au jour le jour. Saint François de Sales recommandait : « Soyez patient en toutes choses, mais surtout avec vous-même. Ne perdez pas courage en considérant vos imperfections, mais entreprenez d'y remédier sur le champ – et poursuivez cette tâche chaque jour. »

> *La vie des gens change lorsqu'ils entreprennent de modifier l'une de leurs habitudes quotidiennes.*

La vie des gens change lorsqu'ils entreprennent de modifier l'une de leurs habitudes quotidiennes. C'est ainsi qu'ils changent « ce qu'ils souhaitent être » en « ce qu'ils sont vraiment ». Quel genre de démarche pouvez-vous entreprendre chaque jour ? En vous levant le matin pour affronter une nouvelle journée, vous pouvez avoir le courage d'être positif, d'être indulgent envers vous-même quand vous échouez, de vous excuser lorsque vous blessez quelqu'un ou que vous vous trompez, d'essayer quelque chose de nouveau – même minime. Chaque fois que vous faites preuve de bravoure, vous augmentez votre capital-courage. Si vous faites cela pendant longtemps, vous commencerez à *vivre courageusement*. Et lorsqu'il vous faudra prendre de plus grands risques, ceux-ci vous sembleront moins impressionnants, parce que vous aurez progressé.

4. Reconnaissez que ce n'est pas une position de leader qui vous donnera du courage, mais au contraire le courage qui pourra faire de vous un leader

Au cours de mes années d'enseignement, je me suis aperçu que de nombreuses personnes estimaient que si on leur donnait un titre ou une position, cela ferait automatiquement d'elles des leaders, mais ce n'est pas ainsi que les choses se passent. L'ancien premier ministre britannique Margaret Thatcher remarquait : « Être un leader, c'est comme être une personne distinguée. Si vous êtes obligé d'expliquer aux autres que vous l'êtes, c'est que vous ne l'êtes pas vraiment. » Ce n'est pas la position qui fait le leader, mais l'inverse.

De même, les gens ne doivent pas s'attendre à avoir du courage parce qu'on les met en position de leaders. Mais s'ils font constamment preuve de courage, ils deviendront sans doute des leaders parce que les autres les admireront, les imiteront et les suivront. Jim Mellado décrivait le leadership comme « l'expression du courage qui contraint les autres à faire ce qui est juste. »

> *Le leadership est*
> *« l'expression du courage qui contraint*
> *les autres à faire ce qui est juste. »*
> *Jim Mellado*

5. Regardez votre horizon s'élargir chaque fois que vous faites preuve de courage

Votre vie va prendre de l'ampleur ou se rétrécir en fonction du courage que vous déploierez. Ceux qui veulent prendre des risques, dépasser leurs limites, reconnaître leurs failles, voire parfois expérimenter la défaite iront plus loin que ceux qui suivent timidement les sentiers sûrs et prévisibles. Orison Sweet Mardent, qui a fondé le magazine *Success*, a expliqué :

« Dès que vous décidez de prendre résolument votre vie en mains, de tirer le meilleur de vous-même quoi qu'il vous en coûte, de sacrifier envers et contre tout vos ambitions secondaires à la poursuite de votre grand objectif, de vous débarrasser de tout ce qui interfère avec cet objectif, de rester inébranlable, même si vous êtes seul et quoi qu'il arrive, vous mettez en branle les forces intérieures que le Créateur a implantées en vous pour votre perfectionnement. Appliquez rigoureusement vos résolutions, faites ce que le Créateur vous appelle à accomplir pour l'avancement de son œuvre et vous serez invincible. Aucune puissance terrestre ne vous empêchera de réussir. »

Si vous voulez devenir une personne qui va au-delà de son talent, vous devez faire preuve de courage. Il n'y a pas d'autre moyen d'atteindre votre potentiel.

Quand j'ai commencé ma carrière de leader, j'étais très peu efficace. Je croyais avoir du talent. J'étais parvenu à influencer mes camarades pendant toute ma scolarité. Mais quand je suis sorti dans le monde réel, j'ai constaté que les choses étaient loin d'être aussi simples que je l'imaginais. Mon talent a été mis à l'épreuve, et j'ai échoué. Le problème, c'était que je voulais plaire à tout le monde. Mon grand objectif était de rendre les autres heureux. En fait, je n'avais pas le courage de prendre des décisions justes, mais impopulaires. Comment ai-je redressé la barre ? En prenant de petites décisions difficiles. Chaque fois que je l'ai fait, j'ai gagné en confiance et en courage, et j'ai commencé à changer. Le processus a duré quatre ans.

À la fin de cette période, j'ai senti que j'avais appris de précieuses leçons, et j'ai écrit ce qui suit pour m'aider à graver dans ma mémoire ce que je venais d'assimiler :

Pour être un leader courageux, j'ai acquis :

1. Des convictions plus fortes que mes peurs.

2. Une vision plus claire que mes doutes.

3. Une sensibilité spirituelle qui se démarque de l'opinion publique.

4. Une estime personnelle suffisante pour ne pas chercher à me protéger à tout prix.

5. Des habitudes de discipline qui surpassent mon envie de me faire plaisir.

6. Une insatisfaction qui me pousse à aller au-delà du statu quo.

7. Du sang-froid qui m'aide à ne pas céder à la panique.

8. Un goût de prendre des risques plus fort que la recherche de ma sécurité.

9. La résolution de bien agir au lieu de me trouver des excuses.

10. Le désir d'atteindre mon plein potentiel et non de plaire aux autres à tout prix.

Vous n'êtes pas obligé d'être illustre pour devenir courageux. Vous devez juste atteindre votre potentiel et accepter de renoncer à ce qui vous semble bon au profit du meilleur. Oui, vous pouvez le faire, quel que soit le niveau de votre talent naturel.

Exercices d'application

1. Échouez-vous souvent ? Si c'est le cas, c'est que vous prenez des risques. Les gens qui réussissent comprennent que l'échec fait partie du processus de progression. Pendant sept jours, notez tous vos échecs dans votre journal ou votre agenda. À la fin de la semaine, évaluez votre volonté de prendre des risques.

2. Demandez à votre conjoint ou à un ami de confiance dans quel domaine vous avez le plus besoin de changer et de progresser. Promettez-lui que s'il vous parle à cœur ouvert, vous ne direz rien. Vous n'essaierez pas de vous justifier ou de vous trouver des excuses, et cela pendant une semaine. Tenez parole et durant ces sept jours, réfléchissez à ce que vous a dit cette personne. Souvenez-vous qu'il faut du courage pour chercher à découvrir une vérité qui peut s'avérer blessante.

3. Qu'est-ce qui passe en priorité : votre plaisir ou vos progrès ? Pour être sûr de répondre franchement, examinez vos objectifs. Ceux-ci visent-ils votre confort ou votre progression ? Si le plaisir et le confort sont prioritaires dans votre existence, vous ne prenez peut-être pas la peine de maximiser votre talent et d'atteindre votre plein potentiel.

4. Entreprenez de développer votre courage en faisant quelque chose d'inconfortable ou d'effrayant une ou deux fois par semaine pendant deux mois. Écrivez ce que vous avez décidé d'accomplir sur votre liste de choses à faire. Il peut s'agir de petites choses. Vous n'êtes pas obligé de sauter en parachute ou à l'élastique, bien que vous puissiez le faire si cela vous tente. Plus vous ferez d'actions qui exigent du courage, plus vous deviendrez brave. Votre objectif est de devenir quelqu'un qui a du cran.

5. Quand les autres vous traitent mal, comment réagissez-vous ? Leur infligez-vous le même traitement ? Il n'est pas toujours facile d'emprunter la voie royale, mais si vous le faites, vous vous apercevrez que vous avez moins de conflits, moins de stress, et que les autres sont attirés vers vous. Commencez par pardonner aux autres les blessures qu'ils vous ont infligées autrefois. Faites la liste de vos griefs envers les autres, puis efforcez-vous de leur pardonner. Si vous devez aller trouver l'une des personnes de cette liste pour vous réconcilier avec elle, faites-le. Ensuite, mettez un point d'honneur à traiter les autres mieux qu'ils vous traitent, non seulement pour leur faire du bien, mais aussi pour vous en faire à vous-même.

9

La volonté d'apprendre amplifie votre talent

Si vous êtes une personne très douée, vous éprouvez peut-être certaines difficultés à vous laisser enseigner. Pourquoi ? Parce que les gens qui ont beaucoup de talent croient souvent tout savoir. À cause de cela, il leur est difficile d'amplifier constamment leurs dons. Se laisser enseigner est moins une question de compétence et de capacité mentale que *d'attitude*. C'est un désir d'écouter, d'apprendre et de mettre en pratique, une soif de découvrir et de croître, une volonté délibérée d'apprendre, de désapprendre et de réapprendre. J'aime la réflexion du célèbre basketteur Joe Wooden : « C'est ce que vous apprenez une fois que vous savez déjà tout qui compte. »

Quand j'enseigne et je forme des leaders, je leur rappelle que s'ils cessent d'apprendre, ils ne seront plus en mesure de diriger les autres. Par contre, s'ils restent réceptifs et disposés à s'instruire, ils continueront à avoir un impact. Quel que soit votre talent – que vous soyez leader, travailleur manuel, entrepreneur, etc. – vous l'amplifierez si vous continuez à tout faire pour apprendre. Les personnes douées et enseignables deviennent des gens qui vont au-delà de leur talent.

Au-delà du simple talent

Quelle est la personne la plus douée qui ait jamais vécu ? Il nous est impossible de répondre avec certitude. En effet, sur quels critères nous baser ? L'intelligence ? La créativité ? Les prouesses athlétiques ? Les capacités musicales ? Le charisme ? L'aptitude à communiquer avec les autres ? L'influence professionnelle ? On pourrait défendre énergiquement chacun de ces critères, mais si on les rassemblait tous pour déterminer quel être humain sort du lot, Léonard de Vinci serait susceptible de remporter la palme.

Léonard a été surnommé *Homo Universalis*, « l'homme universel », en raison de son incroyable capacité à maîtriser diverses disciplines. Le titre d' « homme de la renaissance » semble être fait pour lui, parce qu'il a incarné le mouvement de renouveau et a fait preuve de multiples talents. Il a provoqué l'admiration de ses pairs, de ses élèves et des artistes, des scientifiques et des historiens qui ont étudié sa vie. Giorgio Vasari, auteur du célèbre ouvrage *La vie des meilleurs peintres, sculpteurs et architectes,* a dépeint l'opinion générale à propos de ce grand homme en ces termes :

« Les plus grands dons se déversent parfois naturellement du ciel sur certains êtres humains, et il arrive que par un processus surnaturel, l'un d'eux détienne tant de beauté, de grâce et de capacités que quoi qu'il fasse, chacune de ses actions semble porter l'empreinte de Dieu, à tel point que l'humanité le considère comme un véritable génie divin (ce qu'il est), et non comme quelqu'un qui est mis en avant par des moyens humains. Les hommes ont discerné cela en Léonard de Vinci, qui était très beau physiquement (ce qui est souvent passé inaperçu), agissait toujours avec une grâce infinie et avait de telles capacités que chaque fois que son esprit s'attelait à une tâche difficile, il en venait à bout aisément. Sa grande force personnelle s'accompagnait de dextérité, et son esprit et son courage étaient toujours exemplaires. Sa renommée s'est étendue si rapidement que non seulement il a été tenu en haute estime à son époque, mais sa gloire n'a fait que s'étendre après sa mort. »[80]

Si Léonard s'était contenté de sculpter, il serait devenu un célèbre sculpteur. S'il s'était borné à peindre, il se serait avéré exceller dans ce domaine. S'il n'avait fait qu'étudier l'anatomie, l'énergie hydraulique et l'optique, on l'aurait considéré comme un remarquable scientifique. S'il avait juste conçu des fortifications, dessiné des édifices et fabriqué des armes lourdes – un emploi qu'il a occupé pendant la plus grande partie de sa vie professionnelle – on l'aurait beaucoup admiré pour cela. De plus, il était bon athlète, musicien de talent et excellent chanteur. Il a aussi aidé le mathématicien Luca Pacioli à réaliser le livre *De Divina Proportione*. Bref, il semblait capable de tout faire.

Une insatiable soif d'apprendre
Qu'est-ce qui distinguait Léonard ? Pourquoi semblait-il posséder tous les talents à lui seul ? Je crois que si, de toute évidence, Léonard était exceptionnellement doué, il avait aussi une grande soif d'apprendre, comme le prouvent ses carnets. Ils nous montrent que Léonard ne cessait jamais de faire des découvertes et de s'instruire.

Beaucoup d'artistes consignent leurs idées dans des carnets. Par exemple, Picasso a rempli 178 carnets de croquis pendant sa vie, et il s'en est servi pour explorer différents thèmes et faire diverses compositions avant de se lancer dans la réalisation d'un tableau. Toutefois, les carnets de Léonard n'étaient pas seulement remplis de croquis d'artistes, loin de là. Ils dévoilent sa soif insatiable d'apprendre, et ils montrent l'intensité de son apprentissage et la profondeur de son raisonnement.

Bill Gates, le fondateur de Microsoft, a acheté l'un de ces carnets en 1994. Il est appelé le Codex Leicester et a été écrit par de Vinci entre 1506 et 1510. Ses soixante-douze pages contiennent des schémas et des textes sur l'eau, la lumière et plusieurs autres sujets. Parfois, ses écrits ont été motivés par son désir d'en savoir plus sur l'art : par exemple, il a noté ses observations sur la manière dont on peut traduire la lumière en peinture. D'autres fois, à l'instar des grands scientifiques qui ont vécu avant et après lui, il a fait de judicieuses observations

---

80   Giorgio Vasari, The Lives of the Artists, trans. Peter Bondanella (Oxford: Oxford University Press, 1991), p.284.

et livré des explications scientifiques. Par exemple, de Vinci a observé que parfois, lorsqu'on regarde le croissant de la lune dans le ciel étoilé, une partie de la lune est à peine visible. Il en a déduit que le soleil qui se reflète des océans terrestres crée cet effet, ce qui a été confirmé plus d'un siècle après.[81]

Gates a déclaré : « Je suis fasciné par l'œuvre de de Vinci depuis l'âge de dix ans. Léonard est l'un des hommes les plus prodigieux qui aient jamais vécu. C'était un génie dans plus de domaines que n'importe quel scientifique, toutes générations confondues, ainsi qu'un peintre et un sculpteur stupéfiant. Ses carnets de note étaient en avance sur son temps de plusieurs centaines d'années. Ils ont évoqué bien avant l'heure les sous-marins, les hélicoptères et d'autres inventions modernes.

« Ses carnets scientifiques sont éblouissants, a poursuivi Gates, non seulement en tant que recueils de ses remarquables idées, mais en tant que rapports d'un grand esprit à l'œuvre. Dans les pages du Codex Leicester, il a posé d'importantes questions, testé des concepts, confronté des défis et tenté de trouver des réponses. »[82]

Dans l'un de ses carnets, de Vinci a écrit : « Le fer rouille quand on ne s'en sert pas ; l'eau stagnante perd sa pureté et gèle en hiver ; de même, l'inaction sape la vigueur de l'esprit. »[83] Cette aversion pour l'inaction a stimulé sa curiosité intellectuelle pendant toute sa vie. Sa soif d'apprendre ne s'est jamais éteinte. Il a continué à s'instruire et a rapporté ses découvertes dans ses carnets jusqu'à la fin de sa vie. Et c'est la principale raison pour laquelle nous nous souvenons de lui.

Quelques points concernant la soif d'apprendre

Heureusement pour nous, nous n'avons pas besoin d'être aussi doués que Léonard de Vinci pour nous instruire sans cesse. Il suffit que nous ayons une bonne attitude à ce sujet. Pour ce faire, considérez les vérités suivantes sur l'enseignement :

1. Rien n'est intéressant quand on n'est pas intéressé

L'expert en management Philip Crosby a écrit dans son ouvrage *Quality Is Free* (La qualité est gratuite) :

---

81   "The Moon and the Sky," American Museum of Natural History, http://www.amnh.org/exhibitions/codex/astronom.html, accédé le 30 mai 2006.

82   "Bill and Melinda Gates Bring Leonardo da Vinci's Codex Leicester to Life," http://www.microsoft.com/BillGates/news/codex.asp, accédé le 29 mai 2006.

83   Emily Morison Beck, ed., Bartlett's Familiar Quotations (Boston: Little, Brown, and Company, 1980), p.152.

« Une théorie sur le comportement humain affirme que les gens freinent inconsciemment leur croissance intellectuelle. Ils se reposent sur leurs acquis et sur leurs habitudes. Une fois qu'ils sont établis dans le monde, ils cessent d'apprendre et leur esprit reste oisif pendant le reste de leur existence. Ils pourraient améliorer leur organisation, faire preuve d'ambition et de zèle et même travailler jour et nuit, mais en fait, ils n'apprennent plus rien. »[84]

> *«Ne laissez jamais passer une seule journée*
> *sans contempler un beau tableau,*
> *écouter de la grande musique et lire plusieurs pages d'un bon livre.»*
> *Goethe*

Quel dommage de voir les gens s'enliser dans une ornière et ne jamais poursuivre leur ascension ! Souvent, ils passent à côté de ce que la vie a de meilleur à leur offrir. Par contre, les gens réceptifs s'engagent pleinement dans la vie. Ils sont pleins d'enthousiasme. Ils s'intéressent aux découvertes, aux discussions, aux mises en pratique et aux progrès. La passion rehausse toujours notre potentiel.

Le philosophe allemand Goethe a préconisé : « Ne laissez jamais passer une seule journée sans contempler un beau tableau, écouter de la grande musique et lire plusieurs pages d'un bon livre. » Plus nous sommes engagés, plus notre vie est intéressante. Plus nous cherchons à explorer et à apprendre, plus nous sommes en mesure de progresser.

2. Les personnes qui ont du succès n'ont pas la même conception de l'apprentissage que celles qui échouent

Après plus de trente-cinq ans consacrés à enseigner et à former des gens, je suis parvenu à la conclusion que les gens qui ont du succès ont une mentalité différente de ceux qui échouent. Cela ne veut pas dire que les perdants sont incapables d'adopter la mentalité des gagnants. En fait, je suis convaincu que nous pouvons tous changer de mentalité. C'est pour cela que j'ai écrit *Thinking for a Change* (Changer de mentalité), afin d'aider les gens à apprendre quelles façons de penser peuvent leur permettre d'avoir plus de succès. Ces façons de penser comprennent le désir d'apprendre.

---

84   Philip B. Crosby, Quality Is Free (New York: Penguin, 1980), p.68.

> *«Un gagnant sait combien il doit encore apprendre,*
> *même si les autres le considèrent comme un expert.*
> *Un perdant veut être considéré comme un expert par les autres*
> *avant d'en avoir appris assez pour prendre conscience*
> *du peu qu'il sait en réalité.»*
> *Sydney Harris*

Les personnes enseignables sont toujours ouvertes aux nouvelles idées et souhaitent bénéficier du savoir de tous ceux qui ont quelque chose à leur apprendre. Le journaliste américain Sydney Harris a écrit : « Un gagnant sait combien il doit encore apprendre, même si les autres le considèrent comme un expert. Un perdant veut être considéré comme un expert par les autres avant d'en avoir appris assez pour prendre conscience du peu qu'il sait en réalité. » Tout est une question d'attitude.

Il est vraiment stupéfiant de constater qu'on doit beaucoup apprendre avant de réaliser qu'au fond, on ne sait pas grand-chose. En 1992, j'ai écrit un livre intitulé *Developing the Leader Within You* (Développer le leader en vous). À l'époque, je me disais : « J'ai connu un certain succès dans le leadership. Je vais écrire cet ouvrage : j'aiderai ainsi les autres à en savoir plus sur cet important sujet. » Ensuite, j'ai exposé *tout* ce que je savais sur le leadership dans ce livre. Mais celui-ci n'était qu'un point de départ. Le fait de l'écrire m'a poussé à vouloir en savoir davantage sur le leadership et a amplifié ma soif d'apprendre. J'ai cherché d'autres ouvrages, conférences, personnes et expériences qui m'aident à en savoir plus. Aujourd'hui, j'ai écrit *huit* livres sur le leadership. Ai-je fait le tour de la question ? Pas du tout. J'ai encore des choses à apprendre – et à enseigner. Mon expérience dans ce domaine s'amplifie, et moi aussi. Le monde est si vaste, et nous sommes si limités ! Nous avons beaucoup à apprendre – tant que nous restons enseignables.

3. Nous sommes destinés à apprendre pendant toute notre existence

On raconte que l'écrivain romain Caton a commencé à étudier le grec à l'âge de quatre-vingts ans. Quand on lui a demandé pourquoi il se lançait dans une entreprise aussi difficile à son âge, il a répliqué : « Il n'y a pas d'âge pour apprendre. » À la différence de Caton, beaucoup de gens considèrent l'instruction comme un évènement ponctuel et non comme un processus permanent. Quelqu'un m'a affirmé que seul un tiers des adultes lit encore un livre en entier après ses études. Pour quelle raison ? Parce que les autres considèrent leur instruction comme terminée, au lieu de s'instruire en permanence !

Apprendre est une activité qui ne doit pas s'arrêter avec l'âge. Peu importe que vous ayez dépassé les quatre-vingts ans, comme Caton, ou que vous soyez à peine adolescent. L'auteur Julio Melara n'avait que onze ans lorsqu'il a commencé à assimiler de grandes leçons de vie qu'à l'âge adulte, il s'est mis à enseigner aux autres. Voici certains points qu'il a assimilés. Ils sont extraits de son livre *It Only Takes Everything You've Got! : Lessons for a Life of Success* (Leçons pour une vie de succès : il faut juste que vous y consacriez toutes vos forces !)

« Voici la liste de toutes les tâches que vous ne trouverez pas sur mon CV, mais qui m'ont appris des leçons dont je me souviendrai toute ma vie :

• À onze ans, je me suis fait payer pour tondre la pelouse.

Leçon que j'ai apprise : il est important de donner aux choses un aspect propre, professionnel.

• J'ai regarni les rayons d'une épicerie locale.

Leçon que j'ai apprise : si on veut vendre quelque chose, il faut s'assurer qu'on a de la marchandise en stock.

• J'ai fait la plonge dans un restaurant voisin.

Leçon que j'ai apprise : quelqu'un doit toujours faire le travail que personne d'autre ne veut accomplir. De plus, la plupart des gens laissaient beaucoup de nourriture dans leur assiette (ils n'ont pas fini ce qu'ils avaient commencé).

• J'ai fait le ménage dans un bureau.

Leçon que j'ai apprise : la propreté est très importante. L'image de marque en dépend.

• J'ai fait cuire et disposé dans des assiettes les mets dans une grilladerie.

Leçon que j'ai apprise : l'importance de la préparation et l'impact produit par une bonne présentation.

• J'ai travaillé pour des constructeurs (j'ai déplacé du bois et du matériel d'un lieu à un autre).

Leçon que j'ai apprise : Je ne voudrais pas faire cela pendant toute ma vie.

• J'ai vendu des abonnements pour des journaux quotidiens.

Leçon que j'ai apprise : ce qu'on éprouve quand on est sans cesse rejeté : il fallait que je frappe au moins à 30 portes avant de vendre un abonnement.

• J'ai été commis dans un magasin d'articles de plomberie.

Leçon que j'ai apprise : livrer votre projet ou votre matériel à temps est aussi important que de le vendre.

• J'ai confectionné des petits déjeuners dans un restaurant ouvert 24h/24.

Leçon que j'ai apprise : comment faire 15 choses à la fois. J'ai aussi découvert les ingrédients bizarres que les gens aiment manger sur leurs œufs.

• J'ai nettoyé des voitures dans un garage.

Leçon que j'ai apprise : l'importance des détails (laver ou nettoyer à fond). On peut gagner 15$ en lavant simplement l'extérieur de la voiture, mais jusqu'à 150$ en nettoyant la voiture extérieurement et intérieurement dans le moindre détail. C'est fastidieux, mais cela en vaut la peine.

• J'ai vendu des chaussures dans un magasin.

Leçon que j'ai apprise : on doit vendre aux clients ce qu'ils veulent et ce qu'ils aiment. De plus, j'ai appris à leur adresser des compliments sincères.

• J'ai été aide-serveur lors d'un dîner local.

Leçon que j'ai apprise : les gens aiment être servis avec le sourire et avoir une table bien propre.

Nous pouvons apprendre à tous les stades de notre vie, être à l'affut et continuer à nous instruire – ou avoir l'esprit étroit et cesser de progresser. À nous de choisir !

4. Les gens les plus doués renâclent parfois à être enseignés
Récemment, j'ai déjeuné avec mon ami Sam Chand, et nous avons parlé du talent et de la réceptivité. Sam m'a fait remarquer qu'il était particulièrement doué pour la musique : « Je peux jouer de n'importe quel type de clavier, d'accordéon, de tambour, de guitare, de saxophone, de violon, m'a-t-il expliqué. Je peux jouer de n'importe quel instrument. Il suffit que j'entende un air une fois pour pouvoir le reproduire. »

Cela me semblait être un don merveilleux, mais Sam a ajouté que lorsqu'il avait décidé d'améliorer son talent de saxophoniste en prenant des leçons de jazz, il était tombé de haut. En effet, comme il jouait d'instinct et que son don musical était inné, il n'avait ni la patience ni la persévérance nécessaires pour réussir. Il a fini par abandonner.

> *Paradoxalement, ce qui vous permet de réussir au départ est rarement ce qui vous maintient au sommet.*

Paradoxalement, ce qui vous *permet de réussir au départ* est rarement ce qui vous *maintient* au sommet. Pour cela, il faut accueillir de bon cœur les idées neuves et être prêt à acquérir de nouvelles techniques. J. Konrad Hole nous avertit :

Si vous n'êtes pas enseignable, avoir du talent ne vous servira à rien.
Si vous n'êtes pas souple, avoir un but ne vous servira à rien.
Si vous n'êtes pas reconnaissant, être dans l'abondance ne vous servira à rien.
Si vous n'acceptez pas qu'on vous forme, avoir un avenir prometteur ne vous servira à rien.
Si vous manquez de persévérance, avoir un plan ne vous servira à rien.
Si vous n'êtes jamais disponible, avoir du succès ne vous servira à rien.[85]

Cela peut sembler étrange, mais ne laissez pas votre talent entraver votre succès. Restez enseignable !

5. Ce qui nous empêche plus que tout de nous laisser enseigner, c'est l'orgueil
L'auteur Dave Anderson estime que l'orgueil est la principale cause de l'échec du management. Il écrit :

« Les dirigeants peuvent échouer pour plusieurs raisons. Certains sont dépassés par leur situation, d'autres n'acceptent pas d'évoluer au fil du temps... Et d'autres sont victimes de leur caractère. Ils font bonne figure pendant un temps, mais finissent par découvrir qu'ils ne peuvent pas évoluer. Ils gardent pendant trop longtemps des personnes inadéquates parce qu'ils ne veulent pas admettre qu'ils ont commis une erreur ou qu'ils redoutent, en changeant de personnel, que leur image de marque en pâtisse. Certains stagnent après avoir connu de brillants succès, parce qu'ils restent sur leurs acquis au lieu de continuer à prendre des risques, à progresser et à atteindre un niveau plus élevé. Toutefois, toutes ces causes d'échec ont une racine commune : l'orgueil. Celui-ci est dévastateur. Il vous donne l'impression d'être important et fausse votre perspective. »

Si l'envie est un terrible péché provoqué par un sentiment *d'infériorité*, l'orgueil, tout aussi néfaste, provient d'un sentiment de *supériorité*. L'orgueilleux se targue de ses succès, estime avoir une grande valeur personnelle et a une

---

85   J. Konrad Hole, Diamonds for Daily Living (World Press, 1996).

vision faussée de la réalité. Une telle attitude fait perdre tout désir d'apprendre et de changer. On ne peut rien apprendre à un orgueilleux.

Les problèmes de l'orgueil
L'orgueil constitue une telle barrière au succès et au développement du talent que nous devons l'examiner plus en détail. Voici quelques effets négatifs de l'orgueil sur la réceptivité à l'enseignement :

L'orgueil ferme notre esprit aux nouvelles idées

Je n'ai jamais rencontré de personne prétentieuse, arrogante ou orgueilleuse qui possède un esprit enseignable. Et vous ? L'auteur des Proverbes a observé : « Si tu vois un homme qui se croit sage, il y a plus à espérer d'un insensé que de lui. »[86] Pour pouvoir être enseigné, on doit ouvrir son esprit à de nouvelles idées. L'orgueil empêche de faire cette démarche.

L'orgueil ferme notre esprit aux commentaires des autres

« Accepter les remarques des autres à notre sujet exige de l'humilité. Il faut de la sagesse pour les comprendre, les analyser et agir en conséquence » (Stephen Covey). Je vous ai déjà avoué que j'avais parfois éprouvé des difficultés à écouter les autres, mais au fil des années, j'ai appris que je ne peux rien faire de vraiment valable tout seul. Les performances nécessitent un travail en équipe, et aucun de nous ne détient à lui seul toute la sagesse nécessaire. Une fois que j'ai appris cette leçon, j'ai demandé sans cesse à mes coéquipiers de me donner leur avis sur mes idées. C'est surtout valable avant que nous passions à l'action, mais je sollicite également leur avis pendant le processus. Voici à quoi ressemble le processus de communication :

IDÉE
CONTRIBUTION DE L'ÉQUIPE
ACTION
COMMENTAIRES DE L'ÉQUIPE
CORRECTION
COMMENTAIRES DE L'ÉQUIPE

86   Proverbes 26.12, version Segond 1910.

Le processus commence par une idée, qui est soumise aux réactions de l'équipe. Grâce à la contribution et aux remarques de mes coéquipiers, cette idée s'améliore. Tant que je suis prêt à écouter les réflexions des autres et à en tenir compte, je n'améliore pas seulement les tâches auxquelles nous travaillons : je me perfectionne aussi moi-même !

L'orgueil nous empêche d'admettre nos erreurs

Un jour, un amiral a ordonné à un groupe de pilotes de la Navy de maintenir le silence radio, mais un jeune pilote a allumé sa radio par erreur et a distinctement murmuré : « Zut, j'ai fait une gaffe ! »

Quand l'amiral l'a entendu, il a pris le micro des mains de l'opérateur radio et a hurlé : « Que le pilote qui a rompu le silence radio se dénonce immédiatement ! »

Après un long silence, on a entendu une voix penaude dire à la radio : « Je suis gaffeur, je sais, mais *pas à ce point !* »

Si la peur peut empêcher les gens de reconnaître leurs erreurs, l'orgueil aussi. Le problème, c'est que l'une des meilleures manières de progresser consiste à admettre ses erreurs et à en tirer profit. « L'essentiel, dans la vie, ce n'est pas d'amasser de gros gains. Cela, n'importe qui peut y parvenir. Ce qui est capital, c'est de tirer profit de nos revers. Cela nécessite de l'intelligence, et cela fait toute la différence entre un homme sensé et un autre » (William Bolitho).

> *« L'essentiel, dans la vie, ce n'est pas d'amasser de gros gains.*
> *Cela, n'importe qui peut y parvenir.*
> *Ce qui est capital, c'est de tirer profit de nos revers.*
> *Cela nécessite de l'intelligence,*
> *et cela fait toute la différence entre un homme sensé et un autre. »*
> *William Bolitho*

L'orgueil nous empêche d'effectuer les changements indispensables

Chaque fois que nous menons à bien une tâche avec talent, nous sommes réticents à l'idée de procéder à des changements dans notre travail. Nous préférons le statu quo à la progression. Pourquoi ? Parce que nous nous investissons émotionnellement dans le processus. Par exemple, chaque fois que, dans le passé, j'ai accepté un poste de leader et hérité d'une équipe, j'ai éprouvé quelques réticences à procéder à des changements pour le bien de l'association. Si quelqu'un ne faisait pas correctement son travail et ne voulait pas s'améliorer, je le remplaçais, mais s'il s'agissait d'une personne que j'avais moi-même embauchée, je répugnais à effectuer les changements indispensables. L'orgueil me poussait donc à défendre l'indéfendable. Quand il s'agit de changer les autres, nous sommes pressés, mais lorsque nous devons nous remettre nous-mêmes en question, nous traînons des pieds... Et cela pose problème.

Comment surmonter un problème d'orgueil

Si l'orgueil entrave votre progression, vous devez effectuer des démarches délibérées et stratégiques pour le vaincre. Ce n'est pas toujours évident. Le père fondateur Benjamin Franklin remarquait : « Aucune de nos passions naturelles n'est sans doute aussi difficile à vaincre que l'orgueil. Battez-le, réprimez-le, mortifiez-le tant que vous pourrez... Il sera encore là. Même si je pensais en avoir totalement triomphé, je serais sans doute fier de mon humilité. » Pour enclencher le processus, voici quelques suggestions :

1. Admettez que vous êtes orgueilleux

La première étape – et la plus difficile – pour vaincre votre orgueil consiste à admettre qu'il vous pose problème, car ceux qui sont imbus d'eux-mêmes n'en ont généralement pas conscience. Pour vaincre ce défaut, nous devons devenir humbles, et peu de gens le souhaitent. L'auteur et apologiste C. S. Lewis remarquait : « Si quelqu'un veut devenir humble, je pense pouvoir lui indiquer la première étape à franchir. La première chose à faire, c'est d'admettre que nous sommes orgueilleux. C'est une étape décisive, mais on ne peut rien faire sans cela. Si vous estimez ne pas être concerné, c'est justement que vous l'êtes. »

Pour essayer de garder une juste perspective, je porte sur moi un poème de Saxon White Kissinger. Quand je commence à me croire important, je le prends pour le relire. Il s'intitule « L'homme indispensable ».

« Parfois, quand vous vous sentez important,
Quand votre ego est surdimensionné,
Quand vous estimez être
La personne la plus qualifiée de la salle,

Lorsque vous avez l'impression que votre départ
Laissera un vide impossible à combler,
Suivez ces simples instructions
Et vous verrez qu'elles humilieront votre âme.
Prenez un seau et remplissez-le d'eau,
Plongez-y la main jusqu'au poignet,
Puis sortez-la de l'eau : le trou qui restera dans l'eau
Vous montre dans quelle mesure vous manquerez.

Vous aurez beau faire des éclaboussures partout
Tant que votre main est dans l'eau,

Aussitôt que vous cesserez de vous agiter,
Vous verrez l'eau redevenir aussi calme qu'avant.

La morale de cet exemple insolite
C'est que vous devez faire de votre mieux
Et même être fier de vous, mais ne jamais oublier
Que personne n'est indispensable. »

Les gens ont naturellement tendance à croire – et à espérer – qu'ils sont indispensables, et que la terre s'arrêterait de tourner s'il leur arrivait quelque chose. Mais j'ai présidé assez d'enterrements pour vous assurer que la vie continuera sans vous. Quand quelqu'un meurt, sa famille et ses plus proches amis sont affectés, mais les autres personnes qui assistent à la réception suivant l'enterrement s'intéressent davantage au buffet qu'au cher disparu. L'avis de Kessinger est donc exact : faites de votre mieux, mais n'oubliez jamais que personne n'est indispensable.

2. Exprimez souvent votre gratitude
Un jour, j'ai discuté avec l'auteur Zig Ziglar. Il m'a fait remarquer qu'à son avis, la qualité la plus rare est la gratitude. Je crois qu'il a raison. Je pense aussi que c'est celle que ses bénéficiaires apprécient le plus. Voici une excellente suggestion d'Oprah Winfrey pour cultiver la reconnaissance :

« Tenez un journal de gratitude. Tous les soirs, notez cinq choses qui vous sont arrivées pendant la journée et pour lesquelles vous êtes reconnaissant. Cela commencera à transformer votre perspective de votre quotidien et de votre vie. Si vous parvenez à vous concentrer sur ce que vous avez, vous constaterez que l'univers est merveilleux, et vous serez comblé. Si, par contre, vous vous concentrez sur ce qui vous manque, vous serez perpétuellement insatisfait. »

Le problème des égoïstes et des orgueilleux, c'est qu'ils n'éprouvent aucune reconnaissance, car ils estiment ne jamais obtenir tout ce qu'ils méritent. Exprimer sa reconnaissance contribue à venir à bout de ce genre d'arrogance.

3. Riez de vous-même

> *Heureux ceux qui savent rire d'eux-mêmes,*
> *car ils auront sans cesse l'occasion de s'amuser.*

J'aime le proverbe chinois qui dit : « Heureux ceux qui savent rire d'eux-mêmes, car ils auront sans cesse l'occasion de s'amuser. » Les personnes en proie à l'orgueil rient rarement d'elles-mêmes. Mais faire de l'humour à vos dépens montre que vous n'êtes pas imbu de vous-même et vous donne l'occasion de vaincre votre arrogance.

On raconte qu'un juge nommé Robert Gawthorp a eu une brillante carrière. Il a commencé à exercer sa profession en 1977, à quarante-sept ans, mais il a refusé de se prendre trop au sérieux et il a gardé son sens de l'humour. Gawthorp a observé : « Comme les gens se lèvent à votre entrée, que vous portez une tunique noire et que vous vous prenez place sur un siège surélevé, vous devez vous souvenir que vous n'êtes qu'une personne comme les autres que les gens ont simplement élu comme juge. » Pour ne jamais l'oublier, il gardait près de sa porte d'entrée personnelle un petit cadre – offert par sa famille – sur lequel il était écrit : « Pour nous, tu seras toujours le même vieil âne. »[87]

87   Eric W. Johnson, ed., A Treasury of Humor (New York: Ivy Books, 1990), p.304.

Talent + *volonté de se laisser enseigne*r **=**
personne qui va au-delà du talent

Exercices d'application

Si vous souhaitez amplifier votre talent, vous devez avoir soif de vous instruire. C'est la voie de la croissance ! L'auteur futuriste John Naisbitt estime qu'« avant tout, nous devons apprendre à apprendre. » Voici ce que je vous suggère de faire pour progresser dans cette voie afin de devenir une personne qui va au-delà de son talent :

1. Apprenez à écouter

Avant tout, apprenez à écouter. L'auteur et le philosophe américain Henry David Thoreau a écrit : « Il faut au moins deux personnes pour annoncer la vérité – une pour parler et une pour écouter. » Savoir écouter avec attention nous aide à mieux connaître les autres, à apprendre ce qu'ils savent et à leur montrer que nous leur accordons de la valeur.

Abraham Lincoln était un président avide de connaissances. Quand il a débuté sa carrière, il n'avait pas de compétences particulières de leader, mais il les a acquises pendant sa présidence. Il aimait beaucoup écouter les gens, et il ouvrait les portes de la Maison Blanche à tous ceux qui voulaient lui donner leur avis. Il appelait ces réunions fréquentes des « bains d'opinion publique ». Il demandait aussi à la plupart des gens qu'il rencontrait de lui envoyer leurs idées et leurs opinions, si bien qu'il recevait des centaines de lettres chaque mois, bien plus que tous ses prédécesseurs. Cela lui donnait l'occasion de beaucoup apprendre, et même s'il n'était pas forcément d'accord avec tout, cela lui permettait de mieux comprendre les idées de ses correspondants, d'adapter sa politique en conséquence et de persuader les autres de se ranger à son avis.

Au cours de vos journées, souvenez-vous que vous ne pourrez rien apprendre si vous parlez sans cesse. Comme l'affirme un vieux dicton, « ce n'est pas sans raison que vous n'avez qu'une bouche, mais deux oreilles. » Écoutez les autres, restez humble et vous vous instruirez chaque jour davantage. C'est ainsi que vous amplifierez votre talent.

2. Comprenez le processus d'apprentissage

Parfois, certaines vérités sont évidentes et n'ont pas besoin d'explications supplémentaires. Par exemple, lisez ces avertissements et conseils pour le moins insolites tirés du monde militaire.

- « Visez en direction de l'ennemi. » (Instruction gravée sur les lance-roquettes américains)

- « Quand la goupille est retirée, Mme la Grenade n'est pas notre amie. » (Armée des USA)

- « Si l'ennemi est repéré, c'est que vous l'êtes aussi. » (Journal de l'Infanterie)

- « Il est vivement déconseillé de vous éjecter directement dans la zone que vous venez de bombarder. » (Manuel de l'Armée de l'air des USA)

- « Si votre attaque se déroule trop bien, c'est sans doute que vous êtes en train de vous engouffrer dans une embuscade. » (Journal de l'Infanterie)

- « Ne dites jamais au sergent du peloton que vous n'avez rien à faire. » (Recrue inconnue de l'armée)

- « N'allume pas de feu ; ça énerve ceux qui t'entourent. » (Tes copains)

- « Si tu vois un démineur en train de courir, cours aussi vite que lui. » (Les troupes de munitions des USA)[88]

Quand les choses ne sont pas aussi évidentes, il est bon de comprendre le processus d'apprentissage pour apprendre et progresser. Voici comment il fonctionne généralement :

Première étape : agissez.

Deuxième étape : détectez vos erreurs et évaluez-les.

Troisième étape : cherchez un moyen de mieux faire.

Quatrième étape : retournez à l'étape un.

> *Le plus grand ennemi de l'apprentissage est le savoir.*

Souvenez-vous que le plus grand ennemi de l'apprentissage est le savoir et que le but de tout apprentissage est l'action, et non la connaissance. Si ce que vous faites ne contribue pas, d'une façon ou une autre, à ce que les autres et vous accomplissiez dans la vie, demandez-vous si c'est vraiment utile, et soyez prêt à effectuer les changements qui s'imposent.

88 Anonyme.

3. Cherchez et planifiez des moments pour vous instruire

Récemment, j'ai lu un livre intitulé *The Laws of Lifetime Growth* (Les lois de la croissance permanente), qui fournit une excellente perspective à ce sujet. La seconde loi déclare : « Accordez toujours plus d'importance à votre apprentissage qu'à votre expérience. » Les auteurs, Dan Sullivan et Catherine Nomura, y expliquent :

« L'apprentissage continuel est essentiel à la croissance permanente. Nous pouvons avoir une expérience considérable sans que tout ce que nous avons fait, vu et entendu nous rende plus intelligents pour autant. Par contre, si vous tirez régulièrement des leçons de votre expérience, vous ferez de chaque journée de votre existence une source de croissance. Les gens les plus sages transforment les plus petits évènements et les moindres situations en motifs de réflexion et d'action. Considérez la vie toute entière comme une école et toutes vos expériences comme des leçons, et votre apprentissage sera toujours plus grand que votre expérience. »[89]

Ces auteurs nous décrivent une vie entière d'apprentissage. Si vous cherchez des occasions d'apprendre en toute situation, vous deviendrez une personne qui va au-delà de son talent et vous permettrez à ce dernier d'atteindre son plein potentiel. Mais vous pouvez faire un pas de plus en cherchant activement des occasions de vous instruire, par exemple en lisant des ouvrages de valeur, en visitant des lieux qui vous inspireront, en assistant à des évènements qui vous pousseront à progresser, en passant du temps avec des personnes qui vous encourageront et vous pousseront à faire de nouvelles expériences.

J'ai eu le privilège de côtoyer beaucoup de personnes remarquables, ce qui m'a fourni maintes occasions d'apprendre. J'ai aussi cherché à nouer des relations avec des gens capables de m'instruire. Mes proches amis remettent en question mes idées et, souvent, les changent. Ils me font ainsi progresser dans bien des domaines. Je me suis aperçu que souvent, je mets en pratique les paroles du philosophe et écrivain espagnol Baltasar Gracian : « Faites de vos amis vos professeurs et mêlez aux plaisirs de la conversation les avantages de l'instruction. » Vous pouvez en faire autant. Nouez des liens d'amitié avec des personnes qui vous pousseront à vous surpasser et qui rehausseront votre valeur, et essayez de leur rendre la pareille. Cela changera votre vie.

> *Faites de vos amis vos professeurs et mêlez aux plaisirs de la conversation les avantages de l'instruction.*

89   Dan Sullivan and Catherine Nomura, The Laws of Lifetime Growth: Always Make Your Future Bigger Than Your Past (San Francisco: Barrett-Koehler Publishers, 2006), p.17.

4. Tirez le maximum de l'instruction que vous recevez

Il y a quelques années, j'ai lu une bande dessinée *Peanuts* de Charles Schultz dans laquelle Charlie Brown est à la plage devant un magnifique château de sable. Après l'avoir terminé, il recule pour admirer son œuvre. Hélas, au même moment, une averse démolit son beau château. Dans la dernière image, il soupire : « Il doit y avoir une leçon à en tirer, mais je ne sais pas laquelle. »

Malheureusement, c'est ce qu'éprouvent la plupart des gens après avoir fait une expérience riche d'enseignement. Même ceux qui sont à l'affût de leçons de vie peuvent passer à côté de la morale à en tirer. Je dis cela parce qu'après avoir fait des conférences et des ateliers pendant trente ans pour aider les gens à s'instruire, j'ai constaté que les participants prenaient des notes, mais n'en faisaient pas grand-chose par la suite. Ils étaient comme des créateurs de bijoux qui vont chez un marchand de pierres précieuses pour acheter de belles pierres, qui les rangent soigneusement dans une boîte, puis déposent celle-ci sur une étagère où elle se couvre de poussière. À quoi bon acheter ces pierres précieuses pour n'en faire aucun usage par la suite ?

Nous avons tendance à nous focaliser sur l'instruction ponctuelle, au lieu de la considérer comme un processus permanent. C'est pourquoi j'essaie d'aider les gens à faire des démarches pour mettre en pratique ce qu'ils ont appris. Je leur suggère, dans leurs notes, de se servir d'un code qui leur permettra de mettre en évidence ce qui leur parle le plus :

T indique que vous devez passer du temps à réfléchir à ce point.

C correspond à un changement auquel vous devez procéder.

Q signifie que c'est l'un de vos points forts.

A signale un conseil que vous devez mettre en application.

S vous rappelle de partager cette information avec quelqu'un d'autre.

Après chaque conférence, je recommande aux participants de dresser une liste de choses à faire basée sur ce qu'ils ont mis en évidence, puis de mettre leurs résolutions en pratique.

5. Demandez-vous si vous êtes vraiment prêt à vous laisser enseigner

Quelqu'un m'a envoyé une liste de remarques censées avoir été tirées des évaluations des performances des employés. Elles montrent de façon très humoristique combien il est difficile de les enseigner :

- Depuis mon dernier rapport, cet employé a atteint le niveau le plus bas, et il a entrepris de creuser pour descendre encore plus.

- Fournit un bon travail quand on est sans cesse sur son dos et qu'il est fait comme un rat.

- Quand elle ouvre la bouche, c'est juste pour changer de pied.

- Il se noierait même dans l'une des flaques d'eau du parking.

- Cette jeune femme se prend pour un génie.

- Il se fixe les objectifs les plus bas possible et n'arrive jamais à les atteindre.

- Cet employé devrait aller loin, et plus vite il ira, mieux cela vaudra.

- Il n'a pas d'ulcères, mais il a une carrière.

- A fait un usage abusif de colle.

- Il procure une grande joie à tous chaque fois qu'il quitte la pièce.

- Si vous voyez deux personnes discuter et que l'une d'elles semble s'ennuyer à mourir, c'est que cet employé lui parle.

- Les portes sont fermées, les lumières clignotent, mais le train n'arrive pas.

- Si vous lui donnez dix centimes pour connaître ses pensées, il vous rendra la monnaie.

- Il faut lui accorder deux heures pour qu'il puisse regarder l'émission *60 minutes*.

- La roue tourne, mais le hamster est mort.

- Certains boivent à la source de la connaissance ; lui ne fait que se gargariser.[90]

Je vous l'ai déjà dit, mais je vous le répète encore une fois : tous les bons conseils du monde ne vous serviront à rien si votre esprit n'est pas réceptif.

Pour savoir si vous êtes *vraiment* ouvert aux idées neuves et aux nouvelles façons de procéder, répondez à ces questions :

1. Suis-je réceptif aux idées des autres ?

90 Anonyme.

2. Est-ce que j'écoute davantage que je parle ?

3. Suis-je prêt à changer d'avis en fonction des nouvelles informations que je reçois ?

4. Quand j'ai tort, est-ce que je l'admets facilement ?

5. Est-ce que j'analyse chaque situation avant d'agir ?

6. Est-ce que je pose des questions ?

7. Suis-je prêt à poser une question qui trahit mon ignorance ?

8. Suis-je disposé à procéder d'une manière inhabituelle ?

9. Est-ce que j'accepte de demander des instructions ?

10. Suis-je sur la défensive quand on me critique ou prêt à écouter les remarques ?

> **«Tout ce que nous savons,**
> **nous l'avons appris de quelqu'un d'autre !»**
> **John Wooden**

Si vous avez répondu par la négative à une ou à plusieurs de ces questions, vous devez devenir plus enseignable, changer d'attitude, apprendre l'humilité et vous souvenir des paroles de John Wooden : « Tout ce que nous savons, nous l'avons appris de quelqu'un d'autre ! »

Thomas Edison a été invité un jour par le gouverneur de la Caroline du Nord, qui l'a complimenté sur son génie :

« Mais je ne suis pas un grand inventeur », a objecté Edison.

« Comment ? Vous avez fait breveter un millier d'inventions ! », s'est étonné le gouverneur.

« En effet, mais la seule invention qui vient uniquement de moi est celle du phonographe. »

« Je crains de ne pas comprendre ce que vous voulez dire ? »

« Eh bien, a expliqué Edison, je suis une véritable éponge. J'absorbe les idées par tous les pores de ma peau et ensuite, je les mets en application et je les améliore jusqu'à ce qu'elles aient de la valeur. Les idées dont je me sers sont en majorité celles d'autres personnes qui ne les développent pas elles-mêmes. »

Quelle remarquable description de quelqu'un qui avait la volonté d'apprendre pour amplifier son talent ! C'est ce que font les personnes qui vont au-delà de leur talent, et cela doit nous servir d'exemple.

Exercices d'application

1. Avez-vous la volonté d'apprendre ? Pour être lucide, nommez toutes les démarches que vous avez faites au cours des douze derniers mois pour apprendre. (Si votre liste est courte, c'est sans doute que vous n'êtes pas aussi disposé à vous instruire que vous le pensez.)

2. Sur une échelle d'1 à 10 (10 étant le maximum), à combien évaluez-vous votre talent en général ? Quelle note vous attribuez-vous dans le domaine où vous êtes le plus doué ? Si vous vous êtes attribué une note supérieure à 7 dans les deux cas, il se peut que vous n'ayez guère envie d'apprendre, parce que vous êtes fier de vous et que vous pensez en « savoir assez ». Ces attitudes peuvent entraver votre soif d'apprendre. Pour les combattre, cultivez la gratitude et l'humour. Pendant un mois, tenez un journal de reconnaissance semblable à celui que décrit Oprah Winfrey. Ou encore, efforcez-vous de voir le côté amusant des erreurs que vous avez commises au cours des quinze derniers jours et racontez-les en riant aux autres. (S'ils semblent choqués ou que cela ne leur semble pas drôle, cela signifie sans doute que vous vous prenez trop au sérieux ou que vous devez faire plus souvent ce genre de démarche jusqu'à ce que vous obteniez d'autres réactions.)

3. La semaine prochaine, pratiquez l'écoute active. Efforcez-vous de demander leur avis aux autres et de ne pas donner le vôtre en retour. À la fin de chaque journée, écrivez ce que vous avez appris en étant attentif aux autres.

4. Mettez à part des moments pour vous instruire au cours de l'année qui vient. Choisissez une conférence à laquelle assister, un lieu intéressant à visiter, au moins six livres à lire, six leçons audio à écouter et au moins deux personnes importantes à rencontrer. N'oubliez pas d'établir un plan d'action pour appliquer ce que vous avez appris à la suite de chacune de ces démarches.

5. Suivez l'avis du PDG Ian Harvey qui a demandé à ses proches collaborateurs de lui indiquer :

Deux choses qu'il devrait cesser de faire
Deux choses qu'il devrait continuer à faire
Deux choses qu'il devrait commencer à faire

10

La force de caractère protège votre talent

Beaucoup de personnes douées se font remarquer un jour, mais celles qui n'ont pas de force de caractère ne restent qu'un instant sous le feu des projecteurs. Pourquoi ? Parce que leur faiblesse de caractère les limite. Les personnes douées sont parfois tentées de prendre des raccourcis, et c'est leur force de caractère qui les empêche de le faire. Elles peuvent se sentir supérieures et s'attendre à obtenir des privilèges particuliers. Dans ce cas, leur force de caractère les aide à rester humbles. On les porte aux nues pour leurs performances, ce qui risque de les griser. Elles ont aussi le pouvoir de faire bouger les choses. Bref, elles sont un don pour le monde, et leur force de caractère préserve ce don.

Dans le domaine du talent, tout n'est pas toujours conforme aux apparences. Parfois, ce qui semble être un succès éclatant ne l'est pas vraiment, et au fil du temps, la vérité se fait jour. Tel a été le cas du Dr Hwang Woo Suk.

Une apparence de force
En 2004, le *Times* a publié sa liste annuelle de « personnes éminentes » dans un numéro spécial de son magazine. Hwang Woo Suk en faisait partie. La brève légende qui accompagnait sa photo disait :

« Vétérinaire de formation, Hwang a commencé à se livrer au clonage dans un but pratique : il voulait créer une meilleure vache. Mais son travail ne s'est pas arrêté là. Hwang et son équipe de l'Université nationale de Séoul ont été les premiers à cloner des embryons humains capables de produire des cellules souches viables qui pourront un jour guérir de multiples maladies. Si de telles recherches soulèvent de troublantes questions éthiques, Hwang a déjà prouvé que le clonage humain n'est plus une fiction scientifique, mais une réalité. »[91]

La reconnaissance du *Times* n'a été que le dernier des multiples honneurs et de l'adulation générale que Hwang a reçue. Son succès a été fulgurant. Il a grandi dans une pauvre ville montagneuse de la Corée du Sud. Fils d'une veuve, il s'est battu pour aller à l'école tout en gagnant sa vie comme garçon de ferme. Après son baccalauréat, on lui a conseillé de devenir médecin, mais il avait un autre projet. Il voulait créer une vache génétiquement supérieure pour son pays. Il a décroché son doctorat de médecine vétérinaire, et après avoir exercé la profession de vétérinaire pendant quelques années, il s'est lancé dans la recherche scientifique.

91   "Dr. Hwang Woo Suk," Time, http://www.time.com/time/asia/2004/personoftheyear/people/ hwang_woo_suk.html, accédé le 3 juin 2006.

Il avait énormément de talent et d'ingéniosité, ce qui lui a permis de décrocher un poste de professeur à l'Université nationale de Séoul. À cette époque, il a attiré l'attention de la communauté scientifique. En 1999, il a annoncé qu'il était parvenu à cloner une vache. Il est alors devenu l'une des célébrités de la Corée du Sud. Et en 2004, lorsqu'il a annoncé qu'il était parvenu à créer des cellules souches embryonnaires grâce au clonage, sa renommée s'est accrue. Jusque-là, la plupart des experts mondiaux estimaient le clonage des primates impossible à cause de la complexité de leur structure génétique. Hwang a fait suivre son annonce aux médias d'un article dans un journal scientifique prestigieux.

En 2005, Hwang a annoncé qu'il avait fait d'autres découvertes et il les a publiées. Il a affirmé avoir réussi à cloner un chien – un lévrier afghan qu'il a nommé Snuppy. Il est alors devenu une célébrité internationale parmi les scientifiques et un héros national en Corée. Le président du pays le tenait en haute estime. On le considérait comme l'un des principaux experts mondiaux des cellules souches. Il occupait une place prestigieuse de professeur à l'Université nationale de Séoul : de plus, il a décroché la direction du Centre mondial de recherches sur les cellules souches, le titre de « scientifique suprême », attribué par le ministre des sciences et de la technologie, et même la création d'un timbre-poste à son effigie, où l'on voit un homme en fauteuil roulant se lever et marcher grâce à ses recherches. Et pour couronner le tout, on lui a attribué des sommes colossales pour subventionner ses recherches. Son talent et son labeur acharné avaient porté leurs fruits, et il était au sommet de sa carrière. Il était devenu l'un des scientifiques les plus respectés du monde.

Remise en question
Mais plus tard cette année-là, une ombre a plané sur l'œuvre d'Hwang. Une scientifique américain avec lequel il avait publié ses recherches sur les cellules souches a subitement annoncé qu'il ne travaillerait plus avec lui. Un autre scientifique a déclaré être troublé par le fait que les ovules aient été prélevés sur des donneuses pour servir à ses recherches. Peu après, un autre collègue de Hwang, Roh Sung-il, a reconnu avoir prélevé des ovules chez leurs jeunes chercheuses et avoir payé certaines donneuses – deux violations flagrantes de l'éthique. Il était possible que les donneuses aient été victimes de pressions. Hwang a soutenu qu'il n'avait appris les manières de procéder de Roh qu'après les faits et que, par la suite, il n'avait pas révélé que certaines jeunes chercheuses avaient été des donneuses afin de préserver leur anonymat.

Malgré ces problèmes éthiques, Hwang était toujours tenu en haute estime. En Corée du Sud, quiconque le critiquait était jugé antipatriotique. De manière générale, l'opinion publique approuvait le scientifique, et le président, Roh Moo-hyun, l'a toujours soutenu. Il a affirmé : « Il n'est ni possible ni souhaitable de prohiber la recherche juste parce que certains éléments peuvent aller dans un sens jugé non conforme à l'éthique », et « les politiciens doivent gérer les controverses bioéthiques, et non entraver ces recherches et ces progrès remarquables. »[92] Pour les gens, c'était cette spectaculaire avancée scientifique qui comptait le plus.

Néanmoins, si la plupart des compatriotes de Hwang le soutenaient, un groupe de jeunes scientifiques coréens a trouvé ses justifications suspectes, et un reportage télévisé a critiqué ses méthodes de recherche et remis son travail en question. À la suite de cela, Hwang a proposé de démissionner de tous ses postes officiels, tout en se défendant lui-même : « J'étais aveuglé par mon travail et par mon désir de progresser », a-t-il avoué.[93] Même en décembre 2005, Hwang a insisté sur le fait qu'il n'avait agi comme il l'avait fait que pour préserver l'anonymat des donneuses d'ovules.[94]

Ce qui s'est vraiment passé
On a découvert le pot-aux-roses lorsqu'un journal qui avait publié l'un des articles de Hwang s'est rétracté et que l'Université nationale de Séoul a ouvert une enquête au sujet de l'œuvre de Hwang. Le 10 janvier 2006, celle-ci a abouti à une stupéfiante conclusion : Hwang avait inventé toutes ses recherches sur les cellules souches.[95] D'autres rapports ont prouvé qu'Hwang avait forcé une chercheuse à donner ses ovules après avoir involontairement renversé des boîtes de Pétri contenant des ovules d'autres donneuses.[96] On s'est ensuite demandé comment il avait fait pour dépenser 2,6 des 40 millions de dollars qu'on lui avait attribués.[97] Le 12 mai 2006, Hwang a été mis en examen pour détournement de fonds et violation des lois de la bioéthique.

Avait-il jamais dit la vérité ? Avait-il du talent au départ ? Ou avait-il dupé tout le monde dès le début ? En fait, il s'est avéré avoir dit la vérité à propos d'un exploit indéniable : le clonage du lévrier afghan Snuppy. Hwang et son équipe ont réellement été les premiers au monde à cloner un chien. Mais tout le reste n'était que poudre aux yeux.

92   "Hwang Woo-Suk," Wikipedia, http://en.wikipedia.org/wiki/Hwang_Woo-Suk, accédé le 3 juin 2006.

93   Ibid.

94   "10 Questions for Dr. Hwang Woo Suk," Time, 5 December 2005, http://www.time.com/ time/asia/magazine/printout/0,13675,501051212-1137709,00.html, accédé le 3 juin 2006.

95   Nicholas Wade and Choe Sang-Hun, "Researcher Faked Evidence of Human Cloning, Koreans Report," New York Times, 10 January 2006, http://www.nytimes.com/2006/01/10/ 10clone.html, accédé le 3 juin 2006.

96   Steven Ertelt, "Hwang Woo-Suk Apologizes for Faking Embryonic Stem Cell Research," Lifenews.com, 11 January 2006, http://www.lifenews.com/bio1274.html, accédé le 3 juin 2006.

97   "Disgraced Korean Cloning Scientist Indicted," New York Times, 12 mai 2006, http://www.nytimes.com/2006/05/12/world/asia/12korea.html, accédé le 3 juin 2006.

Qu'est-il arrivé à Hwang Woo Suk ? A-t-il perdu son talent en cours de route ? Pas du tout. Il était vraiment doué. Mais il manquait de force de caractère. Comme il était faible, il a négligé de protéger son talent, et maintenant, ce dernier ne lui sert plus à rien. Sa carrière est irrémédiablement terminée.

Les composantes de la force de caractère

> *Les gens sont comme des icebergs.*
> *Ils sont bien plus profonds que ce qui apparaît à la surface.*

Les gens sont comme des icebergs. Ils sont bien plus profonds que ce qui apparaît à la surface. Quand on regarde un iceberg, on n'en voit que 15% : cela représente le talent. Le reste – la force de caractère des gens – est caché sous la surface de l'eau. C'est ce qu'ils pensent sans jamais le dire à personne, ce qu'ils font quand nul ne les observe, comment ils se comportent dans les embouteillages et les aléas de la vie quotidienne, leurs réactions en cas d'échec – ou de succès. Plus ils sont doués, plus ils ont besoin de force de caractère « en-dessous de la surface » pour les soutenir. Si leur talent leur fait « enfler la tête », ils risquent d'avoir des ennuis, à l'instar du Dr Hwang.

Tim Elmore, qui a travaillé pour moi pendant de nombreuses années et qui est le fondateur et le président de *Growing Leaders* (Les leaders qui progressent), est la première personne que j'ai entendu comparer les leaders à des icebergs. Quand il parle à des étudiants, il leur expose souvent des détails peu connus à propos du tristement célèbre naufrage du *Titanic* :

« Le gigantesque navire insubmersible a reçu cinq mises en garde contre les icebergs fatidiques la nuit du 14 avril 1912, juste avant de couler. Quand le sixième message est arrivé à l'aube du lendemain en ces termes : « Méfiez-vous des icebergs ! », l'opérateur a répondu : « Laissez-moi tranquille, je suis occupé ! » Ce fut son dernier message télégraphique avant la catastrophe. Trente minutes plus tard, le grand navire – dont le capitaine avait dit que même Dieu ne pourrait pas le faire couler – sombrait... Ces gens ont sous-estimé le pouvoir de l'iceberg et surestimé leur propre force. Quelle description frappante de la plupart de nos contemporains ! »

Nul ne peut s'attendre à réussir sans avoir une grande force de caractère en-dessous de la surface pour préserver son talent et le soutenir dans les moments difficiles. La force de caractère nous permet de rester fermes, même si la tempête fait rage. Ou encore, comme me l'a dit David McLendon récemment : « La force de caractère est le piédestal qui détermine quel poids une personne peut porter. Si votre caractère a la taille d'un cure-dents, vous ne pourrez porter qu'un timbre-poste. S'il est robuste comme une colonne, vous pourrez soutenir un toit. »

Mais qu'est-ce qui compose la force de caractère ? Demandez à dix personnes et vous obtiendrez dix réponses différentes. Je crois qu'il se réduit, en fait, à quatre éléments : (1) l'autodiscipline, (2) les valeurs fondamentales, (3) le sens de son identité et (4) l'intégrité. Considérons ensemble chaque élément :

1. L'autodiscipline

> **L'autodiscipline est la capacité de faire ce qui est juste même quand on n'en a pas envie.**

À la base, l'autodiscipline est la capacité de faire ce qui est juste même quand on n'en a pas envie. Les leaders et les gagneurs de tous les temps l'ont bien compris. Le philosophe grec Platon affirmait : « La première et la meilleure des victoires consiste à se vaincre soi-même. »

Les plus grandes victoires sont intérieures. Oswald Sanders, auteur du livre sur le leadership *Le leader spirituel*, qui a donné naissance à ma propre carrière de leader, a écrit que l'avenir appartient aux gens disciplinés. Sans autodiscipline, a-t-il fait remarquer, tous les autres dons du leader, aussi grands soient-ils, n'atteindront jamais leur plein potentiel. C'est vrai non seulement pour les leaders, mais aussi pour quiconque veut optimiser son potentiel. À lui seul, le talent ne suffit jamais. Il faut lui adjoindre la force de caractère. On remporte le combat de l'autodiscipline en soi-même. Le célèbre alpiniste Edmund Hillary a observé : « Ce ne sont pas les montagnes que nous conquérons, mais c'est nous-mêmes. »

J'aime beaucoup jouer au golf. Je voudrais juste être aussi doué que je suis passionné dans ce domaine ! J'ai eu le privilège de jouer à Atlanta, sur les traces du légendaire Bobby Jones, considéré comme l'un des plus grands joueurs de golf qui aient existé. Le club house attenant contient de nombreuses photos de lui en train de jouer, ainsi que de beaucoup de ses trophées de championnat. Et pourtant, rares sont les gens qui savent que c'est sur lui-même que Jones a remporté la plus grande victoire.

Jones a commencé à jouer au golf à cinq ans et a gagné son premier tournoi à six ans. À douze ans, il remportait des tournois contre les adultes. On le surnommait « le Mozart du golf ». Un homme plus âgé surnommé Papy Bart, qui ne jouait plus au golf, mais qui tenait un magasin d'équipement, a salué son grand talent *et* sa force de caractère. Quand Bobby remporta le troisième round du Championnat de golf amateur, le vieil homme l'avertit : « Bobby, tu es assez doué pour gagner cette partie, mais tu n'y parviendras que si tu contrôles ton mauvais caractère. Quand tu manques un coup, tu te mets en colère, et ensuite, tu perds. » Jones maîtrisa son caractère et gagna son premier US Open à vingt et un ans. Papy Bart disait souvent : « Bobby était maître du golf à quatorze ans, mais c'est à vingt et un ans qu'il est devenu maître de lui-même. »

> «Ce que nous faisons dans les grandes occasions dépend sans doute
> de ce que nous sommes déjà ; et ce que nous sommes provient
> des années préalables de maîtrise de nous-mêmes. »
> *Henry Parry Liddon*

Le théologien Henry Parry Liddon a observé : « Ce que nous faisons dans les grandes occasions dépend sans doute de ce que nous sommes déjà ; et ce que nous sommes provient des années préalables de maîtrise de nous-mêmes. » Pour avoir de la force de caractère, nous devons donc commencer par apprendre à nous maîtriser.

2. Les valeurs fondamentales

Ce sont les principes sur la base desquels nous vivons tous les jours. Ils définissent nos convictions et notre façon de vivre. Idéalement, nous devrions écrire nos valeurs fondamentales afin qu'elles soient le phare dont nous nous servons pour nous guider.

J'admire profondément l'éminent entraîneur de basket John Wooden. Quand il a eu douze ans, son père lui a remis un code de vie en sept points :

1. Sois fidèle à toi-même.

2. Aide les autres.

3. Fais de ton mieux chaque jour.

4. Nourris-toi de bons livres, en particulier de la Bible.

5. Accorde une grande importance à tes amis.

6. Construis-toi un abri pour les jours de pluie.

7. Prie pour que Dieu te guide et bénis-le chaque jour pour les bénédictions qu'il te donne.

J'avais déjà entendu parler de ce code de vie, et quand j'ai fait la connaissance de l'entraîneur Wooden, je l'ai interrogé à ce sujet. Nous étions assis ensemble au restaurant pour prendre notre petit déjeuner. Il a tiré un papier de sa poche et il me l'a tendu. Évidemment, comme il connaissait ce code par cœur, il n'avait pas besoin d'en emporter un exemplaire avec lui, mais il avait pris l'habitude de le faire pendant toute sa vie. Plus important encore, il le portait dans son cœur et il s'efforçait de le mettre en pratique chaque jour.

Le philosophe suisse Henri Frédéric Amiel a affirmé : « L'homme qui n'a pas de vie intérieure est esclave des circonstances. » Les valeurs fondamentales ordonnent et structurent la vie intérieure des gens, ce qui leur permet ensuite d'endurer presque tous les coups durs de la vie.

> *« L'homme qui n'a pas de vie intérieure est esclave des circonstances. »*
> *Henri Frédéric Amiel*

3. Le sens de son identité

Chacun d'entre nous doit répondre à la question critique : « Qui suis-je ? » La réponse nous fournit souvent la motivation nécessaire pour pratiquer l'autodiscipline, et elle est essentielle pour définir nos valeurs fondamentales. De plus, elle nous aide à établir notre sécurité émotionnelle. Notre sens de notre sécurité – ou de notre insécurité – conditionne souvent notre manière d'agir.

Le romancier américain Nathaniel Hawthorne l'avait compris, « personne ne peut, pendant très longtemps, avoir un visage caché et un autre en public sans finir par ne plus savoir lequel est le vrai. » Comment vous identifiez-vous ? D'où vient votre valeur personnelle ? Qu'est-ce qui vous motive par rapport à l'argent et au pouvoir ?

> *Les gens sont voués à l'échec quand ils déterminent*
> *ce qu'ils veulent faire avant de découvrir*
> *quel genre de personne ils devraient être.*

Si vous êtes mal dans votre peau, que vous êtes persuadé de n'avoir aucune valeur personnelle ou que vous vous considérez comme une victime, vous aurez une vision faussée de vous-même et de vos circonstances, et cela nuira à votre force de caractère. Malgré tous vos efforts, jamais vous ne pourrez vous comporter d'une manière différente de la vision que vous avez de vous-même. C'est pourquoi il est primordial d'avoir un sentiment fort et exact de votre identité. Pour paraphraser l'auteure Ruth Barton, les gens sont voués à l'échec quand ils déterminent ce qu'ils veulent faire avant de découvrir quel genre de personne ils devraient être.

4. L'intégrité

La dernière composante de la force de caractère est l'intégrité, autrement dit la cohérence entre les valeurs, les pensées, les sentiments et les actions des gens. Les personnes qui possèdent cette qualité sont souvent fascinantes. Dans son livre *American Scandal,* Pat Williams raconte le voyage du Mahatma Gandhi pour prendre la parole devant le Parlement. Le gouvernement britannique s'était opposé à l'indépendance de l'Inde, et Gandhi, l'un de ses défenseurs les plus acharnés, avait souvent été menacé, arrêté et jeté en prison à cause de cela. Gandhi a parlé avec éloquence et passion pendant près de deux heures, au bout desquelles la salle bondée s'était levée pour lui faire une ovation.

Ensuite, un journaliste a demandé à Mahadev Desai, l'assistant de Gandhi, comment l'homme d'état indien avait pu prononcer un tel discours sans avoir la moindre note écrite avec lui.

« Vous ne comprenez pas Gandhi, a répondu Desai. Vous savez, il pense, il dit et il fait ce qu'il ressent. Ce qu'il ressent, pense, dit et fait ne font qu'un. C'est pourquoi il n'a pas besoin de notes. »

Lorsque les valeurs, les sentiments et les actions d'une personne coïncident parfaitement, celle-ci est équilibrée et a une grande force de caractère. Visuellement, on pourrait représenter les choses ainsi :

VALEURS	PENSÉES	SENTIMENTS	ACTIONS

Par contre, quand ces composantes ne sont pas alignées, cela provoque la confusion et le conflit intérieur, ce qui ressemble à ceci :

PENSÉES		ACTIONS
VALEURS		
	SENTIMENTS	

Développer son talent, mais pas sa force de caractère, c'est courir à l'échec. Ce n'est pas ainsi que les gens atteindront leur but. La vie de ceux qui ont un grand talent, mais un caractère faible est toujours déséquilibrée.

Au cours d'une enquête, on a demandé à mille trois cents PDG aguerris de citer la caractéristique essentielle d'un dirigeant d'entreprise efficace. En premier lieu venait l'intégrité, en second lieu, le suivi des résultats et en troisième position, le sens de ses responsabilités. L'intégrité est également essentielle où que nous soyons : en classe, dans notre salle de séjour, dans notre cuisine ou au gymnase. Si vous voulez que votre talent vous mène loin, vous devez le préserver, et pour cela, rester intègre.

Les avantages de la force de caractère
Choisir de développer votre force de caractère n'est peut-être pas crucial pour *optimiser* votre talent, mais c'est sûrement essentiel pour ne pas lui *nuire*. Ne sous-estimez surtout pas son impact. L'entrepreneur Roger Babson a déclaré : « La force de caractère vaut plus que l'or. En effet, le succès de tous les systèmes économiques dépend de la droiture des leaders et des gens en général. En fin de compte, l'avenir de notre nation dépend de notre force de caractère collective : en d'autres termes, notre pays est-il spirituel ou matérialiste ? »

Comme je viens de vous le démontrer, la force de caractère pose un fondement sur lequel la structure de votre talent et de votre vie peut s'édifier. Si ce fondement est fissuré, vous ne pourrez pas construire grand-chose. C'est pourquoi vous devez commencer par vous affirmer intérieurement avant de vous édifier extérieurement. Lorsque vous aurez acquis une grande force de caractère, cela ne vous permettra pas seulement d'accéder au succès et de maximiser votre talent ; cela aura aussi un impact sur les autres, et cela vous permettra de progresser en collaboration avec eux. Voici ce que cela transmet aux autres :

1. La force de caractère vous rend cohérent
L'anthropologue Margaret Mead a affirmé : « Ce que les gens disent, font et disent qu'ils font sont trois choses totalement différentes. » C'est exact en ce qui concerne les personnes sans force de caractère ni intégrité. Elles déconcertent leur entourage. Elles peuvent raconter tout ce qu'elles veulent : leurs actes démentent leurs paroles. Le poète philosophe Ralph Waldo Emerson a déclaré : « Ce que tu fais crie si fort à mes oreilles que je n'entends pas ce que tu dis. »

Fait stupéfiant, certaines personnes défendent cette incohérence. Le styliste Ralph Lauren est réputé avoir dit : « L'essence de l'identité d'une personne réside dans son apparence extérieure, non dans cette personne elle-même. On n'a pas besoin d'être érudit du moment qu'on est entouré de livres, ni de bien jouer du piano du moment qu'on a un piano chez soi. Bref, vous pouvez être tout ce que vous souhaitez, ou plus exactement, sembler être celui que vous voulez. »[98] Si nous pouvons donner provisoirement le change par notre « apparence extérieure », notre vrai « moi » finit toujours par se trahir en fin de compte. Les premières impressions sont comme des ombres – elles disparaissent quand on braque un puissant projecteur sur elles. La force de caractère, elle, résiste à ce traitement, et plus on braque la lumière sur elle, plus on en voit les détails. Elle démontre que ce que vous semblez être correspond à ce que vous êtes vraiment, ce qui, d'après le philosophe grec Socrate, est la première clé de la grandeur.

---

98 Stan Mooneyham, Dancing on the Strait and Narrow (San Francisco: Harper and Row, 1989), 1–2, p.68.

> *La force de caractère démontre que ce que vous semblez être correspond à ce que vous êtes vraiment, ce qui est la première clé de la grandeur.*

2. La force de caractère détermine vos choix

Dans ce chapitre, je vous ai expliqué que Bobby Jones avait dû vaincre son caractère explosif pour réussir au golf. Non seulement il y est parvenu, mais il est devenu un modèle de sportivité et de fair-play, ce qui s'est répercuté sur sa façon de jouer. Pendant la finale d'un tournoi national, sa balle a atterri juste à côté du fairway. Au moment de frapper sa balle, il a fait bouger involontairement celle-ci. Il s'est immédiatement tourné vers les arbitres pour leur signaler la faute. Les arbitres ont analysé ensemble la situation. Ni eux, ni les spectateurs n'avaient vu la balle bouger. Ils ont laissé à Jones le soin de trancher, et ce dernier s'est infligé deux coups de pénalité.

Par la suite, lorsqu'un arbitre a félicité Jones pour sa remarquable intégrité, il a répondu : « Félicitez-vous un pilleur de banques de ne pas avoir attaqué une banque ? Pas du tout ! Eh bien, c'est ainsi qu'on doit toujours jouer au golf. » Ce jour-là, John a perdu le tournoi de golf d'un seul coup, mais il a conservé son intégrité. Sa force de caractère était si réputée que la récompense attribuée par l'Association sportive de golf des États-Unis a été appelée Bob Jones Award.[99]

> *«Nous forgeons nous-mêmes notre force de caractère par tous nos choix quotidiens.»*
> *Margaret Jensen*

C'est là un paradoxe intéressant. Notre force de caractère détermine nos choix, mais à l'inverse, ces derniers rehaussent notre force de caractère. L'auteure et oratrice Margaret Jensen a fait remarquer : « Nous forgeons nous-mêmes notre force de caractère par tous nos choix quotidiens. Pour fortifier votre caractère, modifiez vos choix. Jour après jour, ce que vous pensez, choisissez et faites détermine ce que vous allez devenir. » Une fois que vous avez jaugé le caractère de quelqu'un, vous pouvez comprendre ses choix et même prédire ceux qu'il fera par la suite.

---

99   "Bobby Jones (golfer)," Wikipedia, http://en.wikipedia.org/wiki/Bobby_Jones_%28golfer%29, accédé le 6 juin 2006.

3. La force de caractère vous donne de l'influence

Aujourd'hui, beaucoup aspirent au respect des autres. Ils estiment qu'ils devraient avoir une influence sur les autres parce qu'ils ont une certaine position, ou encore parce qu'ils sont riches ou célèbres. Mais le respect et l'influence se gagnent au fil du temps, et ils sont basés sur notre force de caractère. Le général des États-Unis J. Lawton Collins a affirmé : « Aussi brillant que puisse être un homme, jamais il ne gagnera la confiance de ses subordonnés et de ses associés s'il manque d'honnêteté et de courage moral. »

J'ai enseigné le leadership pendant trente ans, et j'ai écrit de nombreux livres à ce sujet. Pendant tout ce temps, j'ai essayé d'aider les gens à développer des capacités qui leur seront utiles en tant que leaders. Toutefois, toutes les aptitudes du monde n'aideront pas ceux dont le caractère est irrémédiablement défaillant. Les leaders expérimentés l'ont bien compris. L'auteur Stephen Covey a écrit :

« Si j'essaie de me servir des stratégies et des tactiques humaines pour contraindre les autres à faire ce que je veux, à m'apprécier davantage ou à s'épauler mutuellement alors que mon caractère est foncièrement défaillant, caractérisé par la duplicité ou l'hypocrisie, je n'aurai aucun succès à long terme. Ma duplicité provoquera la méfiance et tout ce que je ferai – y compris l'usage des vieilles techniques pour avoir de bonnes relations avec les autres – sera considéré comme de la manipulation de ma part. »

Peu importe à quel point mes idées sont exactes ou mes intentions bonnes : s'il n'y a aucune relation de confiance à la base, je ne pourrai jamais avoir de succès à long terme.[100]

On ne peut ni hériter de la force de caractère, ni l'acquérir, ni l'évaluer, ni la toucher physiquement. On peut l'édifier, mais cela prend du temps. Sans elle, on ne peut pas diriger les autres.

4. La force de caractère assure votre longévité

Si vous voulez savoir combien de temps il vous faudra pour arriver au sommet, consultez un calendrier. Si vous voulez savoir combien de temps il vous faudra pour chuter, prenez un chronomètre. Votre force de caractère détermine votre destin. Quand quelqu'un n'a pas la force de caractère indispensable pour préserver son talent, les rêves s'évanouissent, les possibilités sont perdues, les associations vacillent et les gens sont blessés. La force de caractère permet aux carrières, aux relations et aux objectifs valables de perdurer.

---

100 Stephen Covey, The Seven Habits of Highly Effective People: Restoring the Character Ethic
     (New York: Simon and Schuster, 1989), p.21.

L'auteur et pasteur J. R. Miller a écrit : « La seule chose qui marque profondément les personnes en deuil devant une tombe, c'est la force de caractère du défunt. Cette qualité lui survit. Jamais on ne pourra l'ensevelir. » Si vous voulez que votre talent perdure, si vous souhaitez bien dormir la nuit, ayez de la force de caractère. Interrogé sur le secret d'une vie longue et heureuse, l'entraîneur John Wooden a fait remarquer lors de son quatre-vingt-dixième anniversaire : « Aucun oreiller n'est aussi doux qu'une conscience pure. » La force de caractère préserve votre talent et vous préserve aussi des regrets.

Talent + *force de caractère* = personne qui va au-delà du talent

Exercices d'application

N'oubliez jamais que le talent est un don – on l'a ou on ne l'a pas – alors que la force de caractère est un choix. Si vous la voulez, vous devez la développer. Voici comment devenir une personne qui va au-delà de son talent dans ce domaine :

1. Ne baissez pas les bras face à l'adversité
Il faut une grande force de caractère pour affronter les tempêtes de la vie. Inversement, l'adversité développe cette force. L'auteure et activiste Helen Keller, qui ne pouvait ni voir ni entendre, a fait remarquer : « On ne peut pas développer sa force de caractère dans le confort et la tranquillité. C'est seulement à travers l'épreuve et la souffrance qu'on peut fortifier son âme, éclaircir sa vision, stimuler son ambition et parvenir au succès. »

Quiconque ne fait son devoir que lorsqu'il en a envie ou que cela l'arrange ne développera pas son talent et ne parviendra pas au succès. Pour acquérir de la force de caractère, on doit faire ce dont on n'a pas envie afin de parvenir à son but. On doit payer un prix plus élevé qu'on le voudrait pour soutenir une cause qui en vaut la peine et soutenir ses principes même si les autres s'y opposent. Chaque fois que vous faites face à l'adversité et que vous restez fidèle à vos valeurs fondamentales et à votre intégrité, vous fortifiez votre caractère.

Dans son premier roman, Une journée d'Ivan Denissovitch, l'auteur dissident russe Alexandre Soljenitsyne a évoqué la vie d'Ivan Denissovitch Choukhov, qui était prisonnier politique dans un camp de travail en Sibérie. À un certain moment, Choukhov est contraint de construire un mur par vingt degrés en dessous de zéro. Comme la température ne cesse de baisser, le contremaître lui donne l'ordre de hâter la fin du travail en jetant le mortier par-dessus le mur au lieu de s'en servir, afin de pouvoir terminer au plus vite la tâche de la journée. « Mais Choukhov n'était pas disposé à bâcler le travail, a écrit Soljenitsyne. Huit ans d'internement n'avaient pas pu changer sa nature. Il cherchait tout ce dont il pouvait se servir, toutes les tâches qu'il pouvait accomplir – rien ne devait être gâché sans une bonne raison. »

Le contremaître cria après lui et s'en alla en toute hâte. « Mais Choukhov – et même si les gardes avaient lâché les chiens sur lui, cela n'aurait fait aucune différence – a reculé pour examiner le mur. Tout était correct. Puis il a couru inspecter le mur à gauche et à droite. Ses yeux étaient aussi aiguisés qu'un niveau de charpentier. Le mur était droit et lisse. C'est seulement à ce moment-là que Choukhov a cessé de travailler. »[101]

101 Alexander Solzhenitsyn, One Day in the Life of Ivan Denisovich (New York: Signet, 1998), p.88.

Le poète allemand Goethe a observé : « On peut cultiver son talent dans le calme, mais on ne peut fortifier son caractère que dans le courant impétueux de la vie. » Paradoxalement, si vous n'avez jamais connu la résistance d'un courant impétueux, le talent que vous avez cultivé dans le calme ne parviendra pas à survivre. Si vous voulez que votre talent vous mène loin, ne baissez pas les bras dans les moments difficiles. Ne flanchez pas au sein de la tempête. Ne fuyez pas les conflits. Attendez que la crise soit passée avant de décider de poursuivre votre course ou de l'interrompre. Si vous réagissez ainsi, vous aurez d'autres opportunités de développer votre talent.

2. Faites ce qui est juste

Cette attitude ne nous est pas naturelle. Comme l'a observé le premier président d'Amérique, George Washington, « rares sont les gens assez vertueux pour ne pas suivre le plus offrant ». Et pourtant, nous devons faire ce qui est juste pour acquérir une force de caractère à toute épreuve.

Il n'est pas facile de tenir bon quand il serait tellement plus commode de faire une petite entorse au règlement. Molière observait : « Les hommes sont égaux dans leurs promesses. C'est seulement dans leurs actes qu'ils diffèrent. La différence est simple : les hommes de caractère font ce qui est juste en toute situation. » Il n'est pas évident d'agir avec droiture quand cela vous coûte quelque chose ou quand personne, à part vous, ne saura jamais ce que vous avez fait, mais c'est dans de tels moments que vous pouvez renforcer votre caractère. Le défenseur des droits civils Martin Luther King Jr. déclarait :

Le lâche demande : est-ce sans risques ?

Celui qui se fond dans la masse demande : est-ce populaire ?

Celui qui a de la force de caractère demande : est-ce juste ?

C'est fondamental. Allez-vous faire ce qui est juste ?

Pour essayer de vaincre ma tendance naturelle à faire le mal, je me pose ces quelques questions (adaptées du questionnaire du Dr Laura Nash, spécialiste de l'éthique professionnelle) :[102]

1. Est-ce que je dissimule quelque chose ?

2. Est-ce que je blesse quelqu'un ?

3. Quel est le point de vue de l'autre ?

4. Lui en ai-je parlé directement ?

---

102 Laura L. Nash, Good Intentions Aside: A Manager's Guide to Resolving Ethical Problems (Boston: Harvard Business School Press, 1993), p.125.

5. Qu'est-ce que je conseillerais à mes enfants de faire ?

> *«Les hommes sont égaux dans leurs promesses.*
> *C'est seulement dans leurs actes qu'ils diffèrent.»*
> *Molière*

Si vous faites ce qui est juste – et cela avec persévérance – même si cela ne vous aide pas, à court terme, à mettre en valeur votre talent, cela vous protégera et vous servira à long terme. En effet, la force de caractère vous édifie. Comme le dit le Dr Dale Bronner, l'un des membres du bureau de mon association caritative EQUIP, « l'honnêteté n'est pas une chose que vous faites, mais c'est ce que vous êtes. »

3. Prenez le contrôle de votre vie

J'ai remarqué que les gens qui ont un caractère faible tendent à imputer le blâme à leurs circonstances. Ils affirment souvent que la mauvaise éducation, les difficultés financières, la méchanceté des autres, etc. ont fait d'eux des victimes. Il est vrai que pendant notre existence, nous devons affronter de nombreux facteurs que nous ne pouvons pas contrôler, mais sachez ceci : si vos circonstances échappent à votre contrôle, votre réaction vous appartient. C'est à vous qu'il incombe de faire preuve de force de caractère en tout temps.

> *Si vos circonstances échappent à votre contrôle,*
> *votre réaction vous appartient.*

Les gens ne peuvent pas davantage blâmer leurs réactions face aux circonstances qu'ils ne peuvent accuser leur reflet dans le miroir. C'est à vous qu'il incombe de fortifier votre caractère. Personne ne peut le faire à votre place ! Engagez-vous à y travailler, parce que cela préservera votre talent. Chaque fois que vous prenez une décision qui exige de la force de caractère de votre part, vous entreprenez de devenir une personne qui va au-delà de son talent. Le processus commence quand vous décidez de bien réagir et de ne plus vous trouver d'excuses. François de La Rochefoucauld affirmait : « Presque toutes nos fautes sont plus pardonnables que les méthodes auxquelles nous avons recours pour les cacher. » Après avoir pris votre décision, déterminez fermement de vous y tenir chaque jour.

Dieu vous a accordé un talent : développez-le. Une occasion se présente à vous : ne la laissez pas passer. Un avenir radieux s'ouvre à vous : cherchez à l'atteindre, mais par-dessus tout, faites en sorte d'acquérir une grande force de caractère. Cela préservera tout ce qui, dans votre vie, vous est cher.

Exercices d'application

1. Avez-vous déjà pris le temps d'identifier et de noter par écrit vos valeurs fondamentales ? Si vous ne l'avez pas encore fait, vous devriez essayer. Pour changer des notions générales vagues en points précis et tangible, il est essentiel de les écrire. Prendre le temps de le faire changera votre vie.

2. La plupart des gens pensent que l'intégrité est synonyme d'honnêteté. Toutefois, si vous pensez à l'intégrité en termes de cohérence – au fait que vos valeurs, vos pensées, vos sentiments et vos actions doivent tous coïncider – estimez-vous toujours être parfaitement intègre ? Si vous avez terminé l'exercice précédent, vous avez rédigé vos valeurs fondamentales. Comment vos pensées coïncident-elles avec ces valeurs ? Pensez aux divers sujets intellectuels, moraux, politiques ou religieux qui sont importants pour vous. Quels sont vos sentiments à ce sujet ? Coïncident-ils avec vos valeurs, vos pensées et vos actions ? Si vous avez besoin qu'on vous aide à évaluer votre cohérence, demandez à vos proches de vous donner leurs impressions dans ce domaine. Et si vous vous apercevez que vous faites parfois preuve d'incohérence, essayez de découvrir où le bât blesse.

3. Sur une échelle de 1 à 10 (10 étant le score le plus élevé), comment évalueriez-vous votre autodiscipline ? Votre score vous semble-t-il acceptable ? Comment pouvez-vous vous améliorer dans ce domaine ? Identifiez des objectifs spécifiques qui pourraient vous aider. Souvenez-vous que l'autodiscipline est un style de vie à acquérir. Plus vous serez discipliné dans un domaine, plus cela vous aidera à vous discipliner dans les autres. Chaque victoire vous rendra plus fort.

4. Notez les moments de votre existence où vous avez été confronté à une terrible épreuve. Essayez de vous souvenir au moins de dix d'entre elles et de les classer par ordre chronologique. À côté de chacune d'elles, écrivez votre réaction : paralysie, fuite, refoulement, endurance, persévérance ou victoire. Que constatez-vous ? Si vos réactions n'ont pas eu tendance à être de plus en plus fortes au fil du temps et à aller vers la persévérance et la victoire, vous devez avoir un problème. Comment allez-vous apprendre à mieux gérer l'adversité ? En travaillant en équipe ? En améliorant votre santé et votre forme physique ? En fortifiant vos relations ? En cherchant l'aide d'un conseiller professionnel ? Étudiez les diverses options.

5. Notez les incidents, les circonstances, les choix et les habitudes qui ont contribué à former votre caractère jusqu'à présent. Essayez d'écrire tout ce qui vous passe par la tête. Combien de points de votre liste sont sous votre contrôle, et

combien résultent des actions ou des choix que vous avez faits ? Si beaucoup de points de votre liste sont dus aux circonstances ou à d'autres éléments qui ne dépendent pas de vous, vous devez prendre votre vie davantage en mains. Commencez par faire un choix quotidien pour fortifier votre caractère. (Note : ce genre de choix implique généralement des choses que vous préféreriez ne pas faire.)

11

Vos relations influent sur votre talent

Dans son livre *My Personal Best*, John Wooden a écrit : « Quoi que vous accomplissiez, vous devez faire un choix. Aussi, gardez en mémoire le fait qu'en fin de compte, ce choix vous détermine. » C'est particulière-ment évident en ce qui concerne les relations. Rien n'influe davantage sur votre talent que les relations importantes de votre vie. Entourez-vous de gens qui rehaussent votre valeur et vous encouragent et votre talent ira dans la bonne direction. Passez du temps avec des gens qui vous rabaissent sans cesse, qui vous poussent dans une mauvaise direction ou qui vous découragent et votre talent ne pourra pas prendre son envol. Les gens peuvent généralement associer les succès et les échecs de leur vie à leurs relations essentielles.

Une star de la chanson

En 2005, Margaret et moi sommes allés voir le film *Walk the Line*. Je dois ad-mettre que je connaissais à peine Johnny Cash avant de voir le film, mais sa relation avec June Carter m'a fasciné, ce qui m'a poussé à vouloir en apprendre davantage à leur sujet.

Au cours de sa carrière, Johnny Cash a enregistré plus de 1500 chansons, dont 14 « tubes ». Il a reçu onze Grammy et vendu plus de 50 millions d'albums.[103] Il a été couvert d'honneurs. C'était une immense star ! En 1959, il a gagné deux cent cinquante mille dollars au cours de ses concerts.[104] En 1961, il a attiré près d'un million de personnes à ses 290 concerts.[105] Il a eu une grande influence sur des artistes comme Elvis Presley et Bob Dylan. Et pourtant, sa vie a été aussi chao-tique que ce film le décrit.

Un incroyable gâchis

Cash a pris sa première pilule – dans une tablette d'amphétamines appelée Benzedrine – en 1957. Il a été instantanément dépendant.

« Elle a accru mon énergie, aiguisé mon esprit, banni ma timidité, amélioré mon sens du rythme ; bref, elle m'a illuminé, comme de l'électricité dans une ampoule », se souvient Cash. Pendant les dix ans qui ont suivi, Cash a été dépen-

---

103 Dan Haseltine, "Foreword," in Dave Urbanski's The Man Comes Around: The Spiritual Journey of Johnny Cash (Lake Mary, FL: Relevant Books, 2003), xiv.

104 Urbanski, The Man, p.50.

105 Ibid., p.51.

dant de ces pilules. « Chaque fois que j'ai pris une pilule, j'ai tenté de retrouver la merveilleuse sensation d'euphorie naturelle que j'avais connue la première fois. Toutefois, aucune d'entre elles, parmi les milliers qui m'ont peu à peu éloigné de ma famille, de mon Dieu et de moi-même, n'a jamais marché. Ça n'a jamais été aussi bon que la première fois, malgré tous mes efforts. »[106] Et des efforts, Cash en a fait beaucoup dans ce domaine !

Le film *Walk the Line* a montré en détail les incroyables ravages que la drogue a produits sur lui. À un certain moment, Cash a décidé de ne plus vivre ainsi. Dans son autobiographie, il a expliqué ce qui s'est passé :

« Cela ne s'est plus arrêté. Je prenais de pleines poignées d'amphétamines, littéralement, et tout autant de barbituriques, non pour parvenir à dormir, mais juste pour faire cesser les tremblements provoqués par les amphétamines. J'annulais des concerts et des dates d'enregistrements, et quand je parvenais à faire une apparition, je ne parvenais pas à chanter, tant ma gorge était desséchée par mes pilules. Je pesais moins de 80 kilos, alors que je mesure 1,85 mètre. J'ai connu la prison, les hôpitaux, les accidents de voiture à répétition. J'étais à moitié mort. Je buvais la lie de la coupe de la vie. »[107]

Ayant perdu tout espoir, Cash est allé dans les grottes de Nickajack, dans le Tennessee. Il avait déjà visité ces profondes grottes auparavant. Des spéléologues s'y étaient parfois perdus et ils étaient morts en cherchant vainement à en sortir. Cash voulait en finir. Il a garé sa jeep, est entré et a erré pendant des heures, jusqu'à ce que les piles de sa lampe de poche soient à plat. À ce moment-là, il s'est allongé dans le noir pour mourir.

C'est là, a raconté Cash, qu'il a rencontré Dieu, et qu'il a compris qu'il n'avait pas le droit de mettre fin à ses jours. Reprenant espoir, il a décidé d'avancer dans le noir, et il a retrouvé son chemin par miracle. Quand il est apparu en plein soleil en clignant des yeux, il a été stupéfait de constater que sa mère et June Carter l'attendaient. « Je savais que quelque chose n'allait pas. Il fallait que je vienne te chercher », lui dit sa mère.[108] Elle avait fait le long trajet depuis la Californie pour le rejoindre.

Le rétablissement
Pendant les semaines et les mois qui ont suivi, June Carter et sa mère ont pris soin de lui, l'ont préservé des mauvaises influences et l'ont ramené à la santé, comme le décrit le film. Jadis, June avait déjà essayé d'aider Cash, de l'inciter à renoncer à la drogue et de s'en débarrasser. À ce moment-là, Cash accepta enfin

---

106 Ibid., p.53-54.
107 Johnny Cash with Patrick Carr, Cash: The Autobiography (New York: Harper Paperbacks, 1997), p.229.
108 Ibid., p.232.

son aide. Quelques mois plus tard, ils se marièrent, et pendant les trente-cinq années qui suivirent, ils furent inséparables. Dans les années quatre-vingts, Cash devint dépendant des analgésiques qu'il prenait pour soulager ses maux d'estomac. Une fois de plus, son épouse l'aida à se sevrer. La bataille fut si difficile à remporter que par la suite, quand Cash dut subir un pontage coronarien, il refusa tout analgésique.

Walk the Line a montré l'influence positive que June Carter avait eue sur Johnny Cash, mais ce film n'est pas parvenu à rendre totalement justice au caractère de cette femme. La meilleure description que nous ayons d'elle provient peut-être de Rosanne Cash, fille du premier mariage de Johnny. À l'enterrement de June, Rosanne a expliqué :

« À ses yeux, il y avait deux sortes de personnes dans le monde : celles qu'elle connaissait et aimait, et celles qu'elle aimait sans les connaître. Elle cherchait le meilleur en chacun ; c'était sa façon de vivre. Si vous lui disiez qu'une personne n'était pas vraiment digne de son amour, mais qu'elle était un peu bornée, elle répondait : «Eh bien, ma chérie, on va l'encourager !» Elle était toujours prête à le faire. Il m'a fallu longtemps pour réaliser que sa méthode consistait à dévoiler à chacun le meilleur de lui-même. Comme un détective spirituel, elle voyait tous les coins sombres et les aspects cachés des autres, devinait leur potentiel et l'avenir auquel ils pouvaient prétendre et les mettait en évidence afin que les autres les voient aussi. Elle agissait ainsi envers chacun d'entre nous, quotidiennement, constamment. Mais sa grande mission et sa passion étaient d'encourager mon père. Si le rôle d'épouse avait été une entreprise, June en aurait été le PDG. C'était son rôle le plus cher. Chaque jour, elle demandait : «Que puis-je faire pour toi, John ?» Son amour illuminait toutes les pièces dans lesquelles elle se trouvait, éclairait tous les chemins qu'elle empruntait, et son dévouement instaurait un cadre idéal pour leur vie conjugale. Mon père a perdu sa chère compagne, sa partenaire de musique, son âme sœur et sa meilleure amie. »[109]

Bref, June Carter a fait de Johnny Cash un meilleur homme. C'est en grande partie grâce à son influence qu'il a atteint son plein potentiel d'artiste et d'être humain. Cash a expliqué quelle influence elle avait eue sur lui quelques années avant leur mort :

« On raconte que dans les années soixante, June m'a sauvé la vie, et j'entends parfois dire qu'aujourd'hui, elle est ma raison de vivre. C'est partiellement vrai, mais sachant comment j'ai sombré dans la drogue et survécu, je suis convaincu que le seul être humain qui peut vous sauver est vous-même. Mais June a balisé mon chemin, m'a stimulé quand j'étais faible, m'a encouragé quand j'étais dé-

109 "Tribute to June by Rosanne Cash," http://www.johnnycash.com/june/may18.html, accédé le 13 juin 2006.

sespéré et m'a aimé quand je me sentais solitaire et odieux. Elle est la femme la plus merveilleuse que j'aie jamais connu. »[110]

L'impact des relations

Je pense que beaucoup de gens minimisent l'impact que les autres peuvent avoir sur leur vie. Mes parents comprenaient l'influence des relations. Aujourd'hui, quand je repense à mon enfance, je réalise à quel point ils faisaient attention aux amis avec lesquels je passais du temps. Ils les sélectionnaient soigneusement ! Mes parents avaient fait de notre maison l'endroit le plus accueillant du quartier. Nous avions un billard, une table de ping-pong et un laboratoire de chimie au sous-sol, ainsi qu'un terrain de palet, un terrain de basket et un diamant de baseball dans le jardin. C'était hautement stratégique : mes parents voulaient savoir avec quels enfants nous nous amusions. Comme c'était souvent le cas à l'époque (vers les années 1950-1960), maman ne travaillait pas à l'extérieur, si bien qu'elle avait toujours l'œil sur nous.

> *Presque toutes nos peines sont causées par des relations*
> *avec de mauvaises personnes*
> *et presque toutes nos joies sont dues à des relations*
> *avec de bonnes personnes.*

Maman n'était jamais loin de nous quand nous nous amusions. Elle nous faisait à manger ou nous apportait des boissons fraîches, mettait des pansements sur nos écorchures, observait les réactions et le comportement de chacun. De temps à autre, elle nous questionnait – mon frère Larry, ma sœur Trish et moi – à propos d'un ami particulier. À l'époque, nous ignorions à quel point il était important de frayer avec des enfants sérieux et non avec des malfaiteurs en herbe, mais nos parents en étaient très conscients, et ils faisaient tout leur possible pour que nous bénéficiions d'influences positives.

Bien des années plus tard, à l'âge adulte, quand j'ai passé plusieurs heures par semaine à conseiller les gens, j'ai appris par expérience personnelle ce que mes parents savaient. Presque toutes nos peines sont causées par des relations avec de mauvaises personnes et presque toutes nos joies sont dues à des relations avec de bonnes personnes.

La direction que nos relations nous font prendre

Les relations nous construisent ou nous détruisent, nous élèvent ou nous rabaissent, ajoutent ou soustraient, nous remplissent d'énergie ou nous épuisent. Je m'explique :

110 Cash, *Autobiography*, p.314.

Certaines relations pompent notre énergie

Il existe des moyens efficaces de déterminer si une relation est positive ou négative. Tout d'abord, votre interlocuteur vous valorise-t-il ou vous rabaisse-t-il ? Ensuite, quelle dose d'énergie cette relation vous demande-t-elle ? Admettons-le, certaines personnes nous épuisent littéralement. Dans son livre *High Maintenance Relationships* (Les relations épuisantes), Les Parrott énumère le type de personnes qui risquent fort de nous blesser et de pomper notre énergie. En voici quelques-unes :

Les critiques se plaignent sans cesse ou donnent un avis démoralisant.

Les martyrs sont de perpétuelles victimes qui s'apitoient sur leur sort.

Les rabat-joie sont pessimistes et presque toujours négatifs.

Les rouleaux-compresseurs s'imposent sans tenir compte des autres.

Les rapporteurs répandent des rumeurs et dévoilent des secrets.

Les dictateurs sont incapables de laisser aux autres leur libre-arbitre.

Les hypocrites ont deux visages.

Les envieux jalousent les autres.

Les volcans sont toujours prêts à exploser.

Les sangsues prennent sans cesse et ne donnent jamais.

Les compétiteurs cherchent perpétuellement à dépasser les autres.

Les Parrott fournit aussi un questionnaire très simple pour vous aider à déterminer si une personne de votre entourage est négative et pompe votre énergie. Répondez par oui ou par non à chacune des questions suivantes :

- Vous sentez-vous plein d'appréhension quand cette personne a téléphoné et vous a laissé un message pour que vous la rappeliez ?

- Récemment, avez-vous eu des problèmes avec quelqu'un qui pompe votre enthousiasme et votre énergie ?

- Redoutez-vous parfois de croiser cette personne au travail ou dans un ras semblement social, ou de discuter avec elle ?

- Entretenez-vous une relation dans laquelle vous donnez plus que vous ne recevez en retour ?

- Remettez-vous en question vos performances après avoir parlé avec cette personne ?

- Êtes-vous peu sûr de vous en sa présence ?

- Votre créativité est-elle bloquée ou votre clarté d'esprit quelque peu confuse quand vous devez la rencontrer ?

- Tentez-vous de vous calmer après avoir été en contact avec elle en grignotant, en vous rongeant les ongles ou en reprenant l'une de vos mauvaises habitudes ?

- Avez-vous des discussions imaginaires avec cette personne au cours des quelles vous tentez de vous défendre ou d'expliquer votre point de vue ?

- Avez-vous un nœud à l'estomac ou des tensions musculaires lorsque vous devez lui faire face ?

- Êtes-vous frustré parce que cette personne semble traiter les autres mieux que vous ?

- Vous demandez-vous pourquoi elle critique votre moindre faux-pas, mais ne reconnaît jamais ce que vous faites correctement ?

- Avez-vous déjà envisagé de quitter votre emploi pour ne pas devoir rencontrer cette personne difficile ?

- Avez-vous remarqué que parfois, vous êtes plus irritable ou impatient avec vos proches à cause de la frustration que génèrent vos contacts avec elle ?

- Êtes-vous découragé qu'elle pompe constamment votre énergie malgré tous vos efforts pour améliorer votre relation avec elle ?

Parrott affirme que si vous avez répondu par l'affirmative à au moins dix de ces questions, vous êtes en butte à une relation négative.[111]

111 Les Parrott, High Maintenance Relationships (Wheaton, IL: Tyndale, 1997).

Je ne veux pas dire par là que seules les relations négatives pompent votre énergie, car toutes les relations exigent que vous y consacriez une certaine dose d'énergie. En effet, les relations ne se cultivent et ne se maintiennent pas sans efforts. Mais combien d'énergie telle ou telle relation vous demande-t-elle ? Et vous apporte-t-elle quoi que ce soit en retour ? Voici, par exemple, des relations positives qui me demandent une grande somme d'énergie :

- *Ma famille :* toute famille connaît des hauts et des bas, c'est normal. Après tout, c'est cela, une famille !

- *Mes proches amis :* ce sont des gens pour lesquels je suis prêt à tout, et qui me rendent la pareille. C'est l'essence même de l'amitié.

- *Mon équipe :* le leadership commence par une attitude de serviteur. Je m'efforce toujours de donner plus que je reçois.

- *Les personnes défavorisées :* chaque année, je vais dans des pays en voie de développement pour former des leaders et valoriser les gens au moyen d'EQUIP, mon association caritative.

Il est tout à fait normal qu'une relation vous demande de l'énergie par moments, mais si elle vous mine sans cesse, c'est qu'elle a un effet négatif sur vous. Vous pouvez constater ses effets dans de nombreux domaines de votre vie. Elle entrave votre talent parce qu'elle sape une énergie qui pourrait vous servir à développer vos dons et vos aptitudes. Elle vous détourne de votre objectif et réduit à néant tous vos efforts. À long terme, une telle relation ne pourra jamais propulser votre talent dans la bonne direction.

Certaines relations nous ajoutent de la valeur

Par contre, certaines relations nous améliorent. Elles nous remplissent d'énergie, nous inspirent et nous affermissent. De plus, elles nous stimulent et nous remplissent de joie. Nous devons considérer les personnes qui ont cet effet positif sur nous comme des amies et les tenir en haute estime. Helen Keller a observé : « Mes amies ont embelli ma vie. De mille et une manières, elles ont changé mes limites en beaux privilèges, et elles m'ont permis de marcher dans la sérénité et le bonheur malgré les limitations que m'impose mon handicap. »

Dans mon livre *The Treasure of a Friend*, je parle de la nature de l'amitié. Qui, à part un ami, est là

pour croire en vos rêves,
partager vos joies,
sécher vos larmes,

vous rendre espoir,
vous réconforter quand vous souffrez,
vous écouter,
rire avec vous,
vous montrer la meilleure solution,
vous encourager...
Qui peut faire cela pour vous, à part vos vrais amis ?

Récemment, j'ai pris le temps de dresser la liste des personnes qui ajoutent de la valeur à ma vie et me donnent de l'énergie. Voici ce que j'ai écrit :

1. *Ma famille :* mes bons moments en famille sont *mes* meilleurs moments.

2. *Les personnes créatives :* elles n'ont pas leur pareil pour stimuler ma propre créativité.

3. *Les personnes qui réussissent :* j'aime beaucoup entendre leur histoire.

4. *Les personnes encourageantes :* les encouragements sont l'oxygène de mon âme.

5. *Les personnes qui ont le sens de l'humour :* elles me remontent toujours le moral.

6. *Les personnes qui réfléchissent beaucoup :* je raffole de parler avec elles.

7. *Mon équipe :* mes coéquipiers rehaussent toujours ma valeur.

8. *Les personnes qui aiment apprendre :* les gens intéressés sont intéressants.

Les relations positives nous font progresser. Elles nous encouragent et savent tirer le meilleur de nous. Elles nous rendent meilleurs que nous serions sans elles. Elles comptent parmi les plus grands dons de la vie !

Certaines relations jouent un rôle déterminant dans notre vie

Pendant notre existence, nous sommes tous en contact avec des milliers de personnes, mais à divers degrés. La plupart ont très peu d'impact sur nous, mais quelques-unes ont une influence si considérable qu'elles changent littéralement le cours de notre vie. Elles déterminent pour une grande part notre identité et notre action.

On peut classer les relations en quatre catégories :

1. *Les relations superficielles.* Elles ne nécessitent aucun engagement de part et d'autre. Il s'agit, par exemple, de l'employé au guichet du bureau de poste, des personnes que nous côtoyons à l'église ou au gymnase ou de notre serveuse favorite au restaurant. Nous les connaissons et elles nous connaissent, nous savons peut-être comment elles s'appellent, mais guère davantage.

2. *Les relations structurées.* Ce niveau va un peu plus loin que le précédent. Les relations structurées se nouent à l'occasion de rencontres régulières, généralement dans un endroit particulier et à un moment précis. Souvent, elles se développent à partir d'un intérêt ou d'une activité communs. Il s'agit de vos camarades d'école ou de vos collègues de travail, des parents qui assistent avec vous aux activités de leurs enfants et des personnes qui pratiquent les mêmes loisirs que vous.

3. *Les relations sûres.* Quand une relation superficielle ou structurée grandit, la confiance se développe, et les personnes concernées veulent passer du temps ensemble. La relation devient plus personnelle. C'est à ce niveau qu'on peut tisser des amitiés.

4. *Les relations solides.* Quand on a une relation sûre avec quelqu'un et qu'on finit par avoir totalement confiance l'un en l'autre, on accède au niveau d'une relation solide. Il s'agit d'une relation à long terme caractérisée par un désir mutuel de se consacrer à l'autre et de le servir. Cela devrait correspondre aux relations les plus importantes de votre vie : votre conjoint et vos meilleurs amis.

Plus le niveau de la relation augmente, plus chacun influe sur l'autre. Chaque fois que la relation s'intensifie, elle passe par une mise à l'épreuve : la relation va alors s'orienter dans un sens ou dans un autre – soit positif, soit négatif. Si la dynamique devient alors « chacun est perdant » ou encore « l'un est gagnant, l'autre perdant », la relation est négative. Dans les relations positives, *les deux personnes sont toujours gagnantes.*

De temps en temps, une relation évolue de *solide* à *significative*, c'est-à-dire essentielle dans votre vie. Je ne pense pas qu'on puisse créer de telles relations. Je les appelle simplement des dons de Dieu. Je ne les mérite pas – mais j'en ai grand besoin. Les personnes avec lesquelles j'ai noué ce type de relations me donnent plus que de raison et m'élèvent à un niveau auquel je ne pourrais pas accéder sans elles.

Tom Phillippe est un ami de ce genre. Tom et moi sommes amis depuis plus de trente ans. Nous avons parcouru le monde ensemble, et pourtant, nous aimons aussi rester simplement assis chez nous pour discuter. Récemment, nous avons fêté ses soixante-dix ans avec quelques autres amis, et chacun d'entre nous a eu l'occasion de dire aux autres comment Tom a affecté sa vie. J'ai écrit ce que je voulais dire et je l'ai lu au groupe :

« Tom m'a aimé inconditionnellement. Victor Hugo a dit : «Le suprême bonheur de la vie, c'est la conviction qu'on est aimé; aimé pour soi-même, disons mieux, aimé malgré soi-même.» Tom m'a, lui aussi, aimé constamment. En 1980, il m'a incité à rejoindre la dénomination wesleyenne. En 1981, il m'a aidé à lancer des conférences sur le leadership. Il m'a donné l'occasion d'entrer dans le monde du travail. Il a géré à ma place le développement de mon association quand je n'avais pas le temps de le faire. Il a renfloué financièrement cette association caritative pendant son lancement. Aujourd'hui, il forme des millions de leaders à travers le monde. L'un des plus beaux dons que Dieu m'ait faits a été l'amitié de Tom. »

J'ai terminé par un poème intitulé : « Ton nom est écrit... en haut de ma liste. »[112] Tom a changé ma vie pour toujours. Il m'a fait du bien dans tant de domaines ! Si vous avez rencontré quelqu'un qui a eu ce genre d'impact sur vous, faites l'impossible pour préserver cette relation, exprimez souvent votre reconnaissance et ne ménagez pas vos efforts en retour.

Cinq preuves qu'une relation est solide
Les relations sûres nous encouragent et nous aident à mieux savoir qui nous sommes et à découvrir nos dons et nos talents. Les relations solides nous donnent plus de valeur et rehaussent du même coup notre talent. Nos amis solides nous disent la vérité tout en nous soutenant. Ils nous maintiennent dans la course, et si nous en dévions, ils nous aident à nous reconcentrer sur nos objectifs. Ils nous encouragent quand nous n'avons plus le moral et nous incitent à progresser. Quelques relations solides peuvent avoir une influence considérable sur la destinée d'une personne douée.

Efforcez-vous de trouver des gens avec lesquels vous pourrez nouer des relations solides qui vous seront profitables mutuellement. Voici les signes qu'une relation évolue dans ce sens :

1. La joie d'être ensemble
Quand une relation est solide, les gens passent du temps ensemble pour le simple plaisir d'être en compagnie l'un de l'autre. Ce qu'ils font n'a guère d'importance. Par exemple, ma femme Margaret et moi faisons les courses à deux. Qu'y a-t-il d'agréable à déposer des vêtements au pressing, à acheter des provisions ou à faire les boutiques ? Rien – excepté le fait de passer du temps ensemble.

Je pense que dans notre enfance, nous comprenions d'instinct la valeur du temps passé avec des personnes spéciales. Vous souvenez-vous du bonheur que vous éprouviez quand vous vous étiez blottis sur les genoux de vos parents dans vos tendres années ? De l'excitation que vous ressentiez quand votre oncle ou votre

112   http://home.comcast.net/~b.learn/bob.htm, accédé le 13 juin 2006.

grand-parent favori venait vous rendre visite ? De vos premiers rendez-vous galants ? Malheureusement, les affaires et les pressions de cette vie risquent de nous faire oublier quelle joie on peut ressentir en pareilles occasions. J'ai toujours beaucoup apprécié le temps que je passe avec Margaret. Maintenant que nous sommes grands-parents, je savoure encore davantage le temps passé avec ceux qui me sont chers. Essayez de ne pas laisser les tensions de la vie vous faire perdre cela de vue.

2. Le respect
Si vous savez valoriser les autres, vous gagnerez leur respect. C'est un fondement essentiel de toute relation solide.

> *Le respect se gagne presque toujours dans les difficultés.*

Quand les autres vous respectent-ils ? Lorsque vous ne laissez pas les obstacles ou les circonstances devenir plus importants pour vous que votre relation avec eux. Quand, malgré la pression, vous les traitez toujours avec patience et respect. Quand votre relation est tendue et que vous faites de gros efforts pour la protéger et la préserver. À ce moment-là, vous vous montrez digne de leur respect. Ce dernier se gagne presque toujours dans les difficultés.

Les Proverbes, livre de la sagesse, nous enseignent la force des relations :

- Les amis sont rares (18:24).

- Les amis ne quittent pas le navire quand les choses se gâtent (17.17).

- Les amis sont toujours prêts à vous prodiguer des conseils (27.9).

- Les amis vous parlent franchement (27.6).

- Les amis vous aiguisent (27.17).

- Les amis prennent garde à ne pas vous blesser (26.18-19).

- Les amis vous soutiennent (16.28 ; 18.24).

Les gens qui se respectent et établissent une solide relation jouissent de tous les bienfaits de l'amitié.

3. Les expériences communes
Faire des expériences marquantes avec une autre personne crée un lien mutuel. L'expérience peut être positive ou négative. Certaines familles se retrouvent pour se remémorer les vacances qu'elles ont passées ensemble des années

plus tôt (souvent, les épisodes les plus désastreux constituent, avec le recul, les plus chers souvenirs !) Les collègues de travail tissent des liens en collaborant ensemble à des projets épineux. Les soldats évoquent souvent le lien qui se noue entre eux lorsqu'ils s'entraînent en équipe, et à plus forte raison lorsqu'ils partent à la guerre ensemble. Nous avons tous besoin des autres pour nous soutenir et passer de bons moments. Les expériences communes nous en donnent l'occasion.

Je me souviens encore très clairement du jour où mon père est venu me chercher à la sortie de l'école quand j'avais dix ans afin que je l'accompagne dans l'une de ses tournées pastorales. À l'époque, il était surintendant de district de notre dénomination : il supervisait donc beaucoup de pasteurs des Églises de notre région. Papa et moi avons fait nos bagages en prévision de notre périple de ville en ville en voiture. En cours de route, nous avons beaucoup discuté, et je l'ai vu encourager de nombreux pasteurs. Non seulement cela a tissé un lien spécial entre nous, mais cela m'a révélé quel genre de travail je ferais moi-même un jour. Je chérirai cette expérience jusqu'à mon dernier souffle.

> *«Ce qui fait la gloire d'une amitié, ce n'est pas une main tendue,*
> *un sourire aimable ou la joie d'être ensemble.*
> *C'est plutôt l'inspiration spirituelle que nous ressentons*
> *en découvrant que quelqu'un d'autre croit en nous et*
> *est prêt à nous faire confiance.»*
> *Ralph Waldo Emerson*

4. La confiance

Ralph Waldo Emerson a écrit : « Ce qui fait la gloire d'une amitié, ce n'est pas une main tendue, un sourire aimable ou la joie d'être ensemble. C'est plutôt l'inspiration spirituelle que nous ressentons en découvrant que quelqu'un d'autre croit en nous et est prêt à nous faire confiance. » La confiance est à la fois ce qui fait la joie de l'amitié et l'une de ses composantes essentielles. Dans mon livre *Winning with People* (Gagner avec les autres), je décris le principe du fondement, selon lequel « la confiance est le fondement de toute relation ». Rien n'est plus important dans une relation. Sans confiance, point de relation solide.

5. La réciprocité

Toutes les relations connaissent des moments difficiles. Parfois, c'est l'une des deux personnes qui donne le plus à l'autre ; d'autres fois, c'est l'inverse. Toutefois, les relations unilatérales ne resteront pas solides longtemps. Si elles se poursuivent ainsi, elles deviendront instables et, souvent, malsaines. Si vous voulez que votre relation se poursuive, vous devrez redresser la barre. Voici comment procéder :

- Quand c'est vous qui tirez le plus grand profit de votre relation, vous devez effectuer des changements.

- Quand c'est l'autre, vous devez aussi effectuer des changements.

- Quand vous tirez également profit l'un et l'autre de votre relation, continuez sur votre lancée.

> **Les relations unilatérales ne resteront pas solides longtemps.**

Les amitiés sont comme des comptes en banque. Vous ne pouvez pas y puiser sans cesse sans jamais y faire de dépôts. Si l'un d'entre vous est en déficit et le reste, la relation ne durera pas.

Les relations solides doivent bénéficier aux deux parties. Chaque personne doit faire passer l'autre en premier, et toutes deux doivent y trouver avantage. Le célèbre entraîneur de football Vince Lombardi a décrit ce processus lorsqu'on lui a demandé d'expliquer ce qui permettait à une équipe de gagner. Il a observé :

« Des quantités d'entraîneurs appartiennent à de bons clubs, connaissent bien leur métier et sont très disciplinés sans gagner beaucoup de matchs. Il leur manque le troisième ingrédient indispensable : si vous voulez jouer en équipe, vous devez prendre soin les uns des autres, vous *aimer* les uns les autres. Chaque joueur doit penser à son voisin et se dire : «Si je ne bloque pas cet adversaire, il risque de briser les jambes de Paul. Je dois tout faire pour empêcher cela.» La différence entre la médiocrité et la grandeur, c'est l'attention que les membres de l'équipe se portent mutuellement. »

Dans les relations solides, chacun est gagnant. Sinon, la relation est fragile et ne durera pas.

Talent + *relations* = personne qui va au-delà du talent

Si vous souhaitez devenir une personne qui va au-delà de son talent dans le domaine des relations – une personne que ses relations font progresser dans la bonne direction – voici ce que je vous suggère de faire :

1. Identifiez les personnes les plus importantes de votre vie
Quelles sont les personnes essentielles de votre existence, celles avec lesquelles vous passez le plus de temps, celles dont les opinions comptent le plus pour vous ? Ce sont celles qui vous influencent le plus. Vous devez commencer par les identifier avant de pouvoir déterminer la manière dont elles influent sur votre talent.

2. Ces personnes ont-elles une bonne influence sur vous ?
Une fois que vous avez identifié les personnes qui vous influencent, il est bon de discerner *de quelle manière* elles le font. La façon la plus simple de le découvrir est de se poser les questions suivantes à propos de chacune :

Que pense-t-elle de moi ? Les gens ont tendance à devenir ce que la personne la plus importante de leur vie pense qu'ils peuvent être. Si leurs parents leur répètent qu'ils sont intelligents, attirants et importants, ils le croiront. Nous adoptons les opinions de ceux que nous respectons.

Selon Ralph Waldo Emerson, « tout homme a le droit d'être jugé quand il est au mieux de sa forme ». Si vous voulez être influencé positivement, vous devez passer du temps avec des gens qui ont une bonne opinion de vous et qui croient en vous.

Comment voit-elle mon avenir ? Le romancier Mark Twain a adressé cette mise en garde : « Gardez-vous de ceux qui essaient de réduire à néant vos ambitions. Les personnes les plus importantes de votre vie envisagent-elles un avenir positif pour vous ? Vous voient-elles réaliser des exploits ? »

Mon épouse Margaret m'a fait de nombreux présents merveilleux au cours de notre relation. Je chéris particulièrement le journal de bord de pasteur qu'elle m'a offert un an avant notre mariage, sachant que je me destinais au ministère. J'y note certaines de mes activités : sujets de prédications, mariages et enterrements. C'est le résumé de ma vie de dirigeant d'Églises locales. Mais il m'est surtout cher parce qu'en 1968, Margaret y a écrit ces simples mots :

John,

Tu vas accomplir de grandes choses,

Avec tout mon amour,

Margaret

Ces quelques mots n'étaient ni poétiques, ni profonds, mais ils me prouvaient qu'elle avait pleine confiance en moi et en mon avenir. Et elle m'a démontré cette confiance chaque jour de notre mariage.

Comment se comporte-t-elle avec moi dans les moments difficiles ? Un vieux dicton affirme : « Dans la prospérité, nos amis nous connaissent. Dans l'adversité, nous découvrons qui sont nos vrais amis. » Avez-vous vérifié l'exactitude de ce proverbe ? Quand les choses se compliquent et que vous avez des difficultés, un ami qui vous influence positivement...

répugne à	mais	est disposé à
vous suspecter		vous faire confiance
vous condamner		vous justifier
vous blesser		vous défendre
vous dénoncer		vous protéger
vous réprimander		être patient envers vous
exiger		donner
vous irriter		vous aider
vous en vouloir		vous pardonner

Quand vous chutez, les vrais amis ne vous enfoncent pas davantage. Ils ne vous disent pas : « Je t'avais prévenu. » Ils vous relèvent et vous aident à reprendre votre marche.

Que reçoit-elle de ma part ? Le premier ministre britannique Benjamin Disraeli a remarqué : « Le plus grand bien que vous puissiez faire aux autres, ce n'est pas seulement de leur faire part de vos richesses, mais de leur révéler les leurs. » C'est l'essence même des relations positives, qui poussent les gens à progresser vers leur plein potentiel. Les vrais amis voient le meilleur en vous et vous incitent à vous améliorer, comme June Carter l'a fait pour Johnny Cash.

L'auteur William Allen Ward a fait remarquer : « Un véritable ami connaît vos faiblesses, mais vous montre vos points forts ; il sent vos craintes, mais fortifie votre foi ; il voit vos anxiétés, mais libère votre esprit ; il reconnaît vos limites, mais souligne ce qui est à votre portée. » C'est l'effet que devraient produire toutes les relations positives.

3. Si vos amis n'en sont pas vraiment, faites-vous-en de nouveaux

L'un de mes amis m'a envoyé une histoire hilarante intitulée « La dernière lettre de Bob ». En voici le contenu :

« Chers amis,

« Les hommes doivent à tout prix se rappeler qu'en prenant de l'âge, il est beaucoup plus difficile aux femmes de tenir leur maison que lorsqu'elles étaient plus jeunes. Quand les hommes le remarquent, ils doivent s'efforcer de ne pas crier.

« Je vais vous raconter comment je gère moi-même cette situation.

« Quand j'ai quitté mon emploi pour prendre ma préretraite en avril, Nancy a dû prendre un travail à plein temps pour que nous puissions boucler notre budget et bénéficier de la couverture sociale qui nous est nécessaire. Peu après qu'elle prenne cet emploi, j'ai remarqué qu'elle commençait à trahir son âge.

« En général, je rentre de la pêche ou de la chasse à peu près à l'heure où elle revient à la maison après sa journée de travail. Bien qu'elle sache que je meurs de faim, elle dit presque toujours qu'elle a besoin de se reposer pendant une trentaine de minutes avant de préparer le dîner. J'essaie de ne pas crier. Je lui dis juste de prendre son temps et de me réveiller quand le repas sera sur la table. Jadis, elle faisait la vaisselle dès que nous avions fini de manger. Mais maintenant, tout traîne parfois sur la table pendant des heures.

« Je fais preuve de bonne volonté en lui rappelant plusieurs fois au cours de la soirée que la vaisselle ne va pas se laver toute seule. Je pense qu'elle apprécie mes rappels à l'ordre, puisqu'elle s'arrange pour débarrasser enfin la table et laver la vaisselle avant d'aller au lit.

« Maintenant qu'elle est plus âgée, elle semble se fatiguer bien plus vite qu'avant. Par exemple, notre machine à laver et notre sèche-linge sont au sous-sol. Parfois, elle prétend être trop épuisée pour descendre les marches une fois de plus. Je ne lui en veux pas. Du moment qu'elle termine la lessive le lendemain, je suis prêt à passer l'éponge.

« Et ce n'est pas tout : à moins que je n'aie besoin que mes affaires soient repassées pour que j'aille à ma réunion d'amis du lundi, à mon club de poker du mercredi et du samedi, à ma séance de bowling du jeudi ou à une autre sortie de ce genre, je lui permets de remettre le repassage au lendemain. Cela lui laisse le temps de faire autre chose, comme laver le chien, passer l'aspirateur ou nettoyer la maison.

« De plus, si j'ai fait une bonne pêche, elle peut ainsi vider et nettoyer les poissons tranquillement.

« Néanmoins, Nancy se plaint parfois. Par exemple, elle prétend qu'il lui est difficile de trouver le temps de payer les factures mensuelles pendant sa pause-déjeuner. Malgré ses jérémiades, je continue à l'encourager. Je lui recommande de prendre deux ou trois jours pour les faire. Ainsi, elle ne sera plus aussi pressée par le temps. Je lui rappelle aussi que se passer de déjeuner de temps à autre ne lui ferait pas de mal, si vous voyez ce que je veux dire.

« Alors qu'au fond, elle ne fait pas grand-chose, elle semble sous-entendre qu'elle a besoin de souffler un peu par moments.

« Entre autres, elle souhaite marquer une pause quand elle a tondu la moitié de la pelouse. J'ai toujours essayé de ne pas l'embarrasser quand elle a besoin de ce genre de petite récréation. Je lui suggère de se préparer un grand verre glacé de citrons pressés et de s'asseoir un instant. J'ajoute que si elle en fait un pour elle, elle peut aussi bien en préparer un pour moi en même temps et venir près de mon hamac pour bavarder avec moi jusqu'à ce que je m'endorme.

« Je sais que j'ai sans doute l'air d'un saint : je soutiens si bien Nancy chaque jour ! Je ne dis pas qu'il est simple de faire preuve d'autant de considération. Beaucoup d'hommes estimeront cela difficile, voire même impossible. Nul ne sait mieux que moi à quel point les femmes peuvent devenir acariâtres en vieillissant. Toutefois, Messieurs, si vous criez un peu moins après votre femme une fois que vous aurez lu cet article, je me dirai que cela valait la peine de l'écrire.

« Signé : Bob

« P.-S. : Bob a été enterré le samedi 25 janvier.

« P.-P.-S. : Nancy a été acquittée le lundi 27 janvier.

Si vos proches vous épuisent, il est peut-être temps de procéder à certains changements. Le conférencier Joe Larson a dit : « Mes amis ne croyaient pas que je pouvais devenir un orateur de renom. J'y ai remédié en me faisant de nouveaux amis ! »

Quand on y réfléchit, rien n'est plus important que les relations que nous nous faisons. Souvenez-vous que…
Vous pouvez bâtir une belle maison, mais elle finira par s'écrouler un jour.
Vous pouvez faire une belle carrière, mais un jour, elle sera derrière vous.
Vous pouvez amasser une fortune, mais vous ne l'emporterez pas avec vous.
Vous pouvez être en parfaite santé aujourd'hui, mais plus tard, elle déclinera.
Vous pouvez tirer gloire de vos performances, mais quelqu'un vous surpassera un jour.
Cela vous décourage ? Il ne faut pas, car ce qui compte vraiment, ce qui durera toujours, ce sont vos amitiés.

La vie est trop longue pour la passer avec des gens qui vous poussent dans la mauvaise direction, et elle est trop courte pour ne pas s'investir dans les autres. Vos relations vont vous définir. Et elles influeront sur votre talent – en bien ou en mal. Alors, faites les bons choix !

Exercices d'application

1. Faites une liste des gens qui ont beaucoup d'importance dans votre vie. À côté de chaque nom, écrivez le signe « plus » si cette personne ajoute de la valeur à votre existence et le signe « moins » dans le cas contraire. Servez-vous des questions de ce chapitre comme de critères :

- Que pense-t-elle de moi ?

- Comment voit-elle mon avenir ?

- Comment se comporte-t-elle avec moi dans les moments difficiles ?

- Que reçoit-elle de ma part ?

Vous devrez ensuite élaborer une stratégie pour traiter avec les personnes auxquelles vous avez mis le signe « moins ».

Si vous travaillez avec des gens négatifs, vous devrez trouver moyen de prendre quelque distance. Si cela n'est pas possible, vous pouvez peut-être essayer de changer d'emploi.

Si ces gens négatifs sont des amis ou des connaissances, il est temps d'en changer. Séparez-vous des personnes qui ont une influence négative sur votre vie, et mettez-vous en quête d'amis qui vous fassent du bien.

Si ces personnes négatives font partie de votre famille, vous devrez peut-être limiter le temps que vous passez en leur compagnie et contrer leur mauvaise influence en passant plus de temps avec des personnes positives. (On prétend qu'il faut au moins cinq remarques positives pour contrer les effets d'une remarque négative.)

Si cette personne négative est votre conjoint, cherchez de l'aide auprès d'un professionnel. Il est très peu probable que vous parveniez à améliorer votre relation conjugale sans assistance.

2. Choisissez la relation qui compte le plus pour vous et évaluez-la. Faites deux colonnes : « Ce que je donne » et « Ce que je reçois ». Dans chaque colonne, notez tous les avantages que vous retirez de cette relation et tous ceux que l'autre personne reçoit.

Si la relation est saine, les deux colonnes devraient être à peu près équilibrées. Cela ne veut pas dire qu'il y a forcément autant de points de part et d'autre, car tous les avantages ne sont pas équivalents, et il faut en tenir compte. Mais si l'une des deux colonnes surpasse l'autre de façon flagrante, vous devrez procéder à des ajustements pour préserver votre relation.

Si c'est vous qui donnez le plus, demandez-vous *pourquoi*. Ensuite, faites en sorte de vous mettre en retrait et de moins donner. Parfois, l'autre attend simplement que vous fassiez cette démarche pour vous donner davantage. Si c'est l'autre qui donne le plus, demandez-vous comment vous pouvez inverser cette tendance et agissez en conséquence.

3. Écrivez un mot de remerciement à une personne qui compte beaucoup pour vous. Exprimez-lui votre reconnaissance et expliquez-lui en quoi ce qu'elle a fait pour vous a une grande importance à vos yeux.

12

Votre sens des responsabilités renforce votre talent

Rien ne fortifie autant le talent que le sens des responsabilités. Celui-ci permet au talent d'atteindre un niveau supérieur et d'être tenace. Et pourtant, quand je considère les treize éléments qui peuvent nous permettre d'aller au-delà de notre talent, je constate que peu de gens ont le sens de leurs responsabilités. C'est pourquoi leur talent s'étiole et n'atteint jamais son plein potentiel. Il est triste de voir les gens rester irresponsables, tant pour eux-mêmes que pour leur entourage. L'auteur et éditeur Michel Korda a dit : « Le succès à grande échelle nécessite que vous assumiez vos responsabilités... En fin de compte, la qualité que toutes les personnes qui réussissent ont en commun est la capacité d'assumer leurs responsabilités. » Si vous voulez réussir, tenez compte de cette mise en garde.

Un remarquable talent

Un jour, alors que je zappais d'une chaîne télévisée à l'autre, je suis tombé par hasard sur une émission qui parlait des adeptes de l'escalade. J'ai été époustouflé par leurs prouesses. On aurait dit Spiderman en chair et en os ! Le héros principal était Dan Osman, qui devait être âgé d'environ trente-cinq ans à l'époque, et qui gravissait une paroi rocheuse en un temps record sans cordes de sécurité. À un certain moment, il a littéralement bondi pour atteindre une prise et pendant une fraction de seconde, il a paru voler. S'il avait manqué sa prise, il aurait fait une chute mortelle.

Intrigué, j'ai fait quelques recherches. J'ai découvert que cette ascension particulière avait lieu en Californie à un endroit surnommé « les Amateurs de sauts » qu'on atteignait en empruntant le parcours de « l'Ours ». Évidemment, ces surnoms étaient dus au premier grimpeur qui était parvenu à les escalader. Le parcours de l'Ours est estimé présenter une difficulté de 5,7 selon le système décimal en vigueur au Yosemite. Comme je ne savais pas ce que cela signifiait, je me suis renseigné. Toute escalade qui commence par un 5 correspond à « un parcours qui implique des mouvements techniques et un équipement protecteur en cas de chute » ou encore « un parcours dangereux, qui nécessite du savoir-faire. » (Les mouvements ne sont pas évidents pour un novice : pirouettes dos cambré, prises inversées, volte-face, etc.) Si vous faites une chute sans être protégé, vous risquez fort d'être gravement blessé, voire de vous tuer.[113]

Autrement dit, il s'agit d'un sport extrêmement difficile. Un guide d'escalade a estimé qu'en moyenne, il faut trois heures pour escalader la paroi rocheuse de

---

113 Http://www.climber.org/data/decimal.html.

l'Ours, qui n'est pourtant haute que de cent trente mètres.[114] Généralement, on ne s'y risque qu'en étant solidement encordé. Dans l'émission que j'ai vue, Osman a fait ce qu'on nomme une ascension libre en solo – sans aide ni protection. Il était seul face à la paroi rocheuse. Et il a accompli l'ascension en 4 minutes 25 secondes ! (Allez sur internet, tapez son nom sur un moteur de recherche et vous verrez des vidéos de ce sportif en pleine action.)

Le développement de son talent

Osman a commencé l'escalade à douze ans. Ce fils d'un père policier et d'une mère championne de rodéo descendait des guerriers samouraïs. Dans son enfance, il a étudié le kung-fu et l'aïkido, un art martial japonais qui met l'accent sur l'équilibre, le self-control et l'économie de mouvements. Il a fallu huit ans à Osman pour devenir expert en escalade, ce qui était beaucoup selon lui. Toutefois, il est devenu un grimpeur de renommée mondiale et un gréeur de corde expérimenté.

Après plus de dix ans d'escalade, Osman a commencé à pratiquer la chute libre, qui consiste à se jeter du haut d'un pont ou d'une falaise, comme dans le saut à l'élastique, mais en étant relié à une corde d'alpiniste. Cette dernière est légèrement élastique, mais la chute est beaucoup plus impressionnante. Elle nécessite qu'on soit très bien attaché et qu'on ait des nerfs d'acier. Osman s'est mis à battre des records de chute libre. Il est devenu légendaire parmi les grimpeurs et les personnes qui sautent en parachute depuis un point fixe. Sa renommée s'est accrue, et les créateurs de spots télévisés et d'affiches publicitaires ont commencé à faire appel à lui.

Un talent illimité... mais un sens des responsabilités défaillant

Toutefois, Dan Oswald avait un problème : il n'avait pas les pieds sur terre. Ses amis plaisantaient sur sa notion du temps, car il se présentait à ses rendez-vous avec des heures de retard, quand il ne les oubliait pas purement et simplement. Du reste, dans son enfance, sa mère le surnommait « Danny l'étourneau ». À l'âge adulte, il a collectionné les amendes pour excès de vitesse, pour conduite malgré un retrait de permis ou avec un véhicule sans plaque d'immatriculation, mais il n'a jamais pris soin de les payer. Il a sans cesse fallu que les autres viennent à son secours. Andrew Todhunter, qui était tellement intrigué par Osman qu'il a passé beaucoup de temps avec lui pendant trois ans et qu'il a ensuite écrit un livre à son sujet, a raconté les arrestations d'Osman pour amendes impayées. Quand on l'emmenait au poste de police, Osman demandait à l'écrivain de téléphoner à ses amis, un couple de retraités qui l'avaient « adopté ». Ils avaient pris l'habitude de le tirer d'affaire. La femme, PDG en retraite, soupirait : « Je m'inquiète beaucoup pour lui, en particulier à cause de ses sauts en chute libre. Il continue à vouloir repousser sans cesse les limites. Je lui ai dit : «Tu n'es plus tout jeune, Dan. Tu devrais penser un peu plus à ton avenir !» » Elle ne s'inquié-

---

114 Http://www.supertopo.com/rockclimbing/route.html?r=loeabear.

tait pas seulement pour lui. Osman avait une fille de douze ans nommée Emma, et il vivait avec une femme qui avait elle aussi une fille.

Todhunter était très surpris qu'Osman fasse tellement attention aux détails et ait un tel sens des responsabilités quand il faisait de l'escalade, mais si peu de jugeote dans sa vie quotidienne. Il a demandé à Osman s'il estimait assumer ses responsabilités vis-à-vis de sa fille.

« Si j'avais l'impression, en pratiquant mes sports en solo, de trahir tout ce que je représente, c'est-à-dire de ne pas aller jusqu'au bout, de végéter, je ne pourrais pas le supporter. Si je mourais, je laisserais tomber tout le monde – ma famille, mes amis, expliquait Osman. Je volerais quelque chose à ma fille si je tombais. Elle sait que son père est un sportif radical. Les autres pères ne sont pas ainsi. Elle a peur, mais elle est fière de ce que je fais. C'est comme pour mon père : je m'inquiète à l'idée qu'on lui tire dessus un jour, mais j'entends dire partout qu'il est un excellent policier, et je contemple la plaque sur le mur sur laquelle il est écrit : Policier de l'année. »[115]

Le recordman
Le 23 novembre 1998, Dan Osman a tenté sa plus longue chute libre : 300 mètres. Il avait déjà essayé de battre ce nouveau record le 26 octobre. Il avait installé son équipement sur un sommet rocheux du Yosemite et avait effectué des sauts préalables de plus en plus longs, jusqu'à 250 mètres. Puis il avait reçu un appel téléphonique d'Emma. Elle pleurait et s'inquiétait pour lui. Il avait tout arrêté pour aller la rejoindre. Deux jours plus tard, il était retourné dans le Yosemite, prêt à reprendre ses sauts, mais il avait été arrêté pour ce dont il ne s'occupait jamais : des tickets de parking impayés et une suspension de permis de conduire. Il avait passé quatorze jours en prison.

Son ami, le cinéaste Eric Perlman, qui avait offert sa maison comme caution pour faire sortir Osman de prison, lui parla après sa libération : « Je lui ai dit : «Tu es allé assez loin, sans doute plus que tu l'aurais dû. Personne ne battra ton record avant très longtemps. Arrête-toi, montre au juge que tu es sérieux, que tu respectes les règles établies.» Il a approuvé mes paroles. Il m'a répondu : «Tu as tout à fait raison. C'est ce que je dois faire. De toute façon, mes anges gardiens ont bien mérité de prendre des vacances. Avec moi, ils n'ont pas arrêté de faire des heures supplémentaires !» »[116]

Mais quand Oswald est retourné sur place avec l'un de ses amis le 22 novembre pour remballer ses cordes et tout son équipement, il n'a pas pu résister à l'en-

---

115 Andrew Todhunter, Fall of the Phantom Lord: Climbing and the Face of Fear (New York: Anchor Books, 1998), p.44.

116 Craig Vetter, "Terminal Velocity," Outside, April 1999, http://outside.away.com/magazine/0499/9904terminal.html, accédé le 14 juin 2006.

vie de battre un nouveau record. Tout d'abord, il est monté à près de trois cents mètres. Le lendemain, il a expliqué à son ami qu'il voulait sauter. Puis il s'est hâté de tout réinstaller pour effectuer son plus haut saut. Mais c'était en fin d'après-midi, le soleil se couchait et il ne voyait pas distinctement. Cela ne l'a pas empêché de sauter. Quand la corde n'a pas fait le même bruit que d'habitude, son ami a compris que quelque chose clochait. Il est descendu en bas de la falaise et il a trouvé Osman mort.[117] Sa corde s'était rompue.

Changement de perspective
Lorsque Todhunter a fait des recherches pour écrire son livre et qu'il a passé du temps avec Osman, il a commencé par admirer son talent exceptionnel de grimpeur et par excuser ses fréquentes manifestations d'irresponsabilité. Il a comparé sa conduite aux « infidélités conjugales de Picasso » et à « l'alcoolisme de Faulkner », et déclaré que les grands artistes et les sportifs exceptionnels manifestaient « une incapacité ou un refus de vivre selon les paramètres ordinaires ».[118] Mais en observant sa manière d'agir insensée, son point de vue a changé et il a écrit : « Certains professionnels et certains bénévoles risquent consciemment et régulièrement leur vie au service des autres – et meurent souvent dans l'exercice de leurs fonctions – pour une noble cause. Beaucoup d'entre eux, comme Osman, ont une famille à charge. En voyant Osman sauter du haut d'un pont, j'ai été frappé pour la première fois par la profonde absurdité, par l'indicible *inutilité* du risque qu'il prenait. »[119]

Le talent de Dan Osman était exceptionnel. Rares sont les sportifs qui, dans le monde, auraient pu rivaliser avec lui. Ses dons physiques, comme ceux de Michael Jordan, de Tiger Woods ou de Lance Armstrong, étaient époustouflants. Mais son irresponsabilité a lui gâché la vie et a fini par le tuer. Quelle tragédie !

La force du sens des responsabilités
Nous vivons dans une culture qui surestime le talent et sous-estime le sens des responsabilités. Si vous en doutez, regardez comment nous traitons nos athlètes. Quand ils sont au lycée ou à l'université, on ferme généralement les yeux sur leurs actes stupides ou irresponsables en fonction du talent dont ils font preuve sur le court ou le terrain de sport. Quel mauvais service on leur rend ainsi ! Le sens des responsabilités renforce le talent et augmente les chances d'avoir du succès à long terme. Voici pourquoi :

> *Nous vivons dans une culture qui surestime le talent et sous-estime le sens des responsabilités.*

117 Ibid.
118 Todhunter, Fall, p.43.
119 Ibid., p.78.

1. Le sens des responsabilités est l'un des fondements du succès

Le professeur de sociologie Tony Campolo souligne l'importance d'avoir un solide sens des responsabilités, surtout dans une culture comme la nôtre qui accorde une grande valeur à la liberté. À propos du système américain, il écrit :

« Si j'estime qu'elle pose les principes du meilleur système politique qui ait jamais existé, la Constitution a néanmoins une grande faille. Elle établit clairement la Déclaration des droits, mais jamais celle des responsabilités. Un gouvernement qui assure aux citoyens qu'ils ont des droits mais qui ne leur énonce pas clairement leurs responsabilités ne les incite pas à être ceux que Dieu veut qu'ils soient. »[120]

Je suis entièrement d'accord avec l'appel au sens des responsabilités que lance Campolo. En fait, pendant des années, j'ai enseigné aux leaders que plus ils grimpent d'échelons, plus ils ont de responsabilités et *moins ils ont de droits*. Le leadership exige des sacrifices. Et si accepter des responsabilités est en soi un sacrifice, c'est aussi profondément gratifiant.

Récemment, j'ai eu l'occasion de passer du temps sur le porte-avions USS *Enterprise*. J'ai fait le tour du navire et écouté de nombreux officiers m'expliquer les diverses tâches et fonctions des 5500 personnes qui se trouvaient à bord. Ce qui m'a frappé, c'est que tous les officiers m'ont expliqué l'importance de leur secteur pour la bonne marche de l'ensemble du navire et la façon dont on avait confié à un groupe de jeunes marins de dix-neuf ans la responsabilité de ses fonctions. Les officiers m'expliquaient cela avec fierté.

L'un des officiers m'a précisé qu'il avait sous ses ordres un ancien membre de gang auquel on avait donné le choix entre la prison ou la marine. Le jeune homme perturbé est devenu un membre efficace de l'équipe et le leader de son escadre. Cet officier m'a expliqué qu'il n'avait pas de plus grande joie que d'aider des jeunes gens à problèmes à se tirer d'affaire.

Qu'est-ce qui a changé ces adolescents en citoyens productifs et ces fauteurs de troubles en leaders ? Les responsabilités ! Quand ils sont entrés à l'armée, ils ont été immergés dans une ambiance de prises de responsabilités. Cela exigeait d'eux qu'ils se comportent correctement, qu'ils deviennent conséquents et productifs. Quand des personnes sont mises au défi d'exercer des responsabilités et qu'elles réagissent en faisant leur maximum, le résultat est toujours positif.

Les jeunes hommes et les jeunes femmes que j'ai rencontrés ont choisi d'avoir le sens des responsabilités, et cela les a amenés à avoir du succès à l'armée. Et quoi qu'ils fassent ensuite, cela les poussera à réussir leur vie.

---

120 Tony Campolo, The Covenant Companion, avril 1998.

2. Si l'on assume ses responsabilités, on en aura encore davantage par la suite

Il y a des années, l'éditeur d'un journal a envoyé un nouveau reporter sportif faire un reportage sur un grand match, mais le reporter est revenu sans avoir rien écrit.

« Où est votre article ? » a demandé l'éditeur.

« Je n'en ai pas fait. »

« Comment ? s'est indigné l'éditeur. Et pour quelle raison ? »

« Il n'y a pas eu de match. »

« Hein ? Et pourquoi ? »

« Parce que le stade s'est effondré. »

« Et alors ? Où est le reportage sur l'effondrement du stade ? »

« Je n'étais pas chargé d'en faire un à ce sujet, Monsieur ! »

Les gens qui savent assumer leurs responsabilités en recevront encore plus, à l'inverse des autres.

3. Les responsabilités maximisent les capacités et les opportunités

Pendant la grande grève des Ligues majeures de baseball en 1994, beaucoup de fabricants de cartes à collectionner se retrouvèrent en situation difficile. Toutefois, un homme nommé Jerry Meyer était fermement résolu à ne licencier aucun de ses employés. Mais son entreprise devait effectuer des changements afin de pouvoir payer tout le monde jusqu'à la reprise des affaires. Comment s'y est-il pris ? Il a demandé aux employés de trouver des moyens de pallier aux 40 millions de dollars de déficit. Il leur a expliqué : « Ce n'est pas moi qui vais sauver vos emplois, mais vous. Vous savez ce que vous pouvez changer et faire autrement. »

Les employés ne l'ont pas déçu. Un client a rapporté que l'entreprise dépensait habituellement 50 000$ à acheter des sodas pour les salles de conférences, dépense qui a été annulée. Un employé du département des finances a trouvé moyen d'alléger les recherches sur les marques, ce qui a permis à l'entreprise d'économiser 100 000$. Un responsable des relations publiques a signé un contrat qui lui a permis de vendre des pin's aux Jeux olympiques, ce qui lui a permis de gagner 20 millions de dollars. En fin de compte, l'entreprise de Meyer a été la seule à ne licencier aucun employé pendant la grève du baseball.[121]

---

121 Business Ethics, novembre-décembre 1996.

Avoir le sens de ses responsabilités n'est pas seulement précieux en temps de crise, mais en permanence. Cela augmente nos capacités et nous fournit des opportunités, et cela parce que cela nous pousse à agir, à faire bouger les choses. Nous devons assumer nos responsabilités professionnelles, non seulement en accomplissant la tâche qui nous incombe, mais même au-delà. Par exemple, si vous travaillez dans une entreprise, vous devriez vous demander à la fin de chaque journée : « Ai-je fait quelque chose pour mon patron aujourd'hui ? » Si la réponse est négative, vous avez peut-être des progrès à accomplir. Soyez un bon collaborateur. Tous les employés devraient être des atouts pour leur entreprise, et non des parasites.

L'auteur Richard Evans a observé : « Il est précieux de trouver une personne prête à assumer ses responsabilités, à fignoler le moindre détail et à aller jusqu'au bout des choses, quelqu'un dont on sait que lorsqu'il accepte une mission, il la mènera efficacement et consciencieusement à terme. » Quand les leaders trouvent de telles perles rares, ils les récompensent en leur attribuant des opportunités et des ressources qui les aideront à devenir encore plus efficaces.

4. Au fil du temps, avoir le sens des responsabilités nous vaut une solide réputation

Les personnes responsables ont une réputation qui s'accroît sans cesse, et qui pousse les autres à s'appuyer sur elles. Ils découvrent ce qu'ils peuvent attendre d'elles, et savent qu'ils peuvent compter sur elles. Elles sont solides !

En revanche, quand une personne est irresponsable, on lui fait de moins en moins confiance. Au fur et à mesure que Todhunter a mieux connu Dan Osman, il a émis davantage de réserves sur lui et sur ce qu'il faisait. Certaines personnes assument leurs responsabilités dans certains domaines de leur vie et non dans d'autres, mais cela ne fonctionne pas à long terme. Si l'on n'y remédie pas, l'irresponsabilité gagne du terrain et gangrène tous les domaines de la vie.

La réputation du général américain Dwight Eisenhower n'a pas cessé de grandir, à tel point qu'il a fini par devenir président. Bien qu'il n'ait été qu'un président moyen, c'était un excellent général, entre autres parce qu'il assumait la responsabilité de ses décisions.

Pendant la Seconde Guerre mondiale, Eisenhower avait pour mission de programmer l'invasion de la Normandie. Donner le signal de l'assaut était une démarche pénible, car cela provoquerait inévitablement la mort de nombreux soldats. Et pourtant, il savait que si elle réussissait, elle constituerait une étape décisive de la guerre contre les nazis.

Dans son livre *American Scandal*, Pat Williams a écrit que pendant les heures qui ont précédé l'assaut, Eisenhower a écrit un article de presse qui paraîtrait en cas d'échec de l'invasion. Voici ce qu'il disait :

« Notre débarquement a échoué, et j'ai retiré les troupes. Ma décision d'attaquer à ce moment et à cet endroit a été basée sur les meilleures informations dont je disposais. Les troupes, l'aviation et la marine ont accompli tout ce qu'ils pouvaient avec bravoure et sens du devoir. Si l'on doit imputer le blâme de l'échec de cette tentative à quelqu'un, que ce soit à moi seul. »[122]

Eisenhower avait décidé d'assumer l'entière responsabilité de ce qui arriverait. Cet état d'esprit faisait l'admiration des autres officiers, de ses soldats et de la population en général.

Si vous voulez que les autres vous fassent confiance, vous donnent davantage d'occasions et de ressources pour développer et fortifier votre talent et fassent équipe avec vous, assumez fidèlement vos responsabilités dans tous les domaines de votre existence.

122 Williams, American Scandal, p.174–75.

Talent + *sens des responsabilités* **= personne qui va au-delà du talent**

Exercices d'application

Je ne sais pas où vous vous situez dans le domaine des responsabilités. Peut-être cela vous pose-t-il problème. Peut-être, à l'inverse, assumez-vous pleinement vos responsabilités et ne baissez-vous jamais les bras. Quoi qu'il en soit, veuillez prendre en compte les étapes suivantes pour vous aider à aller au-delà de votre talent dans ce domaine :

1. Commencez là où vous en êtes

Le philosophe grec Aristote a observé : « Ce sont les décisions que nous prenons qui font de nous ce que nous sommes. » Chaque fois que vous prenez une décision responsable, vous devenez quelqu'un de plus responsable. Même si vous n'avez pas été très brillant dans ce domaine jusqu'à présent, vous pouvez changer. Les personnes qui réussissent assument la responsabilité de leurs actions et de leurs attitudes. Elles savent réagir correctement en toute circonstance. Assumer ses responsabilités est toujours un choix, et vous êtes le seul à pouvoir le faire.

Si vous n'avez pas su assumer correctement vos responsabilités jusqu'à ce jour, commencez doucement à changer. Il faut partir de là où vous en êtes. Je pense que dans ce domaine, la main la plus secourable que vous pourrez trouver se situe au bout de votre bras.

2. Choisissez judicieusement vos amis

Comme j'ai consacré un chapitre entier aux relations et à la façon dont elles influent sur le talent, je n'ai pas besoin de rajouter grand-chose à ce sujet. Tenez compte du conseil de l'instructeur Kevin Eikenberry : « Faites très attention aux personnes avec lesquelles vous vous associez, car elles détermineront la direction que vous prendrez. » Si vous avez commencé votre voyage sur la voie de la responsabilité, assurez-vous d'avoir de bons compagnons de route, car il vous sera difficile, voire impossible de progresser si vous passez la plupart de votre temps avec des amis irresponsables.

3. Cessez de blâmer les autres

Le directeur des ventes d'une entreprise de nourriture pour chiens a demandé un jour à ses vendeurs ce qu'ils pensaient de la nouvelle campagne publicitaire de leur entreprise.

« Super ! ont-ils répondu. C'est la meilleure du genre ! »

« Et que pensez-vous de nos produits ? »

« Ils sont fantastiques ! » se sont-ils écriés en chœur.

« Et les vendeurs ? »

Comme c'était d'eux qu'il s'agissait, ils ont (évidemment) répondu qu'ils étaient les meilleurs.

« Très bien, a conclu le directeur. Dans ce cas, si nous avons la meilleure marque, le meilleur emballage, le meilleur programme publicitaire et les meilleurs vendeurs, comment se fait-il que nous ne soyons que les dix-septièmes dans notre domaine ? »

Après un moment de silence gêné, l'un des vendeurs a bafouillé : « C'est de la faute de ces sacrés chiens. Ils ne veulent pas manger nos trucs ! »

> *«Ma philosophie est que non seulement vous êtes responsable de votre vie, mais que si vous faites de votre mieux maintenant, cela vous met dans la meilleure position possible pour la suite. »*
> *Oprah Winfrey*

Si vous voulez avoir du succès et optimiser votre don pour devenir une personne qui va au-delà de son talent, cessez de blâmer les autres. Regardez-vous dans la glace et prenez en main votre existence. L'animatrice de télévision Oprah Winfrey a dit : « Ma philosophie est que non seulement vous êtes responsable de votre vie, mais que si vous faites de votre mieux maintenant, cela vous met dans la meilleure position possible pour la suite. »

Le producteur de télévision Ron French estime que l'irresponsabilité se généralise en Amérique :

« Fuir ses responsabilités est devenu une caractéristique nationale. Nous avons tous appris à blâmer les autres, à traiter les sept péchés capitaux de syndromes acceptables et à faire passer les criminels pour des victimes. Les fumeurs de longue date traînent en justice l'industrie du tabac et les étudiants rationalisent la tricherie : bref, nous sommes devenus une nation de contestataires et de bébés pleurnicheurs. «Cela fait partie intégrante du caractère américain contemporain, explique Charles Sykes dans *A Nation of Victims* (Une nation de victimes). Nous étions jadis des gens autonomes ; nous sommes aujourd'hui des personnes qui refusent d'endosser leurs responsabilités.» »

Les gens qui imputent aux autres le blâme de leur situation accusent les gens, les institutions ou les structures. Certains s'en prennent à la société ou à l'époque à laquelle ils vivent, d'autres s'en prennent au « système ». Les criminels incarcérés blâment toujours les autres et proclament leur innocence. Certains attribuent à la génération précédente la cause de tous leurs problèmes. Mais en fait, le scénariste de bandes dessinées Doug Larson a observé : « Si les gens blâment les générations précédentes, c'est qu'ils n'ont qu'une seule autre option. »

> **«Faites ce que vous pouvez avec ce que vous avez**
> **à l'endroit où vous êtes.»**
> **Théodore Roosevelt**

Le président Théodore Roosevelt nous a donné l'un des meilleurs conseils qui soient à ce sujet : « Faites ce que vous pouvez avec ce que vous avez à l'endroit où vous êtes. » Nous pouvons tous le suivre. Ne cherchez pas à blâmer qui que ce soit. Concentrez-vous simplement sur le présent et faites de votre mieux. Et si vous commettez une erreur ou que vous échouez, cherchez quelle est votre part de responsabilité dans l'affaire et essayez de mieux faire la fois suivante.

4. Apprenez les grandes leçons de la prise de responsabilités

Pour assumer nos responsabilités et devenir ainsi des personnes qui vont au-delà de leur talent, nous devons apprendre quatre grandes leçons. Elles sont simples et évidentes, mais très difficiles à maîtriser :

Sachez que pour avoir du succès, il faut savoir vous discipliner. Avant tout, il nous faut remporter une victoire sur nous-mêmes. Nous devons apprendre à nous maîtriser. Pour y parvenir, vous pouvez employer toutes les incitations possibles : le désir de respecter des valeurs morales ou éthiques, le fait de vous accorder des récompenses quand vous avez mené à bien votre tâche, voire même le risque de voir vos failles dévoilées publiquement. Le PDG John Weston a fait remarquer : « J'ai toujours essayé de vivre en suivant cette simple règle : ne faites pas ce que vous n'aimeriez pas lire dans le journal le lendemain. » Chaque fois que vous cessez de mal faire ou que vous commencez à accomplir votre devoir, vous renforcez votre discipline personnelle et votre capacité d'assumer vos responsabilités.

Terminez ce que vous commencez. Il y a deux sortes de personnes dans le monde : celles qui agissent et celles qui pourraient agir. Les personnes responsables sont tenaces. Si elles s'engagent à agir, elles vont jusqu'au bout. Et les autres le remarquent ! Sont-elles fiables ou pas ? Puis-je compter sur elles ? L'écrivain Ben Williams a observé : « La vie, c'est l'acceptation ou le refus des responsabilités. Soit nous remplissons nos obligations, soit nous les esquivons. Le choix est sans cesse offert à tous les hommes, et l'option qu'ils choisissent permet de découvrir qui ils sont. »

Sachez à quel moment les autres dépendent de vous. Les personnes douées ne parviennent jamais au succès toutes seules. (Je vous en parlerai en détail dans le prochain chapitre.) Pour réussir, vous avez besoin des autres. Parfois, vous devez dépendre d'eux. Dans mon livre *Les dix-sept lois infaillibles du travail en équipe*, je vous parle de la loi de la confiance, selon laquelle les coéquipiers doivent pouvoir compter les uns sur les autres.

Pour être le genre de personne sur laquelle les autres peuvent s'appuyer, vous devez vous montrer digne de confiance. Ensuite, il faut cesser de vous monopoliser sur vous-même pour prendre conscience du fait que les autres dépendent de vous. Avoir *l'intention* d'assumer vos responsabilités ne suffit pas : vous *devez agir en conséquence*.

N'attendez pas que les autres agissent à votre place. Le juge de la Cour d'appel de la Californie du Sud Alexander Saunders a lancé le défi suivant aux étudiants en dernière année d'une université :

« La balle est dans votre camp. Pendant le reste de votre existence, ne partez jamais du principe que quelqu'un d'autre portera les plus lourds fardeaux, que quelqu'un d'autre soutiendra vos convictions profondes, que quelqu'un d'autre fera le travail, que quelqu'un d'autre prendra soin des pauvres, rendra visite aux malades, protègera les droits civils, appliquera la loi, préservera la culture, transmettra les valeurs, maintiendra la civilisation et défendra la liberté.

« N'oubliez jamais que ce que vous ne valoriserez pas sera jugé de peu d'importance, que ce dont vous ne vous souviendrez pas sera oublié, que ce que vous ne changerez pas restera comme avant, que ce que vous ne ferez pas ne sera jamais accompli par personne d'autre. Vous pouvez, si vous le souhaitez, façonner une société dans laquelle les leaders commerciaux et politiques seront moins obsédés par l'amour de l'argent. Il ne s'agit pas seulement de savoir quoi faire ; encore faut-il avoir la volonté de le faire. »

Beaucoup de gens restent passifs en attendant que les autres assument leurs responsabilités. Parfois, c'est dû à leur faiblesse de caractère – à leur paresse, à leur indécision, etc. mais plus souvent, cela provient de leur faiblesse de jugement et de leur mauvaise estime d'eux-mêmes. Les gens pensent que quelqu'un d'autre est plus qualifié qu'eux ou qu'il est plus à même d'intervenir et de faire une différence. Toutefois, en réalité, la plupart des gens qui font une différence ne sont pas les plus aptes à y parvenir. Simplement, ils ont décidé d'essayer.

5. Prenez des décisions difficiles et tenez-les

Quand il était maire de New-York, Rudy Giuliani avait mis sur son bureau une petite pancarte sur laquelle on pouvait lire : « Je suis responsable. » Dans son livre *Leadership*, il a écrit :

« Pendant toute ma carrière, j'ai insisté sur cette notion – l'idée que les gens qui travaillent pour moi ont des comptes à rendre à ceux pour lesquels ils travaillent. Elle est le fondement même de notre action, et elle commence par moi... Rien ne suscite davantage la confiance qu'un leader qui est prêt à assumer la responsabilité de ce qui arrive pendant qu'il occupe sa fonction. On peut ajouter à cela que rien ne maintient autant les employés dans la droite ligne qu'un chef irréprochable. C'est vrai dans l'importe quelle association, mais surtout dans le gouvernement. »[123]

Cette conception lui a été très utile pendant la catastrophe du 11 septembre 2001. Il a dû prendre des décisions épineuses très rapidement et s'y tenir, qu'elles aient été bonnes ou mauvaises. Son sens des responsabilités et sa poigne énergique ont été précieuses pendant cette période critique.

> *«Vous ne pourrez pas échapper à vos responsabilités de demain en esquivant celles d'aujourd'hui.»*
> *Abraham Lincoln*

« Vous ne pourrez pas échapper à vos responsabilités de demain en esquivant celles d'aujourd'hui », a dit Abraham Lincoln. Les décisions faciles à prendre nous donnent bonne apparence, mais c'est en prenant des décisions plus difficiles – et en en assumant la responsabilité – que nous devenons meilleurs.

6. Soyez altruiste
J'aimerais vous faire part d'un autre aspect du sens des responsabilités qui fera de vous une personne qui va au-delà de son talent et ne se contente pas de prendre soin d'elle-même : allez au-delà de vous-même et servez les autres. À la veille de sa présidence, John Kennedy a affirmé dans un discours :

« On demandera beaucoup à ceux qui ont beaucoup reçu. Et quand le tribunal de l'Histoire fera comparaître en jugement chacun d'entre nous pour déterminer si, au cours de notre brève période au service de l'État, nous avons réussi ou échoué, quelle que soit la fonction que nous ayons exercée, nous serons jugés par rapport à quatre questions. Premièrement, avons-nous été des hommes courageux ? Deuxièmement, avons-nous eu un jugement équitable ? Troisièmement, avons-nous été intègres ? Et enfin, avons-nous été dévoués ? »[124]

Les gens égocentriques considèrent que leurs talents et leurs ressources leur appartiennent en propre, alors que les serviteurs et les servantes les voient plutôt comme un don à partager.

Elie Wiesel, qui a survécu à l'Holocauste et qui a remporté le prix Nobel en 1986, a consacré les années qui ont suivi son incarcération dans des camps de concen-

123 Rudolph W. Giuliani avec Ken Kurson, Leadership (New York: Hyperion, 2002), p.69–70.
124 Speech to Massachusetts legislature (9 janvier 1961), cité sur www.mass.gov/statehouse /jfk_speech.htm, accédé le 4 août 2006.

tration nazis à se démener pour les autres. Il a été professeur à l'Université de Boston. Il a aussi beaucoup voyagé, en donnant des conférences pour faire part de ce que ses expériences lui ont appris. Il a souvent demandé aux jeunes gens qu'il côtoyait : « Comment allez-vous gérer les privilèges et les obligations que la société vous procurera ? » Tout en les guidant, il tentait de leur communiquer son sens des responsabilités :

« Je dois transmettre aux autres ce que je reçois. Mes connaissances ne doivent pas rester emprisonnées dans mon cerveau. Il faut que j'en fasse part à de nombreux hommes et à de nombreuses femmes. Je ressens le besoin de transmettre ce qui m'a été donné. C'est une affaire de reconnaissance... Apprendre, c'est partir du principe que la vie n'a pas commencé à ma naissance. D'autres personnes ont été là pour moi, et je marche sur leurs traces. »

Avoir le sens des responsabilités vous sera très utile. Cela renforcera votre talent, rehaussera vos capacités et accroîtra vos opportunités. Cela augmentera la qualité de votre vie pendant la journée et vous aidera à mieux dormir la nuit. Et cela améliorera également la vie de ceux qui vous entourent.

Si vous voulez faire de votre vie une histoire magnifique, réalisez que vous en êtes l'auteur. Chaque jour, vous avez l'occasion d'écrire une nouvelle page de votre histoire. Je vous encourage à remplir ces pages de responsabilités envers vous et les autres. Si vous le faites, en fin de compte, vous ne serez pas déçu.

Exercices d'application

1. Jusqu'à quel point prenez-vous soin d'accomplir fidèlement les petites tâches ? C'est une condition indispensable pour qu'on vous attribue ensuite de plus grandes responsabilités. Et même si des responsabilités considérables pèsent sur vos épaules, vous ne devez pas pour autant négliger les petites tâches qui vous incombent. N'oubliez pas non plus vos petites responsabilités quotidiennes envers vos proches, comme votre conjoint ou vos enfants. Faites votre examen de conscience : veillez-vous aux petits détails sur votre lieu de travail ? Et chez vous ? Combien de fois avez-vous négligé de petites choses qui ont une grande importance pour les membres de votre famille ? Cela peut être aussi important que d'oublier un anniversaire, ou plus minime, comme omettre de retirer du linge au pressing ou être en retard au match ou à la représentation de l'un de vos enfants. Si vous négligez les petites choses, il est temps de vous amender.

2. Quel aspect de vos responsabilités vous est-il particulièrement difficile d'assumer avec constance ?

- *Pratique de l'autodiscipline :* c'est le fait de vous maîtriser pour atteindre un but important. Si c'est dans ce domaine que vous éprouvez des difficultés, cherchez l'aide de quelqu'un qui peut vous guider, vous donner des indications et vous pousser à vous motiver. Si vous manquez de discipline dans le domaine financier, trouvez quelqu'un qui vous aidera à établir un budget. Si votre santé vous pose problème, consultez un médecin. Si vous avez du poids à perdre, parlez-en à un entraîneur et à un nutritionniste.

- *Persévérance :* c'est le fait d'assumer vos responsabilités jusqu'au bout. Si vous avez tendance à baisser rapidement les bras, fixez-vous des objectifs relativement petits, mais qui exigeront de vous une certaine dose de persévérance. Commencez par des domaines qui vous passionnent. Ensuite, quand vous aurez quelques victoires à votre actif, attaquez-vous à d'autres domaines de votre vie.

- *Prise de conscience du fait que les autres dépendent de vous :* c'est le fait d'être là pour les autres. Les gens qui ont des problèmes dans ce domaine manquent de sens du contact ou sont trop centrés sur eux-mêmes. Si c'est ce qui vous pose problème, lisez, par exemple, *Comment se faire des amis pour réussir dans la vie,* de Dale Carnegie, ou encore mon livre *Gagner avec les autres.* Si vous êtes trop égocentrique, faites des démarches pour aider les personnes qui ont de gros besoins.

- *Passage à l'acte :* c'est le fait de ne pas attendre que les autres accomplissent ce qui est important pour vous. Vous avez déjà fait des exercices pour vous aider à progresser dans les domaines qui vous passionnent, pour identifier vos valeurs fondamentales, et ainsi de suite. Revoyez-les et demandez-vous si vous êtes passé à l'action dans ces différents domaines. Sinon, effectuez une démarche concrète : soyez bénévole, faites un don financier, joignez-vous à une association ou fondez-en une... Faites-le avant la fin de la semaine.

3. La plupart des gens ont une décision importante à prendre dans leur travail et leur vie personnelle et la remettent sans cesse à plus tard. Quelle est la vôtre ? Quand allez-vous enfin vous décider à agir ? Écrivez vos raisons, afin de mieux comprendre ce qui vous retient. Ensuite, notez les avantages que vous tirerez en prenant votre décision. Avez-vous des raisons claires, concrètes et instantes de remettre à plus tard cette dernière ? Dans ce cas, notez-les. Une fois que vous aurez fait tout cela, vous saurez dans votre cœur comment vous devez agir. Faites-le, et persévérez.

13

Le travail en équipe multiplie votre talent

D ans le célèbre film *Rocky*, le boxeur Rocky Balboa décrit sa relation avec sa petite amie, Adrian, en ces termes : « J'ai des lacunes, et elle aussi. Mais ensemble, nous n'en avons plus ! » Quelle merveilleuse description du travail en équipe ! Peu importe à quel point vous êtes doué – vous avez des lacunes. Vous n'êtes pas performant dans tous les domaines. Quel est le meilleur moyen d'y remédier ? En vous associant à des partenaires dont les points forts pallient à vos faiblesses. Si vous voulez accomplir de grandes choses, travaillez en équipe.

Un prodigieux travail en équipe

Au chapitre précédent, je vous ai raconté que je m'étais rendu récemment sur le porte-avions USS *Enterprise*. J'en ai eu l'occasion lorsque mon ami Tom Mullins m'a invité à le visiter avec quelques autres amis. Nous nous sommes posés sur le porte-avions, qui était déjà en mer. Pendant vingt-quatre heures, nous avons été traités comme des hôtes de marque, et nous avons eu le privilège de visiter de fond en comble ce magnifique navire. Toute l'expérience a été fantastique, mais l'expérience la plus marquante que j'aie faite a été de m'asseoir à côté du commandant du groupe d'intervention et d'observer le lancement et l'atterrissage des jets F/A-18 Hornet pendant la nuit. Quel spectacle à couper le souffle !

La façon dont ces jets décollaient pendant que d'autres se posaient et s'arrêtaient à seulement deux secondes d'écart était de toute beauté, mais j'ai été encore plus frappé par le nombre de personnes qui étaient impliquées dans le processus et par le travail d'équipe que cela exigeait. Quand j'ai interrogé le commandant à ce sujet, il m'a mis en contact avec l'officier responsable de la division, qui m'a expliqué le processus en ces termes :

« Le pilote est assis aux commandes de son F/A-18 Hornet pendant que le jet passe de 0 à près de 160 mph[125] en moins de trois secondes. Lorsque l'appareil décolle, le train d'atterrissage se rétracte et le pilote se retrouve seul au cœur de la nuit. Rares sont ceux qui mènent un combat solitaire à notre époque de travail en réseau, mais un aviateur installé dans le cockpit de l'un de nos jets semble être un exemple frappant du fait qu'un objectif particulier dépend entièrement du talent, de l'habileté et des efforts d'une personne qui a subi un entraînement intensif. Toutefois, catapulter un jet dans l'espace depuis un porte-avions nécessite la contribution complexe d'une quantité de personnes,

---

125 Mph : mille international par heure, unité de mesure anglo-saxone (Ndt).

qui accomplissent chacune une mission spécifique. Les efforts et la coordination de tous ces jeunes gens, pour la plupart juste sortis du lycée, nous fournissent un parfait exemple de l'efficacité du travail en équipe. »[126]

Il m'a ensuite expliqué le processus. Des heures avant que les jets ne soient conduits dans la zone de catapultage pour décoller, ils sont inspectés de fond en comble par une équipe de mécaniciens et de techniciens spécialisés. Pendant que le pilote reçoit des informations sur sa mission (temps, objectif à atteindre, consignes radio et informations sur la navigation fournies par des équipes maritimes), l'appareil passe par un processus rigoureux de préparation. Ces formalités ne prennent fin que lorsque le pilote a examiné les rapports de maintenance de l'appareil et inspecté lui-même son jet.

Trente minutes exactement avant le lancement de l'appareil, des démarches précises ont lieu. Le responsable du vol donne le signal de mise en route du moteur afin de s'assurer que le jet est en état de fonctionner, tandis que de son côté, le pilote effectue les dernières vérifications avant le décollage. Le capitaine du porte-avions écoute le bruit du moteur et observe le mouvement de chaque zone de contrôle pendant que le pilote effectue ses tests. Une fois que tout le monde est assuré que tout est correct, une autre équipe spécialisée se charge de faire le plein de carburant.

Pendant ce temps, l'officier du service d'assistance en escale, assis au contrôle du poste de pilotage – et muni d'un modèle réduit du poste de pilotage du porte-avions contenant des maquettes de chaque avion afin de tout superviser – transmet le plan de la séquence de lancement au responsable du pont. L'officier du service d'assistance en escale annonce par radio au responsable du pont quels appareils sont prêts et peuvent être déplacés.

Le responsable du pont dirige trois équipes distinctes de dirigeants d'avions et de marins, chacune chargée d'une zone différente du poste de pilotage. Ces équipes veillent à ce que chaque appareil qui va décoller soit bien rangé, dirigé au bon emplacement (souvent à quelques centimètres des autres), et enfin aligné avant d'être catapulté – parfois malgré les remous qui font osciller le pont. Quand le responsable du pont reçoit le signal de l'officier du service d'assistance en escale, il demande aux directeurs des avions d'orienter l'appareil vers l'une des quatre catapultes qui assurent le départ le plus rapide possible de tous les appareils depuis le poste de pilotage. Quand le moment du lancement approche, les directeurs amènent chaque appareil devant une catapulte, et le déflecteur est relevé quand un jet est installé au bon endroit.

126 La description du commandant était si complexe et détaillée que je lui ai demandé de me l'envoyer par mail afin de pouvoir la retranscrire plus exactement dans ce livre.

Dans le poste de pilotage, les derniers contrôleurs de l'entretien font le tour de l'appareil et l'inspectent minutieusement pendant que les membres de l'équipe de catapultage et du dispositif d'arrêt hissent l'appareil dans la barre de catapultage et préparent le jet en vue du lancement. En-dessous du poste de pilotage, d'autres équipes emploient l'hydraulique et d'autres instruments pour contrôler la vapeur qui sort du réacteur nucléaire faisant fonctionner la catapulte.

À ce moment-là, le personnel préposé aux munitions charge l'armement sur l'appareil.

L'officier des catapultes annonce alors le poids de l'appareil avec le pilote. Il signale aussi la force du vent sur le pont et les conditions ambiantes. Il calcule avec précision la somme d'énergie indispensable pour le vol.

Malgré tous ces préparatifs, aucun jet ne pourrait décoller si le navire n'était pas en bonne position. L'équipe de navigation du navire, qui a fait des calculs pour déterminer la vitesse et la direction nécessaires, a transmis ces informations au poste de pilotage, et le navire s'est orienté correctement et a accéléré pour être à la vitesse adéquate.

À ce stade, l'appareil est presque prêt à décoller. Le responsable de la catapulte donne le signal aux opérateurs, et l'appareil est propulsé dans la catapulte par système hydraulique. Au même instant, le pilote fait tourner les moteurs de l'appareil à plein régime et vérifie que le jet fonctionne correctement. S'il juge l'appareil prêt à décoller, il le signale au responsable de la catapulte en le saluant de la main. Si l'officier de lancement par catapulte constate que le dernier vérificateur de l'escadron lève les deux pouces, il donne le signal « Feu » et le jet est catapulté.

Ce qui est extraordinaire, c'est que trois autres jets peuvent être catapultés juste derrière le premier en moins d'une minute, et que chacun d'eux a subi le même processus. Et en l'espace de quelques minutes, le poste de pilotage peut être prêt à accueillir des appareils qui atterrissent, et qui sont en approche finale juste après que le dernier appareil ait quitté la piste.

Quelques vérités sur le travail en équipe

Peu de domaines nécessitent un travail en équipe aussi précis et qui mette en jeu un aussi grand nombre de personnes que le lancement d'un jet depuis un porte-avion. Il est évident que le travail en équipe est essentiel pour mener à bien une telle tâche, mais il n'est pas nécessaire d'effectuer des missions aussi complexes pour avoir besoin des autres. En 2001, quand j'ai écrit *Les 17 lois infaillibles du travail en équipe*, j'ai commencé par la loi de la signification, selon laquelle « le chiffre un est un trop petit nombre pour parvenir à la grandeur ». Si vous voulez faire quelque chose qui ait de la valeur, vous devez travailler en équipe.

Non seulement le travail en équipe permet à une personne d'accomplir ce qui lui serait impossible autrement, mais il accroît toutes ses ressources – y compris son talent. Si vous êtes convaincu (comme moi) que chaque personne est un don de Dieu, un groupe de gens doués qui travaillent en collaboration produira forcément d'excellents résultats, et cela quels que soit votre vision ou vos désirs. Le travail en équipe vous permet d'accomplir ce dont vous rêvez.

> *Le travail en équipe vous permet d'accomplir ce dont vous rêvez.*

Travailler avec les autres pour atteindre un but commun est l'une des expériences les plus gratifiantes de la vie. J'ai dirigé ou fait partie de nombreuses équipes différentes – sportives, professionnelles, ministérielles, de communication, ainsi que de chorales, d'orchestres, de comités, de bureaux, etc. De plus, j'ai vu à l'œuvre toutes sortes d'équipes au cours de mes voyages autour du monde. Parler à des leaders, développer des équipes, conseiller les gens, enseigner et écrire à propos du travail en équipe a influencé mes théories à ce sujet. Voici ce que j'ai appris et ce que j'aimerais vous transmettre :

1. Le travail en équipe amenuise les efforts et multiplie les effets

Aimeriez-vous obtenir de meilleurs résultats en travaillant moins ? Qui ne le souhaiterait pas ? Eh bien, c'est ce que donne le travail en équipe. Dans son livre *Jesus on Leadership,* C. Gene Wilkes explique pourquoi le travail en équipe est supérieur à l'effort individuel :

- Les équipes se composent plusieurs personnes : elles ont donc plus de ressources, d'idées et d'énergie qu'un seul individu.

- Elles maximisent le potentiel d'un leader et minimisent ses faiblesses. Quand une personne est seule, on remarque davantage ses points forts et ses lacunes.

- Elles procurent de multiples points de vue sur la façon de combler un besoin ou d'atteindre un but, ce qui permet d'envisager plusieurs alternatives dans chaque situation. Face à un problème, le discernement personnel est rarement aussi étendu et profond que celui d'un groupe.

- Les équipes partagent la gloire des victoires et l'humiliation des défaites, ce qui favorise l'humilité et l'unité. Par contre, les individus isolés reçoivent seuls toute l'admiration ou tout le blâme, ce qui les incite soit à s'enfler d'orgueil, soit à avoir un pénible sentiment d'échec.

- Les équipes aident leur leader à rester centré sur leur objectif. À l'inverse, les dirigeants qui ne dépendent de personne peuvent changer d'objectif à leur guise.

- Les équipes peuvent, tout simplement, faire plus que les personnes seules. Dans ce cas, pourquoi certaines personnes répugnent-elles à travailler en équipe ? Parce qu'au départ, ce n'est pas toujours facile. En général, les équipes ne se créent pas et ne se développent pas spontanément. Elles nécessitent des leaders et un esprit de coopération. Si cela exige généralement plus de travail au départ, les dividendes que cela rapporte ensuite sont considérables et valent largement les efforts déployés.

2. Les individus gagnent des matchs, mais les équipes remportent des championnats

Dans le vestiaire de l'équipe des Patriotes de la Nouvelle Angleterre, un panneau proclamait : « Les individus gagnent des matchs, mais les équipes remportent des championnats. » Les Patriotes l'avaient certainement compris, puisqu'en quatre ans, ils ont gagné trois fois le Super Bowl.

Les équipes qui remportent plusieurs fois les championnats ont appris à travailler ensemble. Pendant plus de vingt ans, les Celtics de Boston ont dominé la NBA (Association nationale de basket aux États-Unis). Leur équipe a gagné plus de championnats que toute autre depuis la création de la NBA. Vers les années 1950-1960, les Celtics ont remporté huit championnats successifs. Pendant toute cette période, jamais un joueur ne s'est détaché par rapport aux autres. Leur entraîneur, Red Auerbach, insistait sur l'importance du travail en équipe. Il soutenait : « Une personne qui cherche la gloire n'accomplit jamais grand-chose. Tout ce que nous avons accompli provient de la coopération de personnes qui se sont ingéniées à atteindre nos buts communs. »

Il est facile de voir les fruits du travail en équipe dans le domaine sportif, mais il est au moins aussi important de savoir collaborer dans le cadre professionnel. Harold Geneen, qui a dirigé ITT – une entreprise spécialisée dans les communications téléphoniques – pendant plus de vingt ans, a observé : « L'essence du leadership, c'est la capacité d'inciter les autres à travailler en équipe pour atteindre un objectif commun. » Pour atteindre le niveau maximum, vous devez faire partie d'une équipe.

3. Le travail en équipe ne tourne pas autour de vous

La *Harvard Business School* définit une équipe comme un petit nombre de personnes aux aptitudes complémentaires qui se consacrent à un but, à un objectif et à une méthode communs et qui se rendent mutuellement des comptes. Parfois, amener des gens à travailler ensemble n'est pas évident. Cela nécessite des leaders compétents. Plus les membres d'une équipe sont doués, plus le leadership doit être efficace. Ce qui caractérise les bons leaders, ce n'est pas le fait qu'ils font travailler les autres, ni même qu'ils les font travailler dur : c'est qu'ils parviennent à les faire travailler dur *ensemble* !

J'ai étudié ce qu'ont dit des leaders et des entraîneurs d'équipes exceptionnels. Voici quelques citations à propos de l'efficacité du travail collectif :

Paul « Bear » Bryant, légendaire entraîneur de football en Alabama : « Pour gagner, l'équipe doit avoir un sentiment d'unité. Il faut que chaque joueur fasse passer l'équipe avant sa gloire personnelle. »

Bud Wilkinson, auteur de *The Book of Football Wisdom* (Le livre de la sagesse du football): « Pour qu'une équipe atteigne son plein potentiel, chaque joueur doit être prêt à faire passer ses objectifs personnels après le bien collectif. »

Lou Holtz, entraîneur d'équipes étudiantes de championnats nationaux de football : « Vous n'êtes plus libre de faire ce qui vous plaît une fois que vous avez des obligations et des responsabilités. Si vous voulez baisser les bras, vous le pouvez, mais vous devez vous l'interdire si vous avez des responsabilités envers vos coéquipiers. »

Michael Jordan, meilleur joueur de basket de tous les temps, qui a été six fois champion du monde : « Dans tous les sports, il y a des quantités d'équipes qui ont d'excellents joueurs, mais ne remportent jamais rien. La plupart du temps, ces joueurs ne veulent pas se sacrifier pour le bien de leur équipe. Paradoxalement, en fin de compte, leur refus de se sacrifier ne fait que rendre leurs ambitions individuelles plus difficiles à atteindre. Je suis fermement convaincu que si vous pensez d'abord à votre équipe et agissez en conséquence, vous serez remarqué individuellement. Le talent remporte des matchs, mais le travail en équipe et l'intelligence remportent des championnats. »[127]

Toutes les grandes équipes ont des joueurs qui prennent des décisions en fonction du bien collectif. C'est vrai dans le domaine sportif, en affaires, à l'armée et dans les associations bénévoles. Et cela à tous les niveaux, depuis le bénévole à temps partiel jusqu'à l'entraîneur ou au PDG. Les meilleurs leaders sont ceux qui font passer leur équipe en premier.

« Les leaders des équipes sont intimement persuadés de ne pas avoir toutes les réponses. Ils n'insistent donc pas pour les donner. Ils croient qu'ils n'ont pas besoin de prendre toutes les grandes décisions – si bien qu'ils ne le font pas. Ils savent qu'ils ne peuvent pas réussir sans la contribution de tous les autres membres de l'équipe à l'objectif commun – ils évitent donc toute action qui risque de freiner les initiatives ou d'intimider certains membres de l'équipe. Ils ne se préoccupent pas en priorité de leur ego », a observé C. Gene Wilkes.

Les équipes performantes possèdent des joueurs qui ont de fortes personnalités. Le secret du succès du travail en équipe consiste à transformer l'ego

---

127 Michael Jordan and Mark Vancil, *I Can't Accept Not Trying* (San Francisco: Harper, 1994).

individuel en assurance collective, en sacrifice individuel et en complémenta- rité. Le remarquable entraîneur de la NBA Pat Riley a déclaré : « Le travail en équipe exige que les efforts collectifs aillent dans la même direction. Tous sont valorisés quand l'énergie commune acquiert une vie propre. »

4. Les grandes équipes sont soudées

Toutes les équipes efficaces instaurent une ambiance où les relations gran- dissent et où les coéquipiers sont unis les uns aux autres. Autrement dit, elles instaurent un sentiment de *communauté*. Cette ambiance communautaire est basée sur la confiance, et on ne peut pas accomplir grand-chose sans elle.

> *«La marque d'une vraie communauté n'est pas l'absence de conflit,*
> *mais plutôt la présence d'un esprit de réconciliation. »*
> *Bill Hybels*

Dans les bonnes équipes, la confiance n'est pas négociable. Les équipes qui gagnent sont faites de joueurs qui se fient les uns aux autres. Au départ, ils prennent un risque, parce que certains peuvent abuser de cette confiance et que cela les blessera. Mais de même qu'ils sont disposés à faire confiance aux autres, ils se conduisent d'une telle façon qu'ils gagnent leur confiance en re- tour. Ils font tout pour en rester dignes. Lorsque tous font preuve de générosité et que des liens de confiance se développent et sont éprouvés par le temps, les membres de l'équipe s'appuient les uns sur les autres. Ils sont convaincus que leurs coéquipiers agiront avec constance, tiendront leurs engagements, garderont pour eux leurs confidences et soutiendront les autres. Plus ce sentiment communautaire s'approfondira, plus ils auront la capacité de travailler ensemble.

Ce n'est pas parce qu'on développe un sentiment de communauté au sein d'une équipe qu'il n'y a jamais de conflit. Toutes les équipes ont leurs désaccords, mais on peut résoudre ce problème. Mon ami Bill Hybels, qui dirige une assemblée de plus de vingt mille personnes, a parfaitement analysé cette question :

« Le concept populaire d'unité, dans le cadre duquel il n'y a jamais le moindre désaccord et où les opinions divergentes ne sont jamais exposées avec force, est illusoire.

« Au lieu de parler d'unité, nous employons le terme *communauté*. Nous disons : ne faisons pas semblant de n'être jamais en désaccord. Nous influons sur la vie de 16 000 personnes [au moment où il écrit]. Les enjeux sont considérables. Personne ne doit taire ses préoccupations sous prétexte de préserver une pseudo-unité. Faisons plutôt face aux problèmes et traitons-les correctement.

« La marque d'une vraie communauté n'est pas l'absence de conflit, mais plutôt la présence d'un esprit de réconciliation. En tant que leader, je peux avoir une conversation houleuse avec quelqu'un ; ensuite, parce que nous appartenons à la même communauté, nous nous donnerons une tape amicale dans le dos en disant : «Je suis content que nous soyons dans la même équipe !» Nous savons que personne ne quittera l'équipe à cause d'une divergence de points de vue. »

Lorsqu'une équipe a un solide sens communautaire, ses membres peuvent résoudre des conflits sans se brouiller les uns avec les autres.

3. Valoriser les autres rehausse votre propre valeur

« Mon mari et moi, nous formons un couple très soudé, se vantait une femme. Je ferais n'importe quoi pour lui, et réciproquement. Mais en pratique, nous vivons sans jamais rien faire l'un pour l'autre ! » Ce genre d'attitude mène tout droit au désastre dans n'importe quelle équipe – y compris dans un couple.

Trop souvent, les gens se joignent à une équipe pour leur profit personnel. Ils veulent être une star au sein d'un groupe d'admirateurs. Mais cette attitude nuit à l'équipe. Par contre, quand les éléments les plus doués ont une mentalité de serviteurs, des merveilles peuvent se produire. Le grand Magic Johnson, ancien joueur de la NBA, a paraphrasé John Kennedy en ces termes : « Ne vous demandez pas ce que vos coéquipiers peuvent faire pour vous. Demandez-vous plutôt ce que vous pouvez faire pour eux. » Pour lui, ce n'étaient pas des paroles en l'air. Pendant sa carrière, il a fait l'impossible pour aider son équipe.

Le président des États-Unis Woodrow Wilson a déclaré : « Vous n'êtes pas là uniquement pour vivre confortablement. Vous êtes là pour permettre au monde de vivre plus largement, avec une plus ample vision, une plus grande espérance et de meilleurs résultats. Vous êtes là pour enrichir le monde, et vous ne ferez que vous appauvrir vous-même si vous perdez de vue cette mission. » Les gens qui ne pensent qu'à tirer profit de leurs semblables échouent inévitablement, en affaires comme en amitié. Si vous souhaitez réussir, prenez pour devise cette simple formule : *valorisez les autres*. Cette philosophie vous mènera loin !

Talent + travail en équipe = personne qui va au-delà du talent

Exercices d'application

Toutes les personnes douées ont un choix à faire : rester solitaires et obtenir tout le crédit, ou faire partie d'une équipe et partager ce crédit avec les autres. J'ai remarqué que non seulement les personnes douées étaient encore plus performantes au sein d'une équipe, mais qu'elles étaient aussi plus épanouies que celles qui faisaient cavalier seul. J'espère que vous choisirez de travailler en équipe et non en solitaire. Si c'est là votre désir, voici comment procéder :

1. Adhérez à la loi de l'importance
Dans ce chapitre, j'ai déjà évoqué la loi de la signification, qui se trouve dans mon ouvrage *Les 17 lois infaillibles du travail en équipe* : « Le chiffre un est trop petit pour parvenir à la grandeur. » En 2002, pendant que j'enseignais à ce sujet, j'ai lancé un défi à mes dix mille auditeurs : « Citez un personnage historique qui seul, sans l'aide de personne, a eu une influence décisive sur la civilisation.

Dans la foule, une voix a crié : « Charles Lindbergh ! Il a traversé tout seul l'océan Atlantique en avion ! »

La foule a applaudi.

« C'est vrai », ai-je admis. La foule a redoublé d'applaudissements, pensant que j'avais été tenu en échec. « Mais savez-vous, ai-je enchaîné, que c'est l'entreprise aéronautique Ryan qui a conçu et fabriqué l'avion ? Et que dix millionnaires ont financé l'expédition ? » La foule a été subjuguée. « Avez-vous d'autres suggestions ? »

Je vous lance le même défi. Pensez à de remarquables performances qui semblent avoir été accomplies par une seule personne, puis faites quelques recherches, et vous vous apercevrez que d'autres collaborateurs l'ont aidée et soutenue afin qu'elle puisse agir comme elle l'a fait. Personne ne fait quoi que ce soit d'important tout seul. Le chiffre un est trop petit pour parvenir à la grandeur. Si vous êtes d'accord avec moi, vous désirerez automatiquement travailler en équipe. Et ce sera le fondement sur lequel vous multiplierez votre talent et vous le hisserez au plus haut niveau. Personne ne peut aller au-delà de son talent sans les autres.

2. Incluez les autres dans vos rêves
Le journaliste et présentateur radio Rex Murphy a affirmé : « Pour réaliser ses rêves, il faut une calèche et des chevaux. Sans chevaux, une calèche pleine de rêves n'ira jamais nulle part. » Le travail en équipe vous permet de transformer votre vision en réalité. Plus la vision est grande, plus une bonne équipe

est indispensable pour la concrétiser. Mais être prêt à s'engager à travailler en équipe ne suffit pas. Il faut aussi persévérer et devenir partie intégrante de celle-ci. Pour réussir, on doit s'intégrer à une équipe et y trouver sa place.

> *Le travail en équipe vous permet de transformer votre vision en réalité.*

Ce peut être en tant que leader ou en tant que simple membre. Rudy Giuliani a dit :

« En réalité, un leader doit comprendre qu'on réussit beaucoup mieux en équipe. Dès qu'on est en position de leader, on doit faire preuve d'une grande humilité. Un leader doit connaître ses points faibles afin de les contrebalancer par les aptitudes de ses coéquipiers. Quand je suis devenu maire de New York, j'avais des points forts et des points faibles. Par exemple, je n'avais que peu d'expérience dans le domaine économique. Heureusement, je me suis aperçu que certains membres de mon équipe avaient une grande expérience et des compétences indéniables dans ce domaine. Si tous les membres d'une équipe travaillent selon leurs points forts, votre association ne peut que prospérer, et aux moments critiques, les personnes en place gèreront à merveille toutes les situations. »

Si vous n'êtes pas certain d'être intégré à une équipe, que cela ne vous empêche pas de travailler en collaboration avec les autres. Trouvez des personnes qui ont les mêmes attitudes et la même passion que vous, et joignez-vous à elles.

3. Développez votre équipe
Si vous êtes le leader de votre équipe, vous devez vous efforcer de développer le talent de vos coéquipiers ou de vos joueurs. Pour cela, il faut commencer par avoir des personnes adéquates dans votre groupe. Un proverbe affirme : « Dis-moi qui tu fréquentes, je te dirai qui tu es. » Mais on pourrait ajouter qu'une entreprise se reconnaît aux personnes qu'elle emploie. Le PDG Jack Welch a fait remarquer : « Si vous choisissez les personnes adéquates et que vous leur donnez l'occasion de déployer leurs ailes – et de faire carrière chez vous – vous n'aurez pratiquement pas à les diriger. » C'est pour cela que Patrick Emington a dit : « Il est insensé de parler de motiver les autres. En réalité, on doit plutôt les aider à découvrir et à canaliser leurs motivations profondes. »

Le processus se poursuit en faisant votre maximum pour aider les autres à progresser et à atteindre leur plein potentiel. Vous devez faire tout votre possible pour voir les capacités des autres et les aider à les distinguer et à les développer, comme tout bon leader. Les meilleurs dirigeants ne sont pas ceux qui se contentent d'aller au-delà de leur talent, mais ceux qui aident les autres à en faire autant.

4. Attribuez le succès de vos entreprises à votre équipe

Enfin, pour aller au-delà de votre talent dans le domaine du travail en équipe, accordez le maximum de crédit à vos coéquipiers. Dans son ouvrage *Good to Great*, Jim Collins insiste sur le fait que les dirigeants des meilleures organisations, qu'il surnomme « les Leaders de niveau 5 », se caractérisent par leur humilité et par leur tendance à éviter les honneurs. N'ont-ils pas de talent pour autant ? Bien sûr que si ! N'ont-ils pas d'ego ? Mais si ! Toutefois, ils savent que tous leurs coéquipiers sont importants et que les gens travaillent mieux et font davantage d'efforts quand leur contribution est mise à l'honneur.

Regardez ce qu'en disent d'éminents leaders. Vous verrez cette tendance apparaître nettement :

Ray Gilmartin : « Si je devais mettre quelqu'un en couverture de *Business Week* ou de *Fortune*, ce serait le responsable de notre association de recherches, et non moi. Ou encore, je ferais figurer un groupe d'employés sur la couverture. »

Lou Gerstner : « Ce n'est pas moi qui ai fait progresser notre entreprise, mais ce sont 280 000 personnes. Nous avons changé d'orientation, de préoccupations, et notre grande équipe de personnes bourrées de talent a transformé notre entreprise. »

Dan Tully : « Quand on ne cherche pas à s'attribuer tout le mérite, on peut obtenir des résultats stupéfiants. En fait, rien n'est l'idée d'une seule personne. »

Walter Shipley : « Nous avons 68 000 employés. Avec une compagnie de cette taille, je ne «dirige pas l'entreprise». Ma mission se borne à instaurer une ambiance au sein de laquelle les gens se hissent mutuellement au-delà de leurs capacités individuelles. »

Si vous souhaitez aider votre équipe à aller plus loin et vos collaborateurs à aiguiser leur talent et à maximiser leur potentiel, au moment où les choses tournent mal, assumez votre part de responsabilité, et quand tout va bien, attribuez-en le mérite aux autres.

Dernièrement, mon attention s'est portée sur Bono, le chanteur du groupe rock U2. Je dois admettre que j'ai mis du temps à m'intéresser à lui, car je n'apprécie pas particulièrement son genre de musique. Mais sa passion, son leadership et son activisme m'ont fortement impressionné. En 2005, le magazine *Time* l'a nommé *Personne de l'année*, avec Bill et Melinda Gates.

Le talent de Bono est indéniable, et son succès dans l'univers de la musique évident. Il a composé de nombreuses chansons, et U2, un groupe qui est constitué depuis trente ans, est l'un de ceux qui a remporté le plus de succès dans l'histoire de la musique. Ensemble, les membres du groupe ont vendu plus de 170 millions d'albums.[128]

Au cours de ces dernières années, Bono a étendu son action au-delà du monde de la musique. Il a soutenu l'aide et le développement économique de l'Afrique. Et il ne s'est pas contenté d'être une célébrité qui prête son nom pour une cause. Le sénateur Rick Santorum a dit de lui : « Bono comprend mieux ces sujets que 99% des membres du Congrès. »[129] Bono a travaillé avec passion, en collaboration avec d'autres, à promouvoir la cause qui le passionne. Il a rencontré des chefs d'États, des économistes, des dirigeants industriels, des célébrités – bref, tous ceux qui avaient la capacité de porter secours à ceux qu'il souhaitait aider.

Où Bono a-t-il appris à compter sur les autres, à faire partie d'une équipe et à demander de l'aide ? Après tout, les stars du rock sont censées être égocentriques, iconoclastes, solitaires et indifférentes aux autres ! C'est vrai pour beaucoup de personnes célèbres, et c'est pour cela que peu de groupes musicaux restent ensemble. Bono a expliqué :

« Parfois, les gens sont tellement absorbés par eux-mêmes, par les exigences de leur vie personnelle qu'il leur est très difficile de rester en groupe. Ils veulent être les maîtres de leur existence. En prenant de l'âge, ils n'ont plus envie de faire des concessions. Nous le constatons dans notre famille, parmi nos amis : ils n'ont plus qu'un cercle de plus en plus restreint autour d'eux, et ce sont tous des gens qui sont d'accord avec eux. Et ils terminent leur existence dans une ambiance morne et feutrée. »[130]

Quel est le secret de Bono, qui est une star du rock depuis plus d'un quart de siècle ? C'est qu'il a appris à travailler en équipe dans son groupe. Il reconnaît avoir besoin des autres et affirme ne pas pouvoir imaginer avoir été artiste en solo. Il a expliqué :

« Ce qui vous rend de moins en moins capable de réaliser votre potentiel, c'est une pièce où personne ne conteste vos paroles. Je serais terrifié de chanter en solo et de ne pas avoir de groupe avec lequel débattre. Je m'entoure de contestataires : un groupe, une des enfants pleins de fougue et une femme très intelligente. J'ai beaucoup d'amis très avisés, c'est comme une immense famille... Vous ne progressez que grâce aux opinions des autres. C'est peut-être pour cela que notre groupe est resté soudé : même s'ils ne sont qu'un quart des U2, ils vont plus loin que s'ils étaient seuls. En tout cas, c'est ce que je ressens. »[131] Je ne peux pas trouver de meilleure formule à ce sujet. Une personne douée qui fait partie d'une équipe – qui est à la bonne place et dans la bonne équipe – progresse davantage que si elle était restée seule. Être une personne qui va au-delà de son talent passe par là.

128 "U2," http://en.wikipedia.org/wiki/U2, accédé le 21 juin 2006.
129 Josh Tyrangiel, "The Constant Charmer," Time, 26 décembre-2 janvier 2006, p.50.

130 Michka Assayas, Bono in Conversation with Michka Assayas (New York: Riverhead Books, 2005), p.151.

131 Ibid., p. 152.

Exercices d'application

1. Comment pensez-vous à votre talent ? Est-ce votre propriété ou un prêt ? Pourquoi souhaitez-vous réussir ? Visez-vous en priorité votre profit personnel ou vous considérez-vous simplement comme un instrument au service des autres ? Sondez votre âme. Si vous constatez que tout tourne autour de votre petite personne, vous ne serez jamais un bon coéquipier.

2. Quelles sortes d'expériences avez-vous faites en équipe ? Pensez à la manière dont les expériences collectives que vous avez faites pendant votre existence ont influé sur votre mentalité. Notez de quel genre d'équipe vous avez fait partie dans votre enfance, votre adolescence et au début de l'âge adulte. Ensuite, essayez de vous souvenir des moments essentiels et des expériences que vous avez connues dans chacune de ces équipes. Ont-elles été plutôt positives ou négatives ? Si vous avez fait de mauvaises expériences par moments, peut-être répugnez-vous à travailler de nouveau en équipe. Gérez vos émotions négatives à ce sujet et essayez de considérer les avantages qu'il y a à faire partie d'une équipe.

3. À quel point le sentiment communautaire est-il développé dans l'une des équipes à laquelle vous appartenez actuellement ? Les coéquipiers ont-ils confiance les uns dans les autres ? Peuvent-ils s'appuyer les uns sur les autres aux moments critiques ? S'ils en sont incapables, quelles en sont les raisons ? Premièrement, assumez votre part de responsabilité quant à la faiblesse de l'équipe, et tentez de tirer des leçons de vos échecs passés. Essayez de regagner la confiance des autres. Si l'un de vos coéquipiers vous a déçu, allez le trouver en privé et discutez-en avec lui. Faites tout votre possible pour restaurer votre relation et pour progresser ensemble.

4. Comment pouvez-vous rehausser la valeur de vos coéquipiers ? Pensez à trois membres de votre équipe qui, selon vous, ont un grand potentiel et pourraient bénéficier du talent, des capacités ou des expériences que vous avez à offrir. Rédigez un plan pour chacun d'eux et réfléchissez à la façon dont vous pourriez les aider. Ensuite, allez les trouver individuellement et proposez-leur de les former.

5. Pendant les quinze prochains jours, engagez-vous à ne vous attribuer aucun crédit pour tout ce qui fonctionne correctement. Félicitez vos employés, vos collègues et les membres de votre famille pour leur contribution. Vous remarquerez à quel point cela améliore leurs performances et votre relation avec eux. Une fois que vous aurez essayé cette méthode, je crois que vous prendrez l'habitude d'attribuer le mérite aux autres, à tel point que cela deviendra instinctif chez vous.

Un dernier mot à propos du talent

Début 2006, j'ai lu un rapport du magazine *Money* qui prétendait que dans le monde entier, le talent allait en s'amenuisant :

« **Zurich, Suisse (Reuters)** : selon la firme américaine Manpower, les employeurs éprouvent des difficultés à trouver les personnes adéquates pour leurs emplois, en dépit du taux élevé de chômage qui sévit en Europe et aux États-Unis.

« L'enquête menée fin janvier a prouvé que 40% des 33 000 employeurs de 23 pays du monde éprouvent des difficultés à trouver des candidats qualifiés pour occuper les postes à pourvoir.

« La pénurie de talents est en passe de devenir une réalité pour un grand nombre d'employeurs du monde entier », a conclu Jeffrey Joerres, PDG de Manpower.[132]

Et dans quel domaine manque-t-on le plus de talents, selon cette enquête ? Dans la vente. On manque cruellement de bons vendeurs.

132 "Worldwide 'Talent Shortage' Seen by Employers," Money, 21 février 2006, http://money. cnn. com/2006/02/21/news/international/jobs_manpower.reut/index.htm.

Nous entendons régulièrement ce genre d'affirmations concernant certaines professions, mais en réalité, il n'y aura jamais de pénurie de talents, car ceux-ci sont des dons de Dieu. Aussi longtemps qu'il y aura des êtres humains sur la terre, il y aura aussi des quantités de talents. Mais ce qui manque, ce sont des gens qui ont fait les choix nécessaires pour maximiser leurs talents. En fait, les employeurs recherchent des personnes qui vont au-delà de leur talent. Je pense qu'à ce stade, vous convenez avec moi que les choix essentiels que nous faisons – indépendamment des dons que nous possédons naturellement – nous distinguent de ceux qui n'ont que du talent.

William Danforth, qui est devenu propriétaire d'une gigantesque entreprise, a découvert le secret du succès dans sa jeunesse :

« À l'âge de seize ans, je suis allé à Saint-Louis pour me rendre dans une école de formation manuelle. Il y avait plus d'un kilomètre à parcourir entre ma pension et l'école. Un professeur qui vivait près de ma pension partait pour l'école en même temps que moi chaque matin, mais il arrivait toujours avant moi. Je voulais que cela cesse, si bien que j'ai cherché toutes sortes de raccourcis, mais il me battait toujours. Et puis, un jour, j'ai découvert son secret : à chaque croisement, il courait jusqu'au trottoir suivant. Ce qui le faisait arriver perpétuellement avant moi, c'était juste «ce petit extra». »

Les personnes qui vont au-delà de leur talent font un petit extra. Vous pouvez le constater en observant leurs choix, qui multiplient et optimisent leur talent. Comme elles ne font pas que *développer leur talent*, elles sont capables de donner plus aux autres *grâce à ce talent*.

J'aimerais vous encourager à faire les treize choix énumérés dans ce livre. Chaque jour, souvenez-vous de ce que ceux-ci peuvent accomplir pour vous :

1. Les convictions rehaussent mon talent.

2. La passion dynamise mon talent.

3. Les initiatives stimulent mon talent.

4. La concentration oriente mon talent.

5. La préparation positionne mon talent.

6. La pratique aiguise mon talent.

7. La persévérance soutient mon talent.

8. Le courage éprouve mon talent.

9. La volonté d'apprendre amplifie mon talent.

10. La force de caractère protège mon talent.

11. Mes relations influent sur mon talent.

12. Mon sens des responsabilités renforce mon talent.

13. Le travail en équipe multiplie mon talent.

Quels que soient vos dons, vous pouvez progresser. N'oubliez jamais qu'en fin de compte, vos choix vous définissent.

Choisissez de devenir une personne qui va au-delà de son talent. Si vous le faites, vous vous valoriserez, vous valoriserez les autres et vous irez au-delà de vos rêves les plus fous.

À propos de l'auteur

John Maxwell est un expert en leadership mondialement connu, un orateur de renom et un auteur qui a vendu plus de 12 millions de livres. Son association a aidé plus d'un million de leaders dans le monde. Le Dr Maxwell est le fondateur d'*Injoy Stewardship Services* et d'*EQUIP*. Tous les ans, il s'adresse à *Fortune 500 companies*, aux leaders de gouvernements de divers pays et à des associations aussi diverses que l'Académie militaire de West Point et la Ligue nationale de football aux États-Unis. Auteur réputé dans le *New York Times*, le *Journal de Wall Street* et le *Business Week*, Maxwell a été l'un des 25 auteurs nommés lors du dixième anniversaire du Temple de la renommée sur Amazon.com. Deux de ses livres, *Les 21 lois irréfutables du leadership* et *Developing the Leader Within You,* ont été vendus à plus d'un million d'exemplaires chacun.